Aurélien

Gründ

FAUNE D'AUSTRALIE
ET DES MERS DU SUD

FAUNE D'AUSTRALIE ET DES MERS DU SUD

TEXTE DE JIŘÍ FELIX

ILLUSTRATIONS DE

ALENA ČEPICKÁ, JAROMÍR KNOTEK, LIBUŠE KNOTKOVÁ,

MARIE PRECLÍKOVÁ ET FRANTIŠEK ZÁLABSKÝ

Révision de Michel Cuisin, Attaché au Muséum national d'histoire naturelle

Gründ

GARANTIE DE L'ÉDITEUR

Pour vous parvenir à son plus juste prix, cet ouvrage a fait l'objet d'un gros tirage. Malgré tous les soins apportés à sa fabrication, il est malheureusement possible qu'il comporte un défaut d'impression ou de façonnage. Dans ce cas, ce livre vous sera échangé sans frais. Veuillez à cet effet le rapporter au libraire qui vous l'a vendu ou nous écrire à l'adresse ci-dessous en nous précisant la nature du défaut constaté. Dans l'un ou l'autre cas, il sera immédiatement fait droit à votre réclamation.

Librairie Gründ — 60 rue Mazarine — 75006 Paris

Texte original de Jiří Felix
Illustrations de Alena Čepická, Jaromír Knotek, Libuše Knotková
František Zálabský, Marie Preclíková;
pages de garde de Jiří Kalousek
Adaptation française d'Anne Escure
Révision générale de Michel Cuisin, Attaché au Muséum national d'histoire naturelle
Première édition française 1988 par Librairie Gründ, Paris

ISBN: 2-7000-1514-2
Dépôt légal : août 1988
Imprimé en Tchécoslovaquie par Svoboda
Édition originale 1987 par Artia, Prague

1/12/07/53-01

Table des matières

Introduction

Le continent australien possède certainement la faune et la flore les plus originales de notre planète. Quand les ornithorynques empaillés furent apportés pour la première fois en Europe, peu de gens croyaient que c'étaient de véritables animaux vivants. On était plutôt persuadé qu'il s'agissait d'une pure escroquerie, qu'on avait assemblé très adroitement les parties différentes d'êtres vivants dissemblables, pour réussir des animaux aussi étranges que ceux-là. Le fait qu'un tel être vivant puisse pondre ne pouvait être imaginé que dans un monde irréel. Les marsupiaux, qui encore aujourd'hui captivent non seulement le profane, mais aussi l'homme de métier, sont également caractéristiques du monde animal australien. Dans la région australienne, les marsupiaux comprennent plusieurs groupes : les herbivores, les carnivores et les insectivores. On considérait également le reste de la région zoogéographique australasienne comme étant un pays mystérieux, et on s'est querellé longtemps sur la véritable existence du monde animal dans ces îles. Quand, par exemple en 1522, de leur expédition dans les mers du sud, des Hollandais ramenèrent de Nouvelle-Guinée des plumes de paradisiers, beaucoup de gens doutèrent de leur authenticité. Certains affirmaient : «Des oiseaux avec des plumes pareilles ne peuvent pas exister, à moins que le diable ne s'en mêle.» D'autres voyaient cette magnificence pittoresque comme étant l'œuvre d'une fée. Plus tard, avec la multiplication des expéditions maritimes dans cette partie du monde, les marins ramenèrent beaucoup d'oiseaux et dissipèrent ainsi tous les malentendus. On croyait alors que les paradisiers restaient la plupart du temps en l'air et se reposaient en s'accrochant à une branche grâce aux plumes de leur queue, puisque le corps de ces oiseaux était dépourvu de pattes. Les marins n'avaient pas vu eux-mêmes ces magnifiques oiseaux : les corps provenaient des indigènes, pour qui les pattes détruisent la beauté des oiseaux. Par ailleurs, des nouvelles, venues de Nouvelle-Zélande, annonçaient la découverte d'os d'oiseaux fantastiques gigantesques : les moas. De plus, il faut dire que les Maoris, population indigène de Nouvelle-Zélande, ont toujours laissé planer une impression de mystère dans cette région à cause de leurs coutumes et mœurs. Celui qui étudie le sensationnel monde animal de toute la région australienne découvre que la faune (mais aussi la flore) de chaque île et îlot offre une ressemblance frappante avec celle du continent, et qu'elle se retrouve également en dehors de cette région. Les marsupiaux, par exemple, ne vivent pas seulement en Australie et en Nouvelle-Guinée, mais aussi en Amérique, et particulièrement en Amérique du Sud. Cela confirme la théorie du Gondwana, qui consiste à penser qu'au paléozoïque un continent primitif comprenant l'Australie, l'Asie Mineure, l'Afrique centrale et du Sud, Madagascar, l'Amérique du Sud et l'Antarctique existait dans l'hémisphère Sud. A l'époque de la dérive des continents, alors que les mammifères commençaient justement à se développer, le «Gondwana» ou «pays de Gondwana» se désintégra, il y a près de 100 millions d'années, pour donner les différents continents et pays précités. C'est l'Australie qui a gardé son isolement le plus longtemps, et c'est pour cela que l'évolution des mammifères y est restée au stade le plus primaire. La faune australienne, unique en son genre, nous montre après des millénaires comment le développement de la vie s'est déroulé sur notre planète.

La théorie du Gondwana est également soutenue par des éléments du monde végétal. On trouve par exemple des arbres de la famille des hêtres, le genre *Nothofagus,* en Australie, Tasmanie et Nouvelle-Zélande, mais également au sud du continent sud-américain. Récemment, on en a même trouvé des restes en Afrique du Sud et dans l'Antarctique.

La Nouvelle-Zélande s'est détachée du pays de Gondwana certainement plus tôt, ou n'en a peut-être jamais fait partie. Cela expliquerait pourquoi on ne trouve pas de mammifères primitifs sur les deux îles. Deux espèces de chauves-souris seulement ont habité ces îles. Les oiseaux n'ayant aucun ennemi naturel terrestre, plusieurs espèces, endémiques en Nouvelle-Zélande, ont perdu totalement la capacité de voler. La région zoogéographique australasienne qu'on appelle «Notogea» est subdivisée en cinq unités. La plus importante comprend l'Australie, la Tasmanie et la Nouvelle-Guinée. Toutes les trois ne sont séparées les unes des autres que par une mer peu profonde. Les autres sont la Nouvelle-Zélande, la Polynésie, Hawaï et la zone appelée Wallacea, qui comprend les îles situées au large des côtes occidentales de la Nouvelle-Guinée. L'Australie est le plus petit continent de notre planète et l'origine de son nom est due à sa situation géographique — «australis» veut dire «au sud». Le continent est principalement composé à l'intérieur d'un paysage plat en grande partie désertique. Même les grands cours d'eau et les lacs se dessèchent pendant la saison sèche. Le lac Eyre, par exemple, le plus grand d'Australie avec une superficie de plus de 1 million de km^2, n'a pas de voie d'écoulement, et pendant la saison sèche il est presque à sec : au fond, il ne reste qu'une couche de sel. Les lacs qui ont en permanence de l'eau ne se trouvent que dans les régions sud et nord du continent. Le climat australien est principalement subtropical. Au nord et au nord-est il est tropical et au sud, tempéré. Les Alpes australiennes et la Tasmanie connaissent de véritables hivers, avec des gelées et de la neige. C'est dans la région nord de l'Ouest australien qu'il fait le plus chaud. Les territoires du centre ont un climat plutôt continental, avec d'énormes écarts de température entre le jour et la nuit.

L'été australien, avec les plus hautes températures, commence en décembre et dure jusqu'en février. Les mois les plus froids vont de juin à août. Dans les régions qui font partie de la ceinture tropicale, la saison sèche commence en mai pour finir en octobre. A partir du mois de novembre et jusqu'en avril, c'est la mousson, et les précipitations atteignent 2 000 mm. La plus grande partie du continent souffre pourtant d'une pénurie d'eau et d'un manque de pluie. Le territoire autour du lac Eyre, situé à l'intérieur du continent, ne reçoit annuellement que 120 mm de précipitations, et dans certaines régions, il ne tombe pendant des années aucune goutte de pluie. L'Australie est donc le continent le plus sec du monde. Quelques rivières seulement ont un cours régulier pendant la saison des pluies ; beaucoup se perdent déjà après quelques douzaines de kilomètres. Ces «creeks» s'élargissent par endroits pour former des mares, les «billabongas». Les bois d'eucalyptus sont caractéristiques de l'Australie. Avec plus de 700 espèces, ce genre de la famille des myrtacées est polymorphe. Comme la faune australienne, la flore de ce continent a ses plantes endémiques. Les arbres du genre *Xanthorrhoea* qui font partie des liliacées, et sont appelés «arbres d'herbe», sont très bizarres.

La Nouvelle-Guinée est la deuxième plus grande île du monde. Elle est entourée de milliers d'îles et d'îlots, la plupart d'origine volcanique. Beaucoup sont des atolls et des îles coralliens. Ils font partie des vastes massifs de corail qui se sont formés près de la côte est. La Nouvelle-Guinée est située dans la zone tropicale et traversée par de hautes montagnes. Ces îles sont recouvertes d'une jungle épaisse et les activités volcaniques sont un phénomène quotidien.

La flore de Nouvelle-Guinée présente des similitudes avec le monde végétal sud-asiatique, tandis que la faune de l'île se rapproche du monde animal australien. La Nouvelle-Zélande est un État insulaire qui se compose de l'île du Nord et de celle du Sud ainsi que de nombreuses petites îles. Elle fait partie de la zone climatique tempérée et subtropicale. La faune y est très originale. Le tuatara (encore appelé hattérie ou sphénodon) mérite une attention toute particulière, car c'est le seul animal encore vivant issu de la lignée des dinosauriens.

Autour du pôle Sud s'étale l'Antarctique, vaste continent plus grand que l'Europe et plus froid : dans sa partie centrale, —20° C est une température maximale. Les températures les plus basses sont en dessous de —80° C. Ce climat extrême est hostile à la vie. Sur les côtes et les îles situées plus au nord règnent quand même des conditions plus favorables. Durant l'été (de décembre à février) les températures atteignent 15—20° C, mais pendant les mois d'hiver, en juillet et août, le thermomètre tombe parfois en dessous de —40° C. Sur la côte et au voisinage, les espèces sont relativement nombreuses, les représentants les plus typiques étant les manchots chez les oiseaux, et les baleines chez les mammifères aquatiques.

I. FORÊTS AUSTRALIENNES

L'Australie, malgré un climat généralement sec, possède des forêts pluviales tropicales. Elles se limitent cependant aux abords des côtes, surtout aux régions montagneuses de l'est : on les trouve donc dans l'est du Queensland, dans certaines zones côtières de la Nouvelle-Galles du Sud et de l'ouest de la Tasmanie. Les espèces les plus représentatives de la luxuriante végétation de la forêt pluviale sont les palmiers, de splendides fougères arborescentes et de nombreux arbres épiphytes. Des forêts touffues plus sèches couvrent les zones côtières des États de la Nouvelle-Galles du Sud et de Victoria, ainsi que la région qui s'étend autour d'Adélaïde jusqu' à la pointe sud du sud-ouest de l'Australie. De plus petits territoires boisés sur la côte nord-ouest et les lointaines forêts tasmaniennes appartiennent également à ce type de forêt plus sèche. L'arbre le plus caractéristique est l'eucalyptus, qui peut former 95% des peuplements forestiers. On en dénombre environ 700 espèces à ce jour, depuis les buissons rabougris jusqu'aux géants atteignant plus de 100 m de haut. En dehors de leur capacité de croissance, les essences se différencient par la coloration de leur écorce et de leur bois. L'écorce peut varier du rouge au rouge foncé, parsemé de stries noires craquelées, ou être entièrement blanche. Les gommiers blancs sont appelés «arbres-fantômes» par les autochtones. La palette de couleurs du bois s'étend du blanchâtre au rouge foncé avec parfois des marbrures. Le bois de l'eucalyptus est très dur, pesant et élastique, et surtout incroyablement robuste. On l'assimile aux «bois de fer»; il offre un excellent matériau de construction pour les ponts par exemple. L'eucalyptus, qui fait partie des myrtacées, se caractérise par des propriétés que l'on ne rencontre pas chez d'autres arbres. Parmi ses qualités, citons sa capacité de survie dans les plus extrêmes conditions. Il pousse dans des régions chaudes où les températures atteignent 50 °C à l'ombre et à haute altitude, dans les Alpes australiennes aux rudes gelées. Même les fréquentes chutes de neige au-dessus de 2 000 m ou les vents secs subtropicaux, prédominants l'été dans cette région, ne lui causent aucun dommage. Il est intéressant de noter que l'écorce de l'eucalyptus est caduque, elle tombe constamment, et l'arbre la reconstitue continuellement. L'écorce pend souvent en de longues bandes vers le bas du tronc, de sorte que l'arbre semble ébouriffé. Les fréquentes tempêtes arrachent d'énormes morceaux d'écorce sèche, et les entraînent souvent plusieurs kilomètres plus loin. Lorsqu'ils rencontrent des obstacles, des buissons touffus par exemple, ces morceaux restent accrochés et s'amassent en de grands tas. L'eucalyptus est malheureusement riche en résine, et par conséquent, facilement inflammable. Parfois, les autochtones brûlent ces tas d'écorce ; généralement, une seule étincelle suffit pour déclencher un incendie. Instantanément, l'écorce dispersée alentour s'enflamme, et les langues de feu s'emparent des lambeaux d'écorce sur les troncs. Personne n'est capable d'éteindre ou de maîtriser ces violents incendies. Les flammes se propagent en peu de temps dans toute la forêt et s'étendent souvent à des dizaines de kilomètres à la ronde. Les arbres brûlent comme des torches géantes ; le spectacle est terrifiant. Le gibier s'enfuit dans une terreur panique. Les oiseaux parviennent à se sauver en volant, les mammifères à course rapide, comme les kangourous, réussissent à s'échapper aussi, en une fuite éperdue. Mais d'autres espèces, beaucoup plus lentes, succombent, victimes des éléments déchaînés. Malheureusement, il arrive parfois que les hommes ne parviennent pas à se mettre à l'abri du danger à temps. Mais bientôt, tout rentre dans l'ordre et, aussi incroyable que cela puisse paraître, le feu n'endommage pas les eucalyptus. La plupart du temps, c'est seulement l'écorce sèche qui brûle. Le bois des eucalyptus se régénère très rapidement ; ils reverdissent dès les premières chutes de pluie, et deux ou trois semaines après, toute trace du sinistre a disparu.

Les eucalyptus ont encore d'autres caractéristiques remarquables. Ils transpirent beaucoup et rejettent d'incroyables quantités d'eau qu'ils ont absorbée dans le sol, et provoquent un tel dessèchement qu'ils sont très appréciés dans les régions marécageuses.

Les eucalyptus ont un feuillage persistant, aux feuilles coriaces gris-vert, dont le bord s'oriente vers le soleil, de sorte qu'elles ne donnent pratiquement pas d'ombre. Les jeunes feuilles de l'eucalyptus sont vénéneuses, car elles contiennent de l'acide cyanhydrique ; par contre, les feuilles anciennes ont perdu leur pouvoir toxique. C'est pour cette raison que les animaux qui les consomment, tels les koalas, ne mangent que les feuilles «adultes» et délaissent les jeunes pousses. Comment le koala est-il capable d'établir la différence entre les feuilles vénéneuses et celles qui ne sont pas toxiques ? Jusqu'à présent, les scientifiques ne sont pas parvenus à le découvrir.

L'eucalyptus est magnifique à l'époque de la floraison. Les bourgeons, dépourvus de toute enveloppe et recouverts d'un chapeau en forme de couvercle, sortent de l'aisselle des feuilles. Lorsque les étamines arrivent à maturité, elles se défont de leur calotte et, comme par enchantement, l'arbre tout entier se pare de milliers de fleurs aux étamines en forme de pinceaux colorés d'un rouge orange ou jaune splendide. Les bourgeons attirent beaucoup d'insectes et d'oiseaux qui se nourrissent du nectar sucré. Des perroquets se joignent aussi au festin.

Les hêtres du Sud, du genre *Nothofagus,* sont relativement fréquents, surtout dans les forêts de montagne. Diverses espèces d'acacia font aussi partie du patrimoine des forêts australiennes. Les forêts de conifères se limitent le plus souvent aux zones montagneuses de haute altitude. Dans la région du Queensland pousse le «sapin» kauri, de petite taille, appartenant au genre *Agathis.* C'est un arbre dont les aiguilles rigides et coriaces sont relativement larges chez certaines espèces. En Tasmanie, les espèces du genre *Podocarpus* croissent à de hautes altitudes. Parmi les essences ligneuses de la région du Queensland, citons *Araucaria binwillii,* un conifère géant atteignant plus de 50 m de haut.

Dans la jungle, on trouve aussi par endroits des araucarias plus petits. Les graines, très riches en protéines et sucre, sont grillées par les autochtones qui les apprécient beaucoup. Les branches cassées créent de grandes cavités dans le tronc de l'araucaria et de nombreuses espèces d'oiseaux y font leurs nids.

Dans les forêts humides et surtout dans les forêts pluviales de l'est de l'Australie, on rencontre de nombreuses fougères arborescentes, l'épaisse et robuste *Dicksonia antarctica* par exemple et aussi de nombreuses espèces du genre *Alsophila,* par exemple *Alsophila australis,* de très grande taille. Dans les forêts touffues de l'État de Victoria croît une splendide fougère géante, *Cyathea cunninghami,* pouvant atteindre 20 m de haut. Les fougères arborescentes poussent aussi en Tasmanie.

Dans les parties montagneuses de la zone tropicale de la forêt pluviale règne un climat subtropical. L'eucalyptus n'atteint là qu'une hauteur de 45 à 55 m.

Sur les sols marécageux des forêts australiennes vivent de nombreuses espèces de grenouilles, dont les plus caractéristiques sont les représentants du genre *Pseudophryne,* le plus souvent striés de rayures jaunes et noires. Les forêts australiennes se parent des plus splendides orchidées, en particulier les espèces épiphytes du genre *Dendrobium.* Au Queensland, c'est par exemple *Dendrobium kingianum,* aux fleurs rouge foncé, qui prédomine ; dans les forêts pluviales de la Nouvelle-Galles du Sud, c'est *Dendrobium speciosum* aux inflorescences jaunes, poussant sur les rochers.

Les hauts sommets du sud de l'Australie et de la Tasmanie sont recouverts d'espèces naines vivaces du genre *Pherosphaera,* aux tiges touffues et aux feuilles écailleuses. Dans les forêts tasmaniennes croissent aussi les espèces du genre *Phyllocladus,* conifère à port arbustif ou se développant comme un arbre.

Parmi les végétaux de l'île, on compte aussi un arbrisseau, *Microcachrys tetrazona,* aux branches fines et recourbées, recouvertes de quatre rangs d'écailles très serrées. Bien sûr, l'eucalyptus ne pouvait pas manquer en Tasmanie. Le genre est représenté notamment par *Eucalyptus maculata* et *E. rostrata.*

On rencontre fréquemment un hêtre du Sud, *Nothofagus cunninghami,* dont le tronc et les branches sont souvent recouverts par d'épaisses mousses et des lichens.

Dans les forêts subtropicales australiennes, c'est le palmier qui est l'une des essences ligneuses les plus courantes ; il s'agit le plus souvent de *Archontophoenix cunninghamiana,* un palmier-dattier.

Les forêts sèches australiennes se composent en grande partie d'eucalyptus ligneux, pouvant atteindre 30 m de haut. *Eucalyptus regnans,* espèce des montagnes, dépasse même 70 m de haut. Sur les côtes sèches du sud-est de l'Australie, c'est *Eucalyptus nitens* qui prédomine. *Casuarina, Bauhinia, Caesalpiniaceae* et *Callitris* appartiennent à la végétation des forêts côtières.

Dans les forêts pluviales australiennes vivent environ 115 espèces d'oiseaux, dont 49 endémiques, qui vivent donc uniquement sur ce continent.

Des régions boisées étendues font partie des nombreuses réserves et parcs nationaux australiens, surtout sur la côte est. La plus grande est aussi le plus grand parc national de l'Australie : c'est le parc Kosciusko, avec ses 600 000 hectares, dans la Nouvelle-Galles du Sud. Il inclut aussi la partie des Alpes australiennes située autour du plus haut sommet, le mont Kosciusko (2 230 m). La flore de ce parc national est très riche en espèces. Les botanistes signalent à ce jour environ 700 espèces de plantes à fleurs, plus de 200 espèces de lichens et mousses, et plus de 25 fougères. Plusieurs espèces de plantes originaires d'Afrique du Sud, d'Amérique du Sud et d'Asie, ont toutefois été introduites. Dans les Alpes australiennes, les températures sont relativement basses, et les sommets sont fréquemment enneigés. Les forêts touffues d'eucalyptus, composées d'*Eucalyptus niphophila,* s'élèvent jusqu'à 2 000 m. Dans ces forêts, vivent environ 150 espèces d'oiseaux, un échidné, l'ornithorynque, et une trentaine d'espèces de marsupiaux. A cette dernière famille appartient un charmant petit animal grimpeur, le koala. Sa population, en voie de disparition, a pu, grâce à la protection du parc, se reconstituer.

Des millions de koalas vivaient en Australie à la fin du siècle dernier. Lorsque les colons européens commencèrent à brûler les forêts, afin d'obtenir des pâturages pour leurs troupeaux de moutons, des centaines de milliers de koalas furent victimes des incendies. Mais la raison principale de leur extermination fut leur précieuse fourrure et le profit qu'on pouvait réaliser en la vendant. Au cours de la seule année 1927, à titre d'exemple, 2 millions de peaux provenant des villes de l'est de l'Australie et plus d'un demi-million venant du Queensland, parvinrent sur les marchés étrangers. Les protecteurs de la nature et les zoologistes américains furent les premiers à prendre conscience du terrible destin qui menaçait cette espèce animale. Ils exhortèrent leur gouvernement à interdire l'importation des fourrures de koala.

Dans d'autres pays, l'opinion publique contribua également au sauvetage du koala ; les enfants adorent les ours en peluche, fac-similés du koala. Mais les amis australiens de la nature prirent aussi conscience du danger et parvinrent à obtenir l'intervention de leur gouvernement. Il était temps : le nombre de ces marsupiaux grimpeurs était passé de plusieurs millions à un millier de survivants. Fort heureusement, les amis de la nature australiens se sentirent obligés de réparer les erreurs du passé. Ils étudièrent les habitudes de cet animal, en prirent un certain nombre là où il abondait et l'introduisirent dans des lieux correspondant à son biotope. Ainsi, le koala réapparut-il, après de nombreuses années, dans son milieu d'origine. Aujourd'hui, dans les réserves, le koala fait partie de la faune des forêts d'eucalyptus.

Dans le parc national de Kosciusko, on trouve aussi une espèce d'insecte particulière, une sauterelle merveilleusement colorée, *Kosciuskola tristis,* unique insecte au monde dont la couleur varie selon les changements de température.

Zalabsky '84

Koala

Phascolarctos cinereus

Le koala, de la famille des marsupiaux, est l'un des mammifères les plus spécialisés au point de vue alimentaire. Il se nourrit exclusivement du feuillage de certaines espèces d'eucalyptus. Chaque jour, il a besoin de 1,5 kg de nourriture, mais ne consomme que les vieilles feuilles, négligeant les jeunes. Néanmoins, chez certaines espèces d'eucalyptus, il arrache le bord des jeunes feuilles avec les dents. Cela provient du fait que les jeunes pousses contiennent d'importantes quantités d'acide cyanhydrique toxique. Les koalas n'arrachent par conséquent pas toutes les feuilles de l'arbre, mais au contraire, se déplacent jusqu'au suivant, dès que les vieilles feuilles sont consommées. Il est intéressant de noter que dans certaines régions, les koalas mangent les feuilles d'eucalyptus que la population d'autres zones délaisse complètement. Un zoologiste australien de Victoria a réussi à percer le secret de ce comportement. En effet, les feuilles de ce gommier contiennent entre autres les huiles éthériques cinéol et phellandrène. Le cinéol abaisse la température du corps et la tension artérielle, le phellandrène a l'effet contraire. Les plus petits koalas pesant seulement de 3 à 6 kg résident dans la partie nord de l'Australie ; ils se nourrissent d'espèces contenant du cinéol de façon prédominante, et se «refroidissent» par cette absorption, tandis que la population du sud atteignant jusqu'à 15 kg, vit essentiellement d'espèces contenant du phellandrène qui élève la température interne. Les animaux originaires des régions du centre se nourrissent de feuilles provenant de deux sortes de gommiers. Chez le koala, c'est l'appendice qui est l'organe essentiel du système digestif. Il est beaucoup plus long que le petit animal tout entier, et contient des bactéries particulières, favorisant la digestion de ces plantes difficiles à assimiler.

Le koala passe une grande partie de sa vie dans les arbres. De temps en temps, il rejoint le sol, sur lequel il se déplace maladroitement, jusqu'au prochain arbre. Durant la journée, il dort replié sur lui-même, dans les branchages ; il s'éveille au crépuscule, et commence à grimper agilement de branche en branche. Les koalas vivent en groupes familiaux, auxquels appartiennent habituellement un mâle et plusieurs femelles avec leurs petits. Les femelles ont une gestation de 35 jours et mettent au monde un unique petit, généralement en juin, qui ne pèse pas plus de 5 g. Celui-ci grimpe dans la poche de sa mère, où il demeure pendant environ 5 mois. Jusqu'à l'âge d'un mois, il se nourrit du lait maternel, puis la mère commence à le sevrer d'une manière tout à fait particulière. Le marsupium est profond et s'ouvre vers l'arrière, ce qui permet au jeune d'atteindre facilement l'anus maternel, afin de se nourrir d'une sorte de bouillie prédigérée de feuilles d'eucalyptus, qu'elle rejette à certaines heures de la journée. Le jeune koala quitte la poche à l'âge de 5 mois, mais reste ensuite fermement accroché à la fourrure maternelle

Le koala est l'un des représentants les plus typiques de la famille des marsupiaux australiens. Cette espèce qui, il y a quelques années, était en voie de disparition, est aujourd'hui fortement protégée. Le koala supporte très bien la chaleur et peut rester des heures en plein soleil. Pour se protéger des rayons du soleil, il s'enduit le corps d'une substance secrétée par une glande spéciale.

pendant un an. Il est d'abord suspendu à son ventre, puis grimpe sur son dos. Il apprend alors à établir la différence entre les feuilles d'eucalyptus. Le comportement des koalas femelles vis-à-vis des jeunes qui sont abandonnés ne manque pas d'intérêt. Elles les acceptent immédiatement, et les traitent comme leur propre progéniture. Dès l'âge d'un an et demi, le jeune koala devient indépendant. Il n'atteint l'âge adulte que vers 3 ou 4 ans. Il quitte alors sa famille et fonde la sienne.

Marsupial volant pygmée
Acrobates pygmaeus

Cette espèce est un petit marsupial de 14 cm seulement, doté d'une surface de peau réunissant les membres antérieurs aux membres postérieurs. Lorsqu'il étend ses membres, elle s'étire comme une voile, ce qui lui permet de planer de branche en branche. Sa queue lui sert de gouvernail. Le marsupial volant pygmée vit dans les régions couvertes de forêts d'eucalyptus, dans une cavité de l'arbre, ou sur une grosse branche, et y dort profondément durant le jour. Il est tellement apathique pendant la journée que l'on peut facilement l'attraper avec la main. Il s'éveille au crépuscule et quitte sa cachette dès qu'il fait sombre. Il grimpe le long des branches et cherche des insectes et leurs larves. Il se nourrit aussi parfois du nectar de fleurs. La femelle est dotée de 4 mamelles seulement, si bien qu'elle ne peut élever que 4 petits à la fois. S'il en naît davantage, ils ne survivent pas.

Phalanger à queue bouclée
Pseudocheirus peregrinus

Le phalanger à queue bouclée est fréquent dans les forêts australiennes. Le corps d'un phalanger adulte atteint 20 à 45 cm, auxquels s'ajoute la queue, d'une longueur de 18 à 40 cm. Son poids est de 1,5 kg. La longue queue plus fine à son extrémité est caractéristique de ces phalangers : ils peuvent l'enrouler circulairement, et l'utilisent pour s'accrocher lorsqu'ils grimpent aux arbres. Les phalangers se nourrissent de fleurs et de fruits, provenant de différentes espèces d'arbres, et se déplacent de temps à autre dans

Marsupial volant pygmée

Phalanger à queue bouclée

Phalanger volant

les plantations et les vergers proches des forêts.

Le phalanger à queue bouclée est un animal nocturne. Dans les ramures touffues des cimes, il se construit un nid globuleux de la taille d'un ballon de football, qu'il rembourre à l'aide de brindilles, de feuilles et de morceaux d'écorce. L'ouverture ronde du nid a un diamètre de 12,5 cm. Pour dormir, les animaux placent leur tête sous le corps, entre leurs membres inférieurs. Lorsqu'ils sont en quête d'un partenaire, ils émettent des sons répétés, semblables à des gazouillements d'oiseau.

«Écureuil» volant marsupial

Phalanger volant

Schoinobates volans

Le phalanger volant atteint une longueur d'environ 90 cm, avec sa longue queue broussailleuse de 50 cm. Les membres antérieurs et postérieurs sont réunis par un large «paragium», qui forme parachute lorsque les membres sont écartés. Le phalanger volant peuple les forêts d'eucalyptus de toute l'Australie de l'Est. Les animaux dorment pendant le jour, dans des cavités d'arbres spacieuses, capitonnées de morceaux d'écorce et de feuilles d'eucalyptus. Dès que la nuit tombe, ils partent à la recherche de nourriture. Ils se déplacent agilement dans les branches des arbres. Leur nourriture se compose essentiellement de feuilles, mais aussi de fleurs d'essences ligneuses d'eucalyptus. Lorsqu'il se retrouve par hasard sur le sol, le phalanger volant est très maladroit, et devient une proie facile pour le renard roux importé d'Europe. Il va d'arbre en arbre en vol plané. Il grimpe à la cime d'un arbre, s'élance, déploie son paragium et s'efforce d'atteindre le but repéré. Il se dirige avec sa queue, et peut changer la direction du vol, lorsque c'est nécessaire. Il peut couvrir en planant des distances atteignant 100 m en ligne droite. Après l'atterrissage, il grimpe vite à l'arbre le plus proche et parvient ainsi souvent à échapper à ses ennemis.

«Écureuil» volant marsupial

Petaurus breviceps

Il peuple la moitié est de l'Australie, la Tasmanie, mais également la Nouvelle-Guinée

et les îles avoisinantes. Il est très répandu sous les tropiques et choisit de préférence les forêts de montagne clairsemées. C'est un marsupial d'assez petite taille, car son corps ne mesure que 12 à 32 cm de long. La queue atteint 15 à 48 cm. Le mâle pèse environ 130 g, la femelle seulement 90 g. Entre les membres antérieurs et postérieurs s'étire un large repli de peau, qui s'ouvre comme un parachute, lorsque les membres sont écartés. L'«écureuil» volant marsupial sait parfaitement se servir de ses «ailes», et effectue des vols planés, de la cime des arbres, qui peuvent atteindre 55 m en ligne droite. Il utilise sa queue touffue comme gouvernail. On a pu observer qu'il attrapait des papillons «en vol»; ceux-ci composent sa principale nourriture. Il se nourrit aussi d'autres insectes et de leurs larves, va chercher de petits oiseaux au nid, arrache avec les dents des pousses et lèche le nectar sucré des fleurs. De temps en temps, il rend visite à des jardins et plantations, afin de se nourrir de leurs fruits à maturité et d'en absorber le doux nectar.
L'«écureuil» volant marsupial vit la nuit et passe la journée dans son nid de feuilles à la cime des arbres. Il s'installe parfois aussi dans les cavités des branches. Après une gestation de 3 semaines, la femelle met au monde le plus souvent 2 petits, qui deviennent indépendants dès l'âge de 4 mois.

Phalanger nectarivore

Phalanger nectarivore

Tarsipes spenserae

Le phalanger nectarivore est un petit marsupial de 8 cm de long seulement, doté d'une queue de 9 cm ; il pèse de 13 à 18 g. C'est un spécialiste équipé pour l'absorption du nectar des fleurs. Il est doté d'un petit museau pointu insolite et d'une langue fine, qu'il peut tirer jusqu'à 2,5 cm. Le bout de la langue est pourvu de soies paticulières, qui lui permettent de la même façon que les colibris, de lécher le nectar dans la corolle des fleurs. Bien que le nectar soit sa principale nourriture, il vit aussi de petits insectes, et surtout de papillons de nuit. Ses dents sont quasiment inutilisables parce que atrophiées. Le phalanger nectarivore devient actif le soir, et se déplace, plein de vie, sur les arbustes et

Le fourmilier marsupial rayé, ou numbat, a à peu près la taille d'un écureuil; six ou sept bandes transversales blanches strient son dos et sa croupe. C'est une espèce en voie de disparition.

les arbres, de fleur en fleur. Sa queue préhensile lui permet de s'accrocher fermement aux branches.
Le phalanger nectarivore vit généralement en couple. Il se construit un petit nid dans un arbre, à l'aide de brindilles, de longues feuilles d'eucalyptus et de poils, mais élit fréquemment domicile dans des nids d'oiseaux abandonnés.
Il vit dans les forêts claires de l'ouest de l'Australie. On l'appelle aussi «souris à miel».

◀ **Fourmilier marsupial rayé**

Fourmilier marsupial rayé

Myrmecobius fasciatus

Le fourmilier marsupial rayé, appelé aussi «numbat» par les autochtones, vit dans les forêts claires au sous-bois peu élevé. A l'origine, il était très répandu dans toutes les grandes forêts d'eucalyptus ; aujourd'hui, on ne le trouve plus que dans les forêts du sud-ouest de l'Australie. Il vit de préférence dans des bois d'*Eucalyptus redunca, E. ewander* et *E. marginata*; c'est là qu'il trouve un abri sûr, dans les souches et les branches creuses tombées à terre.
Le numbat, ou fourmilier marsupial, mesure 43 cm, dont 18 pour la queue. C'est une curieuse créature : bien qu'appartenant au groupe des marsupiaux carnivores, il est parfaitement inoffensif pour les petits vertébrés. On peut le prendre dans la main sans crainte d'être mordu. De tous les mammifères terrestres, c'est l'un de ceux qui a le plus de dents (50 à 56), mais elles sont petites, presque atrophiées et inutilisables pour la consommation de nourriture. Le fourmilier se nourrit presque essentiellement de termites et de fourmis, qu'il avale sans les avoir mâchés. Il est parfaitement adapté pour attraper cette nourriture particulière, grâce à son museau pointu et à sa longue langue qu'il peut sortir, rapide comme l'éclair, pour s'emparer de ses proies. Il se sert de ses griffes acérées pour déterrer termites et fourmis, qu'il recueille ensuite avec sa langue. Les insectes qu'il a débusqués restent simplement collés sur sa langue, si bien qu'il peut les avaler facilement — même s'ils piquent. Le fourmilier marsupial est actif durant le jour. Le sol est son domaine, et il peut s'y déplacer avec rapidité et agilité.
De temps en temps, il grimpe pourtant aux arbres, mais se déplace alors beaucoup plus lentement.
L'un des caractères les plus remarquables de l'espèce est que la femelle ne possède pas de poche dans laquelle les petits puissent se développer. Les petits sont suspendus aux tétines, qu'ils tiennent fermement, et uniquement recouverts par la longue peau du ventre de la femelle. Généralement, il naît 4 petits.
Le fourmilier marsupial est aujourd'hui menacé d'extinction, et fait partie de la liste des espèces en voie de disparition.

Le loup marsupial a vraisemblablement complètement disparu. Il ressemble à un chien, bien qu'il n'y ait aucun lien de parenté.

Loup marsupial ou Thylacine

Thylacinus cynocephalus

Le loup marsupial fut l'un des plus grands carnassiers marsupiaux australiens. Il atteignait 60 à 70 cm de haut à l'épaule et avait la taille d'un chien moyen. Mais il ne pouvait pas utiliser sa queue comme le chien, afin de manifester ses sentiments, car elle était très forte à sa racine, et rappelait davantage celle d'un kangourou. Doté de 46 dents, il était parfaitement adapté à son mode de vie.

Lorsque les Européens s'installèrent en Australie, ils ne trouvèrent le loup marsupial qu'en Tasmanie. Autrefois, il était répandu sur tout le territoire du sud-ouest de l'Australie, où il livra une concurrence impitoyable au dingo. Son habitat d'origine était formé par les savanes herbeuses et buissonneuses ; en Tasmanie, il s'était bien adapté à des régions boisées plus sèches, mais lorsque l'homme commença à déboiser, il dut se réfugier dans les contrées peu accessibles.

Ce marsupial carnassier, nommé aussi «loup de Tasmanie» ou «hyène» à cause de ses raies dorsales transversales, s'attaquait surtout aux petits kangourous, oiseaux, petits reptiles et fréquemment, dans des eaux peu profondes, à des ornithorynques et même à des échidnés. Il n'osait pas s'attaquer à des animaux rapides, car il était relativement lent. Il se nourrissait du sang de ses proies et ne prenait que certains morceaux de viande. Il chassait ses proies au crépuscule ou de nuit.

La plupart du temps, le loup marsupial vivait en solitaire, les couples ne restant unis que pendant la période du rut pour peu de temps. La femelle mettait au monde 3 ou 4 jeunes, qu'elle portait pendant trois mois, dans une poche ouverte vers l'arrière. Quand les petits grandissaient, la mère les déposait dans un abri rembourré de feuilles, de mousses et de poils.

Elle s'en occupait pendant plus d'un an, les emmenait avec elle à la chasse, et leur apprenait comment se procurer leur nourriture.

Lorsqu'ils commencèrent à constituer en Tasmanie de grands troupeaux de moutons, les colons européens envahirent la savane tasmanienne, et délogèrent très rapidement le loup marsupial de son habitat. Il s'établit dans les forêts pluviales de montagne, sans toutefois y trouver une nourriture suffisante. Poussé par la faim, il s'aventurait de nuit dans les vallées et dévorait de jeunes agneaux. Bien que les dégâts causés par le loup marsupial fussent moins importants que ceux occasionnés par le dingo, les éleveurs estimèrent qu'il était nuisible, et le pourchassèrent comme ils purent. L'extermination du loup marsupial fut soutenue par les autorités gouvernementales. On eut recours aux armes à feu, aux pièges et même au poison. Vers les années 1888—1909, le gouvernement de la Tasmanie versa pour chaque animal adulte abattu une livre de récompense, et pour les animaux plus jeunes, la moitié. C'est ainsi que le loup marsupial fut décimé par centaines. Son dernier refuge fut une petite région boisée de l'intérieur de l'ouest de la Tasmanie. Le dernier animal vivant fut apporté au zoo de Hobart en 1933, où il vécut jusqu'en 1937. Ce ne fut qu'en 1938 que les autorités le placèrent sous une sévère protection, et fixèrent pour chaque animal abattu une amende de 100 livres. Mais malgré des témoignages sur des observations de loups marsupiaux ou de leurs traces, on peut supposer que l'espèce avait pratiquement disparu. En 1946, un groupe de zoologistes, conduit par D. Fleay, entreprit une expédition dans l'ouest de la Tasmanie, particulièrement vers le fleuve Jane. Les membres de l'expédition placèrent des appâts, mais en vain. On trouva dans un piège des poils arrachés qu'on estima être ceux d'un loup marsupial. En 1960, le célèbre vainqueur du mont Everest, Sir Edmund Hillary, entreprit une deuxième expédition dans le même but, vers le nord de la Tasmanie. Il ne découvrit aucune trace. Plus tard, d'autres zoologistes lancèrent des expéditions demeurées malheureusement infructueuses. Personne n'a plus aperçu un loup marsupial. Ainsi, il ne fait aucun doute que le plus grand carnivore marsupial de la terre a été complètement exterminé. La possibilité que cette espèce ait pu survivre dans ses régions boisées des montagnes inaccessibles est à peu près nulle pour la simple raison qu'elle n'était pas adaptée à la vie dans les forêts humides.

«Martre» marsupiale

«Martre» marsupiale

Dasyurus quoll

La «martre» marsupiale, dont la longueur totale atteint 65 cm, est facilement reconnaissable grâce à son pelage tacheté sur tout le corps. En Tasmanie, elle fait encore partie de la faune habituelle des forêts. Mais elle a disparu sur le reste du territoire australien. Pendant le jour, la «martre» marsupiale se cache dans des cavités à la recherche de nourriture. Au cours de ses raids nocturnes, elle fait souvent irruption dans des poulaillers, situés aux abords des villages, et fait un véritable carnage parmi les volailles. Bien entendu, les fermiers lui tendent les pièges les plus divers, mais elle est très prudente et il est difficile de la capturer.

La femelle a deux caractéristiques intéressantes : sa poche ne se forme que peu de temps avant la mise bas et elle ne dispose que de six mamelles, si bien que la majeure partie de sa progéniture (parfois 24 petits) périt.

Chat tigre marsupial

Chat tigre marsupial

Dasyurus maculatus

Le chat tigre marsupial atteint 1,20 m de long et, à la différence d'espèces voisines, possède une queue tachetée. Son domaine, ce sont les régions boisées de l'est de l'Australie. A l'aide de ses griffes fortement recourbées, il peut grimper très rapidement sur les troncs d'arbres. Il est très vorace et doté d'une vue et d'un odorat excellents. Animal nocturne, il ne se met en quête de ses proies qu'à la nuit tombée. Il dépiste les oiseaux endormis sur la cime des arbres, et s'empare aussi volontiers des œufs dans leurs nids. Sur la terre ferme, il prend en chasse de petits kangourous, des lapins et des reptiles, mais ne dédaigne pas non plus les insectes. De temps en temps, il s'aventure aux abords des villages ou des fermes, et attaque des volailles dans les poulaillers. Comme la fouine, il y tue tout ce qui bouge. Il guette ses proies ou bien s'introduit furtivement et s'empare d'un bond de la proie la plus proche. Sur les branches, il parvient à s'approcher silencieusement d'oiseaux endormis, qu'il entraîne d'un bond sur le sol. La femelle met au monde 4 à 6 petits, qu'elle garde longtemps dans sa poche. Plus tard les petits se laissent porter sur le dos de leur mère.

Souris marsupiale à pattes larges

Phascogale tapoatafa

De l'ouest du continent à la Nouvelle-Galles du Sud en passant par l'Australie centrale et le Sud, s'étend l'habitat de la souris marsupiale. Elle compte parmi les plus petits marsupiaux australiens. Elle ne mesure que 20 cm. Sa longue queue de 23 cm est couverte d'une fourrure épaisse à poils longs et ébouriffés, qui se redresse lorsque l'animal entre en activité. Ce marsupial choisit de préférence les forêts humides, mais on peut le rencontrer toutefois dans d'autres types de bois. C'est un animal surtout actif la nuit, qui ne commence à chasser qu'à la tombée de l'obscurité. Il grimpe aux arbres, et guette de petits mammifères, des oiseaux, lézards et insectes. Il chasse aussi sur le sol, et s'introduit parfois aux abords des villages, dans les poulaillers. Pendant le jour, il dort dans un nid en forme de boule, fait de feuilles et de brindilles, qu'il se construit dans des creux d'arbres ou plus rarement dans les fissures du sol, ou encore derrière des morceaux d'écorce soulevés.

La femelle met en général 6 petits au monde après 30 jours de gestation, et les garde près de ses tétines recouvertes d'une peau assez fine. Les petits ne commencent à voir qu'à partir du 89e jour, et ne deviennent indépendants qu'à l'âge de 4 mois. A 7 mois, ils ont atteint l'âge adulte.

Souris marsupiale à pattes larges

Bandicoot à museau court

Isoodon obesulus

Le bandicoot à museau court vit fréquemment dans des forêts claires, mais aussi dans les fourrés d'Australie et de Tasmanie. Ce marsupial, appelé bandicoot dans sa patrie, est relativement grand, puisqu'il mesure environ 40 cm. Sa queue atteint 20 cm de long et il pèse 1,4 kg. Il vit sur le sol et peut se déplacer très rapidement. Il se nourrit surtout d'insectes et de vers de terre, mais s'attaque aussi aux souris et aux rats. Avant de tuer ses victimes, il s'en amuse comme un chat. Sur les sols herbeux, il se construit une sorte de tunnel entre les brins d'herbe, qui mesure souvent plusieurs mètres de long, et qui lui sert de terrain de chasse. Il se fait un nid où il dort et se repose, dans des cavités d'arbres ou sur la terre, à l'aide de brindilles, de feuilles et d'herbes. Ce nid, caractéristique intéressante, ne possède aucune entrée fixe. Lorsqu'il veut le quitter, le bandicoot ouvre simplement n'importe quelle paroi, et la referme derrière lui.

La femelle du bandicoot à museau court a une poche vers l'arrière. Après trois semaines de gestation, elle met au monde 2 à 5 petits dont les griffes sont très développées sur les pattes de devant, et à l'aide desquelles ils se hissent dans la poche de la mère. Les griffes des membres postérieurs ne se développent que plusieurs semaines plus tard.

Kangourou gris

Macropus giganteus

Les kangourous gris sont les plus grands marsupiaux existant sur la terre. Un animal adulte peut atteindre 1,80 m de haut et 3 m de longueur totale en comptant sa longue queue de 90 cm. Les femelles sont plus petites d'un tiers. Les mâles adultes peuvent peser plus de 150 kg.

L'habitat des kangourous gris, ce sont les claires forêts de l'est de l'Australie. Il est étonnant de constater la vitesse à laquelle ces kangourous traversent les fourrés, et les incroyables bonds dont ils sont capables pour franchir par endroits des rochers et autres obstacles. Ils atteignent une vitesse de 40 km/h et ont de l'endurance.

Bandicoot à museau court

Le kangourou gris peut faire des sauts de dix mètres de long et de trois mètres de haut. Lorsqu'il est poursuivi, il change brusquement de direction pour échapper à ses ennemis. Les kangourous s'habituent très vite à la présence de l'homme et sont souvent apprivoisés.

Les kangourous gris vivent en troupeaux comprenant de 10 à 30 têtes. Dans la journée, ils se reposent habituellement à l'abri des taillis, et ne se rendent qu'à la tombée de la nuit dans les pâturages. Ils mangent des pousses d'arbustes juteuses, des plantes herbacées et de l'herbe, mais ne dédaignent pas les fruits tombés. Là où les hommes ne les chassent pas, et loin des villages, ils peuvent partir à la recherche de nourriture en plein jour. Les adultes rassasiés se couchent sur le flanc pour se reposer, tandis que les petits profitent de ce moment de quiétude pour jouer. Les mâles se livrent des luttes sans merci, au moment de l'accouplement, afin d'obtenir les faveurs de la femelle. Leurs armes principales sont leurs membres postérieurs, à l'aide desquels ils se donnent réciproquement de violents coups dans le basventre. Après 36 jours de gestation seulement, la femelle met au monde un seul petit, de 2,5 cm de long, et pesant 800 mg. Ce n'est en fait qu'un embryon, dont le développement va continuer dans la poche de la mère. Cette minuscule créature grimpe à l'aide des griffes bien développées de ses pattes dans la poche maternelle à la fourrure bien lissée. Dès que le petit a atteint le mamelon, celui-ci se gonfle, et ne fait plus qu'un avec la cavité buccale du jeune kangourou. C'est de cette façon qu'il s'accroche fermement durant les deux premiers mois. Ce n'est que 150 jours plus tard qu'il sort pour la première fois la tête de la poche. Il n'est plus nu, mais a déjà une fourrure assez fournie. A l'âge de 9 mois, il quitte de temps en temps la poche maternelle, et a encore besoin de 50 jours pour acquérir son indépendance. Pendant ce temps, il se nourrit encore du lait de sa mère et se réfugie dans la poche maternelle en cas de danger ou afin de se reposer. Il ne part en quête de nourriture qu'à partir de 11 mois.

Dendrolague de Lumholtz

Dendrolagus lumholtzi

On trouve ce splendide kangourou arboricole en Australie, en deux endroits des forêts montagneuses de la côte nord-est du Queensland. Il mesure environ 1,30 m de long, dont la moitié correspond toutefois à la forte queue, recouverte de poils touffus. A la différence des kangourous terrestres, cette espèce arboricole possède des membres de la même taille, et de longues griffes recourbées sur les membres postérieurs. Ces griffes et l'aspect granuleux du dessous des pattes postérieures lui permettent de se déplacer agilement, en grimpant dans les ramures des arbres et en sautant de branche en branche, et même d'arbre en arbre, avec dextérité. Il se sert habilement de sa queue comme d'un gouvernail, pour ses sauts de plus de 10 m. Il peut tout aussi facilement sauter d'une hauteur de 30 m sur le sol.

Les kangourous arboricoles sont exceptionnellement bien adaptés à la vie dans les forêts pluviales tropicales. Leur fourrure longue et épaisse les protège parfaitement des pluies abondantes durant la mousson. Leur nourriture se compose de feuilles et de pousses, mais également de divers fruits. Leur reproduction est la même que celles des autres espèces de kangourous.

OISEAUX

Casoar d'Australie

Casuarius casuarius

Le casoar est un puissant oiseau terrestre, incapable de voler. Il mesure 1,50 m de haut, et peut peser jusqu'à 100 kg. La femelle est plus forte et aussi plus colorée que le mâle. Les casoars se distinguent par une sorte de «casque» arrondi, composé d'une robuste carapace cornée, recouvrant une masse de chair spongieuse, qui prend naissance sur la partie supérieure du bec et recouvre le haut du crâne. Les ailes presque inexistantes sont représentées par 5 baguettes cornées. Au cou du casoar pendent 2 longues caroncules d'un rouge éclatant. Le casoar vit dans le nord du Queensland, au sud de la Nouvelle-Guinée, et dans les îles Ceram et Aru. Ce puissant oiseau fréquente les sous-bois touffus des forêts pluviales impénétrables, dans lesquelles règne une obscurité presque continuelle. Ses pattes sont exceptionnellement robustes, et il se déplace silencieusement et avec circonspection sur son territoire. Il arrive très rarement que l'on puisse observer cet étrange animal. Lorsque le casoar se trouve en danger, il s'enfuit et peut atteindre alors une vitesse de 50 km/h. Il peut franchir facilement des obstacles de 1,50 m de hauteur. Si cependant il ne peut s'échapper, il lutte résolument contre son adversaire et se défend à l'aide de ses pattes vigoureuses armées de longues griffes. Il est même advenu que des chasseurs autochtones aient été blessés mortellement par des casoars.

Dendrolague de Lumholtz

Casoar d'Australie

Le casoar mange des fruits, des graines et des pousses. Le soir, il s'introduit parfois dans des plantations d'arbres fruitiers, proches de la forêt vierge. Il est capable d'avaler des agrumes entiers. Il ramasse aussi de petits vertébrés, et se nourrit parfois d'un petit oiseau mort, ou d'un rat. Le casoar est un solitaire. C'est uniquement pendant la période du rut qu'il vit en couple, de juin à octobre, au Queensland. La femelle pond généralement, dans un nid rembourré d'herbes, de feuilles et de rameaux, 4 gros œufs d'un vert brillant. Elle ne s'en occupe plus ensuite, et la couvaison devient l'affaire du père. Après 54 jours, les œufs éclosent et l'élevage de la progéniture est assuré par le mâle. Il conduit les petits aux endroits riches en nourriture et les protège contre les dangers et les intempéries. Les jeunes, rayés, grandissent rapidement, et c'est à 3 mois que la mue s'effectue; ils prennent alors le plumage des adultes. A l'âge de 9 mois, ils deviennent indépendants, et à 3 ans ils ont atteint l'âge adulte.

Bernache à crinière

Chenonetta jubata

La bernache à crinière fait partie de la famille des *Anatidae* ; d'une taille de 48 cm, elle habite l'est, le sud-est, mais aussi l'ouest et le sud-ouest de l'Australie, ainsi que la Tasmanie. Après avoir élevé ses petits, elle devient nomade et se rend près de cours d'eau qui lui conviennent, pratiquement sur tout le territoire australien. La femelle se différencie du mâle par son plumage. Le dessus du corps est principalement gris-brun; le dos, le croupion et la queue sont noirs, la tête et le cou marron clair, la poitrine et les plumes des côtés striées de blanc et de marron. Deux longues bandes blanches entourent l'œil. Pendant la couvaison, la bernache à crinière recherche le plus souvent les bois vallonnés bordant les fleuves ou le bord des marécages. Elle préfère la proximité de l'eau, car c'est là qu'elle peut trouver suffisamment d'herbes et de plantes. Elle est extrêmement farouche. Dès qu'elle pressent un danger, elle s'envole dans les branchages et échappe ainsi facilement à ses ennemis. Elle se pose de préférence sur des arbres qui poussent dans l'eau. Dans le Sud, elle niche au début de la saison des pluies à l'intérieur des terres, où les précipitations sont irrégulières après de fortes chutes de pluie. La bernache à crinière fait son nid dans des arbres creux en bordure de forêts proches de l'eau, mais aussi dans des bois touffus et en terrain sec. Une bande est constituée en général de 100 à 200 têtes, et peut atteindre dans de rares cas 2 000 membres. Les bernaches vont tous les soirs vers des prairies, et paissent comme les véritables oies. A l'intérieur des terres de la Nouvelle-Galles du Sud, elles se rendent dans les champs et sur les rizières. Leur nourriture se compose à 99 % de plantes herbacées, et surtout d'herbes, et de 0,7 % seulement de petits invertébrés.

La bernache à crinière vit dans les bois ; on la rencontre également en bordure des forêts, mais toujours à proximité d'un point d'eau. Cette espèce est encore très répandue et est souvent élevée en captivité.

Élanion d'Australie

Elanus notatus

L'élanion est répandu dans presque toute l'Australie et le nord de la Tasmanie. C'est un splendide rapace diurne de 36 cm de long et de 1 m d'envergure. Les femelles et les mâles sont de la même couleur. Cet oiseau vit de préférence dans les forêts, mais se trouve également dans les savanes ou dans d'autres milieux. Il vit généralement en couple, mais aussi de façon solitaire en dehors de la période de reproduction. Il vient volontiers dans les espaces découverts, où il se pose sur des poteaux télégraphiques ou sur des arbres bordant les rues. Ainsi, aucune proie se trouvant dans le voisinage ne lui échappe. Il s'empare de petits mammifères et

◄ Le casoar d'Australie *(Casuarius casuarius)* habite surtout le nord du Queensland et le sud de la Nouvelle-Guinée. Il séjourne principalement dans les bois touffus de la forêt tropicale pluviale.

Élanion d'Australie

brindilles et rembourré de feuilles vertes, se trouve à 20—25 m de haut, au sommet d'un arbre. La femelle couve durant 29 jours, seule, 3 à 4 œufs blanchâtres et tachés de brun. Le mâle, pendant ce temps, se tient à proximité du nid, et apporte de la nourriture à sa compagne qui vient à sa rencontre. Leurs cris perçants leur servent alors de signe de reconnaissance. Pendant les premiers jours, c'est aussi le père qui pourvoit à la nourriture des petits. Le partage et la distribution reviennent à la mère. Lorsque les petits ont atteint l'âge de 25 jours, ils déchirent eux-mêmes les proies en morceaux. A 40 jours, ils sont prêts à s'envoler, mais ils réintègrent toutefois plusieurs fois le nid pour y dormir. Les oiseaux adultes les nourrissent encore pendant 3 semaines, et accompagnent les jeunes à la chasse. Parfois le couple élève une deuxième nichée.

d'oiseaux, mais aussi de lézards. Il rase souvent l'herbe, et débusque des sauterelles, des grillons, dont il s'empare habilement en vol. Pendant les parades nuptiales, le mâle vole en rond autour des cimes des arbres, et montre son talent acrobatique. A cette occasion, il émet des sifflements aigus. Chaque couple s'installe dans son territoire d'avril à septembre, et le défend contre les intrus. La femelle s'occupe de la construction du nid et le mâle reste à ses côtés. De temps en temps, il lui apporte des matériaux. Le nid, composé de

Baza d'Australie

Baza d'Australie

Aviceda subcristata

Le baza d'Australie vit dans les épaisses forêts pluviales du nord, du nord-est et de l'est de l'Australie, ainsi qu'en Nouvelle-Guinée, dans les îles Salomon, Moluques et de la Sonde. Cet oiseau de proie mesure de 35 à 43 cm, mais la femelle est plus grande que le mâle. En ce qui concerne la couleur, les deux sexes sont semblables, la femelle se caractérisant cependant par la couleur brune du dessus de la tête, du dos et du croupion ; sur la poitrine, les plumes sont bleu clair, rayées de brun roussâtre. En Australie, on rencontre le baza principalement près des cours d'eau bordant les forêts et dans les bois d'eucalyptus. Dans le Nord, ce sont les mangroves qu'il choisit de préférence. Le plus souvent, il s'installe sur un arbre élevé ou bien recherche sa nourriture en sautant de branche en branche. Chasseur de petits animaux et d'insectes, il s'empare surtout de petits serpents, de grenouilles et de petits mammifères. Il est capable de se suspendre la tête en bas à une branche afin de rechercher sa nourriture sous les feuilles. De temps en temps, il chasse sur des terrains dégagés des sauterelles et des grillons et, à cette occasion, fait souvent du vol sur place.

Milan à plastron noir

La période de couvaison du baza d'Australie se situe entre les mois de septembre et de mars ; en général, cependant, il couve d'octobre à décembre. Le nid, composé de rameaux, est placé entre 25 et 30 m au-dessus du sol. Il est garni de feuilles vertes, sur lesquelles la femelle dépose 2 à 3, rarement 5, œufs teintés de blanc, bleu ou vert, et plus rarement tachés de brun. Le mère participe à la couvaison de manière restreinte. Les deux adultes s'occupent ensemble des petits éclos après 29 jours. Le couple de bazas utilise son nid pendant plusieurs années, et y apporte des améliorations à chaque période de reproduction.

Milan à plastron noir

Hamirostra melanosterna

On trouve ce milan dans presque toute l'Australie, à l'exception toutefois des régions côtières du Sud et de l'Est. Après la période de reproduction, beaucoup de ces oiseaux migrent en Tasmanie. La femelle, au plumage semblable à celui du mâle, atteint une longueur de 55 à 60 cm ; le mâle est légèrement plus petit. Cet oiseau de proie vit surtout dans les forêts claires, mais on peut aussi le rencontrer dans les savanes. Il choisit souvent le voisinage des cours d'eau. Il vit en couple, mais aussi en solitaire lorsque les petits sont élevés, et forme des groupes de plus de 50 oiseaux en quête de nourriture. Le milan à plastron noir vole lentement, près du sol, et cherche les nids construits par terre. Dès qu'il a repéré le nid d'une grue ou d'un émeu par exemple, il le pille en compagnie de ses semblables. Les milans brisent les œufs et en extirpent le contenu. Ils emportent souvent les coquilles sur leur aire. Mais leur nourriture principale reste toutefois composée de petits reptiles, de temps en temps de petits mammifères, y compris de jeunes kangourous. Les milans peuvent aussi se nourrir uniquement d'insectes. Ils s'emparent en général de leurs proies sur le sol. Ils mangent aussi parfois des animaux domestiques morts. Les milans à plastron noir se construisent, à l'aide de branches sèches, une plate-forme pour y dormir. Ils nichent de juillet à décembre, construisant le plus souvent en septembre ou octobre leur aire, à l'aide de grandes branches, et la placent à 6 ou 20 m de haut dans un arbre. Ils la garnissent de feuillages verts. La ponte se compose de 1 à 4 œufs allant du blanc au roux orangé, tachés de rouge, de brun foncé et de violet. La femelle les couve seule pendant environ un mois. Généralement, les adultes n'élèvent qu'un seul petit.

Autour variable

Accipiter novaehollandiae

Cet autour vit dans tout le nord, le nord-est, l'est et le sud-est de l'Australie, la Tasmanie et l'île Kangourou. La Nouvelle-Guinée, Timor, les îles Salomon et de la Sonde appartiennent aussi à son aire de répartition. Cet oiseau de proie atteint 35 à 54 cm de long, la femelle est un peu plus grande que le mâle. Les deux sexes ont le même plumage gris. Chez la forme blanche, la tête est de couleur orange ou jaune et le bec bleu foncé. L'au-

Autour variable

L'aigle nain est extrêmement adroit. Il attrape ses proies en plein vol ou bien en piquant à terre. C'est un oiseau très utile, car il tue les lapins de garenne.

tour variable vit en couple, ou bien en solitaire après la période de reproduction. Son domaine, ce sont les abords des forêts touffues près des cours d'eau, où il trouve de petits oiseaux, de petits mammifères, des serpents, des sauterelles, des cigales, des coléoptères et autres insectes. La femelle chasse habituellement des proies plus grosses.
L'époque de la reproduction dépend de la région. Tandis que les populations du Sud-Est nichent de juin à décembre, l'élevage des petits a lieu de janvier à avril dans le Nord. Le couple construit le nid à l'aide de branches, sur la cime d'un arbre, à une hauteur allant de 9 à 30 m. De petites branches et des feuillages servent à garnir l'intérieur. La plus grosse partie du travail incombe à la femelle. Les oiseaux prennent les grosses branches avec leurs serres et portent les plus petites dans leur bec. C'est principalement la femelle qui couve les œufs, souvent 2 à 4, teintés de bleu ou de vert, tachetés de rouge ou brun violacé. Elle n'est remplacée par le mâle que de façon momentanée, mais est régulièrement approvisionnée en nourriture. Lorsque, après 35 jours, les jeunes éclosent, c'est le père qui veille à apporter les proies pour toute la famille, car la femelle ne délaisse pas un seul instant ses petits les premiers jours. Elle reçoit la nourriture et leur en donne des morceaux. Trois semaines plus tard, elle commence aussi à participer à la chasse et les jeunes déchiquètent eux-mêmes la nourriture présentée. Ils quittent le nid à l'âge de 6 semaines, et s'émancipent 2 semaines plus tard.

Aigle nain

Hieraaetus morphnoides

L'aigle nain fait partie du même genre que l'aigle botté d'Europe ; il mesure de 45 à 58 cm, habite dans le nord, le nord-est et l'est de l'Australie. La femelle est légèrement plus grande que le mâle, son plumage est presque semblable, quoique généralement plus clair. L'aigle nain vit surtout dans les forêts de montagne, mais aussi dans les bois bordant les cours d'eau. Il vit en couple, ou bien seul en dehors de la période de nidification. Il vole remarquablement bien et tue ses proies en l'air, ou en piquant à terre. Il chasse diverses espèces d'oiseaux, comme des canards, cacatoès, hérons, et s'empare habilement de serpents, de lézards, et de petits mammifères, y compris les lapins. L'aigle nain niche durant la saison sèche, d'avril à novembre, dans le Nord, et d'août à septembre dans l'Est. Le couple construit son nid à l'aide de branches, entre 7 et 25 m de haut, et le recouvre de feuilles vertes, d'eucalyptus principalement. La ponte se compose de 1 ou 2 œufs blancs teintés de bleu, généralement tachés de brun. La femelle couve durant 40 jours, généralement seule, et s'occupe avec le mâle pendant 40 à 65 jours de l'élevage des petits. Même lorsque les jeunes acquièrent

◄ Autour variable *(Accipiter novaehollandiae)*. Ses habitats favoris sont les régions forestières de l'Australie et de la Tasmanie, la Nouvelle-Guinée, les îles de la Sonde et les autres petites îles de cette région. On trouve des spécimens blancs chez cette espèce normalement grise.

Faucon hoberau d'Australie

leur indépendance, la famille demeure plusieurs mois réunie.

Faucon hobereau d'Australie
Falco longipennis

Le faucon hobereau habite toute l'Australie et la Tasmanie, mais est également présent sur les petites îles de la Sonde, les îles Salomon et en Nouvelle-Angleterre. Au cours des mois d'hiver, c'est-à-dire en juin et juillet, il migre dans le sud de la Nouvelle-Guinée. La femelle mesure environ 35 cm, le mâle n'atteint que 30 cm. Les deux oiseaux se ressemblent beaucoup par leur plumage. Cet oiseau de proie vit dans les bois et les espaces découverts plantés d'eucalyptus et d'autres arbres. Il vient aussi souvent dans les grands parcs des villes. Pour chasser à l'affût, il choisit des branches d'arbres morts, qui lui permettent de voir à distance. Il fait partie des oiseaux qui volent remarquablement bien et frappe volontiers ses proies en plein vol. Il attrape surtout de petits oiseaux, des insectes (libellules, etc.), mais il peut aussi tuer des canards ou des cacatoès rosalbins. Il chasse volontiers les chauves-souris au crépuscule, qui sont des proies faciles pour lui. La période de nidification va d'octobre à novembre dans le sud de l'Australie. Au cours du vol nuptial, le faucon hobereau s'élève de la cime d'un arbre à la verticale, tourne autour, et fait tout à coup des loopings. Il accompagne cette démonstration de cris stridents. Les faucons hobereaux d'Australie occupent volontiers l'ancien nid d'autres oiseaux de proie ou de corneilles. Le couple rembourre la coupe de feuilles d'eucalyptus et d'écorce. Plus rarement, il fait un nid à l'aide de branches sèches, haut dans un arbre. La ponte se compose de 2 à 3 œufs jaune clair, fortement tachés de roux. La femelle les couve le plus souvent seule, durant 28 jours. Pendant ce temps, le mâle lui apporte régulièrement de la nourriture. Après l'éclosion des œufs, la femelle demeure au nid et le mâle chasse pour toute la famille. Il apporte la nourriture au nid, et la présente déchiquetée aux petits. Il

Mégapode de Latham

leur donne directement les insectes à manger. Plus tard, la mère l'aide à se procurer la nourriture. Dès que les jeunes ont atteint l'âge de 1 mois, ils quittent le nid, mais se laissent cependant nourrir encore pendant 3 semaines.

Mégapode de Latham
Alectura lathami

Le mégapode de Latham habite les forêts pluviales des régions du nord-est et de l'est de l'Australie. La taille du mâle dépasse 70 cm, la femelle est d'un tiers plus petite. Le mâle a un appendice de peau jaune, replié sous la gorge au repos. Ses pattes puissantes sont caractéristiques ; elles lui permettent de prélcvcr des substances végétales et de la terre et d'édifier un monticule de 2,50 m de haut et de 4 m de large. La préparation de cet «incubateur» demande plusieurs mois, car la décomposition et la fermentation des plantes exigent un certain temps. Ces transformations s'accompagnent d'un dégagement de chaleur qui sert à l'incubation des œufs. Le mâle gratte et retourne sans cesse le feuillage, afin de bien aérer le tas. Dès que la température intérieure de la masse atteint 35 °C, ses femelles commencent la ponte. Elles creusent un trou sur le haut du tumulus et laissent tomber les œufs à l'intérieur. Chacune pond jusqu'à 20 œufs dans un laps de temps de 7 à 8 semaines, s'interrompt pendant environ 5 semaines et recommence ensuite une deuxième ponte. Les œufs sont placés verticalement, la pointe en bas, car c'est seulement dans cette position que les embryons peuvent se développer. Les intervalles de ponte sont de 2 à 3 jours, ou de 5 à 9 jours. Pendant les 60 jours d'incubation, c'est le mâle qui veille à ce que la température soit constante. Si la chaleur devient trop forte, il enlève de l'humus, afin de refroidir les œufs. Si, au contraire, la température s'abaisse trop, il apporte des matériaux frais. Il contrôle la température à l'aide de sa langue, parfois grâce à son appendice déplié qu'il place dans les trous. La ponte est composée d'œufs d'âges différents, et pour cette raison, le temps d'éclosion s'échelonne souvent sur plus de 3 mois, jusqu'à ce que tous les petits soient nés. Le mâle surveille l'incubation et expulse les intrus, même ses propres femelles, qui n'ont le droit d'y pénétrer que pour pondre leurs œufs. Lorsque tous les poussins sont éclos, une période de repos d'environ 2 à 3 mois commence pour le mâle. Puis, il reprend de nouveau ses activités de construction. Le plus souvent, il utilise longtemps l'ancien tas, et y ajoute seulement des matériaux frais.

A l'éclosion, les petits sont déjà très bien développés, et capables de s'occuper d'eux-mêmes dès les premiers jours. Ils sortent seuls du monticule et peuvent, dès le deuxième jour, s'envoler et partir à la recherche de leur nourriture. Cela n'est possible que parce que les œufs de cet oiseau sont riches en substances nutritives, et par conséquent plus gros que ceux d'autres gallinacés. Le rapport de poids entre la femelle et l'œuf est étonnant. Tandis que l'œuf de poule que nous connaissons représente 4 % du poids de l'oiseau, chez le mégapode de Latham, il représente 12,5 %, car la femelle pond un œuf pesant en moyenne 190 g (elle-même pèse 1,5 kg). Le mégapode de Latham se nourrit de morceaux de plantes, de graines, de baies et de divers invertébrés.

Mégapode de Freycinet
Megapodius freycinet

Le mégapode de Freycinet habite les régions côtières du nord et du nord-est de l'Australie, la Nouvelle-Guinée, la Nouvelle-Angleterre, les îles Salomon, les Moluques, les Nouvelles-Hébrides et autres îles avoisinantes. Il mesure 40 cm de long : mâle et femelle sont très semblables. On en connaît plus de 15 sous-espèces, parmi lesquelles 4 vivent en Australie. Toutefois, certains ornithologues considèrent que plusieurs sont des espèces distinctes.

L'habitat du mégapode de Freycinet comprend les épaisses forêts pluviales, mais aussi des broussailles en bordure des bois, et des endroits secs dans les mangroves, car il est habituellement craintif, et ne séjourne quasiment que dans des fourrés. Sa nourriture se compose de baies, de graines, de coléoptères et autres insectes.

Mégapode de Freycinet

La période de nidification se déroule du mois d'août au mois de mars. Le mâle édifie un tumulus atteignant 5 m de haut et 16 m de diamètre. Cette espèce a un comportement plus sociable et moins agressif le jour de la ponte que celui des autres mégapodes. Le mâle et la femelle vivent durablement en couple. Deux ou trois couples participent le plus souvent à la construction et à l'entretien de l'incubateur. C'est la plus grande construction que nous connaissons chez ces oiseaux, puisqu'elle atteint 50 m de circonférence. Les femelles pondent, à intervalles de plusieurs jours, 6 à 10 œufs marron clair, devenant plus foncés, qu'elles enterrent dans le tumulus à 1 m de profondeur. Durant la période d'incubation, les parents restent en permanence à proximité pour surveiller. Ils prennent aussi les poussins sous leur protection au cours des premiers jours, et leur fournissent la nourriture.

Une sous-espèce très connue du Queensland, de la Nouvelle-Guinée et des petites îles de la Sonde, *Megapodius freycinet reinwardti,* mesure 35 cm et pèse 600 g seulement. Chez cette sous-espèce aussi la femelle apporte son aide à la construction du tumulus. L'incubateur atteint une hauteur de plus de 3 m et un diamètre de 6 à 11 m. Il est utilisé pendant plusieurs années et entretenu. La femelle pond 5 à 8 œufs, qui seront incubés pendant environ 63 jours dans le monticule, à une température intérieure de 35 °C.

On a observé un mode d'incubation intéressant chez la sous-espèce *Megapodius freycinet eremita* propre à l'archipel Bismarck et aux îles Salomon. Les femelles enfouissent les œufs dans du sable de lave dont la température varie entre 21 et 33 °C. Le matin, le mâle enlève du sable, aère les œufs, et abaisse ainsi la température. A trois heures de l'après-midi, il les recouvre de nouveau. L'incubation dure de 70 à 80 jours.

Turnix bariolé

Turnix varia

Les turnix bariolés ont d'étroits liens de parenté avec les grues. La femelle mesure 20 cm, le mâle seulement 17 cm. Le plumage se ressemble beaucoup chez les deux partenaires, le mâle est un petit peu plus foncé, et les taches foncées de son dos sont plus faibles. Cette espèce est répandue dans le sud-ouest, le sud-est et l'est de l'Australie, ainsi qu'aux abords des côtes du Queensland ; on peut aussi la rencontrer en Tasmanie. Elle habite les forêts sèches d'eucalyptus et les prairies sur les côtes, mais se rencontre également dans la brousse et les endroits rocheux et boisés.

La saison de nidification est généralement comprise entre septembre et mars, selon la région, et peut aussi avoir lieu à une autre période. Pour la construction du nid, le mâle choisit un endroit tout près d'un buisson ou de grandes plantes herbacées, forme une dépression et la rembourre de feuillage sec et de brins d'herbe. La femelle demeure en sa compagnie, et l'aide aussi parfois à transporter les matériaux du nid. Elle pond généralement 4 œufs fortement tachés de marron clair, rouge, violet et gris, mais elle confie toutefois entièrement la couvaison au mâle. Les jeunes éclosent au bout de 14 ou 15 jours. Le turnix bariolé se nourrit de graines et de diverses pousses, fréquemment aussi d'insectes et autres invertébrés.

Ptilope diadème

Ptilinopus regina

Le magnifique ptilope diadème dont plusieurs sous-espèces vivent jusqu'en Indoné-

◄ Le mégapode de Freycinet *(Megapodius freycinet)* construit un énorme «incubateur» pendant la période de reproduction.

Turnix bariolé ►

Ptilope diadème

Turnix bariolé

sie, habite les régions côtières du nord, du nord-est et de l'est de l'Australie. Il mesure 22 à 24,5 cm de long ; les femelles sont un peu plus foncées que les mâles. Il est difficile d'observer ce pigeon frugivore, car il se tient au sommet des arbres dans les forêts. Il vit en couple ou en petits groupes, mais forme parfois des bandes plus importantes pour visiter des gagnages éloignés. Sa nourriture se compose de petits fruits, particulièrement ceux du genre *Ficus,* qu'il avale entièrement. Selon l'époque de maturation des fruits, les ptilopes diadèmes entreprennent des déplacements plus ou moins importants à la recherche de nourriture, sans pour cela faire partie des oiseaux migrateurs.

La période de reproduction du ptilope diadème correspond à l'époque où il trouve suffisament de nourriture. Le couple construit son nid à l'aide de rameaux sur une branche horizontale d'un arbre, à une hauteur de 3 à 5 m généralement, parfois même de 15 m. Ce pigeon préfère le fond des bois et, dans le nord, les épaisses étendues de palétuviers. Le couple couve à tour de rôle durant 16 à 18 jours la ponte composée d'un œuf blanc brillant. Ce sont aussi les deux parents qui nourrissent le petit, prêt à voler à 15 jours.

Ptilope magnifique

Megaloprepia magnifica

Le ptilope magnifique, d'une taille de 35 à 40 cm, fait partie des habitants des forêts pluviales côtières du nord-est et de l'est de l'Australie, mais aussi des forêts basses de la Nouvelle-Guinée. Mâles et femelles ne se différencient pas par leur couleur. Ce pigeon frugivore, au plumage multicolore, se tient exclusivement dans les cimes touffues des arbres et ne vient jamais sur le sol. Il vit en couple, ou, après la période de nidification, en petits groupes. Lorsqu'il part en quête de nourriture, il forme souvent une bande. Dans le nord-est de la Nouvelle-Galles du Sud, ce sont les fruits de *Ficus* qui constituent sa nourriture principale ; dans le nord-est du Queensland, on a recensé plus de 50 espèces d'arbres dont les fruits lui servent de nourriture.

Entre juin et janvier, le plus souvent cependant d'août à octobre, le couple construit un nid plat de 15 cm de largeur, à l'aide de branches fines, placé fréquemment au bout d'une branche d'eucalyptus, mais également sur d'autres arbres. La femelle pond un seul œuf, que chacun des deux adultes couve à tour de rôle pendant environ 17 jours. Ils s'occupent aussi tous les deux de l'élevage du jeune.

Pigeon leucomèle

Columba leucomela

Le pigeon leucomèle, d'une taille de 40 cm, est répandu dans certaines parties des forêts côtières du nord-est et de l'est de l'Australie. Chez les femelles, les zones colorées correspondant aux taches blanches des mâles sont grises. Ce pigeon de belle apparence était au-

Ptilope magnifique

◄ Le turnix bariolé *(Turnix varia)* est un habitant des forêts sèches d'eucalyptus, de préférence sur les régions côtières australiennes. Chez cette espèce, l'incubation est l'affaire du mâle.

Pigeon leucomèle

Tourterelle striée

trefois très fréquent, mais fut décimé à la fin du siècle dernier en maint endroit. Au cours des vingt dernières années, le pigeon leucomèle a pris l'habitude de se nourrir des fruits du laurier, mais aussi simultanément de maïs, et il parcourt de grandes distances entre les forêts et les champs de maïs. Cette adaptation a eu pour conséquence d'élargir son aire de répartition, surtout aux abords des fleuves en Nouvelle-Galles du Sud. Il est surtout répandu dans les basses forêts pluviales du Nord et dans des régions plus élevées. Le pigeon leucomèle vit en couple et en groupes composés de 10 à 15 individus, après l'élevage des jeunes. Il recherche sa nourriture sur le sol des forêts et au faîte des arbres. Il se nourrit de divers fruits, et entreprend souvent de grands vols vers les sources d'aliments.

La période de reproduction s'étend de septembre à mars ; la plupart du temps, le pigeon leucomèle niche d'octobre à décembre. Le nid est composé de fines brindilles et de brins d'herbe secs et est placé de 3 à 10 m au-dessus du sol dans un arbre bas ou un arbrisseau élevé. Il est caché dans la verdure et camouflé aux regards des prédateurs. La femelle pond 1 seul œuf de couleur crème, que les deux adultes couvent chacun leur tour durant 22 jours. Ils s'occupent aussi tous deux du petit.

Phaps huppé

Tourterelle striée
Geopelia striata

La tourterelle striée est répandue au nord-ouest, au nord et dans la presque totalité de la moitié est de l'Australie, mais aussi en Nouvelle-Guinée et en Indonésie. Elle fut introduite sur les îles Hawaï, à Madagascar et aux Seychelles. La plupart du temps, elle habite des forêts claires aux hautes herbes, et s'établit volontiers à proximité des fermes, où la nourriture des volailles lui procure une source alimentaire bienvenue. Les parcs citadins et les jardins sauvages sont aussi de fréquents lieux de séjour. La tourterelle striée vit en couple puis, après la période de reproduction, en petits groupes familiaux. Elle se joint à des nuées de centaines de congénères pour voler vers l'eau et les sources alimentaires. Sa nourriture principale se compose de graines provenant de diverses plantes herbacées, d'arbustes et de buissons. Elle recherche surtout les abords des routes herbues, s'introduit dans les champs de céréales et, en tant que nourriture secondaire, prend aussi des insectes et autres petits invertébrés.

La période de nidification s'étend sur presque toute l'année, et dépend localement de l'abondance de la nourriture. La tourterelle striée construit son nid à l'aide de fines ramures et de brins d'herbe, sur une branche fourchue dans un arbre, un buisson, ou des bambous touffus, le plus souvent de 6 à 20 m au-dessus du sol. Dans les jardins, elle niche dans les haies vives. Les deux partenaires couvent à tour de rôle la ponte, composée de 2 œufs blancs, durant 13 ou 14 jours. Les petits, soignés par les deux parents, seront prêts à quitter le nid après 2 semaines. Certains couples nichent parfois trois fois par an.

Phaps huppé

Ocyphaps lophotes

La phaps huppé fait partie des espèces les plus connues en Australie, car il est répandu dans la presque totalité du continent. Il atteint 31 à 35 cm de long, et mâles et femelles sont colorés pareillement. Il vit le plus souvent dans des forêts claires au sol herbu ; à l'intérieur de l'Australie il fréquente les fourrés et les bois aux abords des lacs et des fleuves. Il vient parfois à proximité des villes et parfois même dans les grands parcs urbains. Sur les côtes, il s'est habitué à venir dans les fermes, et se nourrit en compagnie des poulets et canards. Sur les côtes, et dans les régions consacrées à l'agriculture, le phaps huppé est sédentaire, mais vagabonde souvent à la recherche d'aliments. Il se nourrit principalement de graines et de céréales, mais aussi d'insectes et de petits mollusques et, de temps à autre, de petits fruits et de feuilles vertes.

Le phaps huppé choisit de préférence le printemps ou le début de l'été pour se reproduire, mais niche parfois au cours d'autres saisons, selon les périodes de pluie. Le couple construit un nid plat d'environ 17 cm de diamètre dans un buisson ou les branches d'un arbre, à l'aide de ramures sèches, à environ 1,50 m du sol, rarement à plus de 3 m. La femelle pond 2 œufs blancs, que les deux partenaires couvent pendant 16 à 18 jours.

Pigeon Wonga

Leucosarcia melanoleuca

Le pigeon Wonga habite les forêts côtières de l'est et du sud-est de l'Australie, mais apparaît aussi parfois dans des paysages de maquis plus secs. Il atteint 38,5 cm de long et le plumage des deux sexes n'offre aucune différence. Il vit dans les forêts pluviales de montagne comme dans les forêts d'eucalyptus plus sèches. Agile et rapide, il recherche sur le sol des forêts les graines tombées, les fruits, et arrache de temps en temps les baies accrochées aux arbustes bas. En dehors de la période de reproduction, le pigeon Wonga est solitaire, mais se joint parfois à des centaines d'individus pour partir en quête de nourriture.

Le pigeon Wonga qui a été exterminé dans de nombreuses régions d'Australie s'est réfugié dans les forêts difficilement accessibles. Aujourd'hui, on ne le trouve plus que dans les forêts côtières de l'est et du sud-est de l'Australie.

Le pigeon Wonga niche toute l'année, mais préfère les mois compris entre octobre et janvier. Le nid, relativement grand, atteignant jusqu'à 25 cm de diamètre, est construit à l'aide de brindilles et placé de 3 à 20 m au-dessus du sol, dans un arbre ou dans un buisson élevé à la lisière d'un bois. La femelle pond 2 œufs blancs et les couve alternativement avec le mâle durant environ 20 jours.

Loriquet varié

Trichoglossus versicolor

Le loriquet varié mesurant 18,5 cm est pourvu d'une queue de 7 cm. C'est dans les régions de l'Ouest qu'il est le plus fréquent. Femelles et mâles ont la même couleur, seuls les petits sont plus sombres que les parents. Ce loriquet est avant tout un habitant des forêts d'eucalyptus. Il se nourrit de nectar et de morceaux de fleurs, de pollen de fleurs, de diverses baies à chair molle, et de fruits juteux. De temps à autre, il recueille de petites graines et, occasionnellement, des insectes et leurs larves. Il entreprend des déplacements à grande distance vers les régions où les arbres sont en pleine floraison. Le loriquet varié niche le plus fréquemment d'avril à septembre. Le couple isolé s'établit de préférence dans une branche d'arbre creuse, à proximité d'un cours d'eau. La femelle couve seule la ponte composée de 2 à 4 œufs durant 21 jours. Les deux adultes élèvent ensemble leur couvée. Les petits quittent le nid au bout de 40 jours.

Loriquet varié ▶

Grâce à sa langue bien développée, le loriquet varié peut sucer le nectar des fleurs. Il est souvent élevé en cage.

Loriquet musqué

Glossopsitta concinna

Le loriquet musqué est un habitant de l'est et du sud-est de l'Australie et vit également en Tasmanie. Il mesure 22 cm. Femelles et mâles sont de couleur semblable. Le loriquet musqué préfère les forêts claires, et s'établit toutefois aussi aux abords des bois, le long des fleuves et des lacs. Il vit volontiers à proximité des fermes, dans les bosquets ou bien dans les parcs, les plantations ou les jardins. En dehors de la période de nidification, il s'assemble en troupes, pour rejoindre les bois d'eucalyptus en fleurs, car il se nourrit de nectar sucré. Il vit aussi du jus des fruits. Au cours de la période de nidification, les loriquets musqués forment des couples qui restent ensuite toute l'année ensemble. D'août à janvier, la femelle pond dans une branche creuse 2 œufs, et les couve seule pendant 3 semaines. Le père prend aussi part à l'élevage des petits. Les jeunes loriquets quittent le nid à l'âge d'un mois.

Loriquet musqué

Cacatoès de Banks

Calyptorhynchus magnificus

Le cacatoès de Banks est un splendide perroquet de 50 à 61 cm. La femelle est noire avec de nombreuses barres jaunes, surtout sur la tête, le cou et les épaules. Le mâle est tout noir, sauf la queue, en partie rouge. Tous deux se parent d'une grande huppe, qu'ils érigent lorsqu'ils sont agités. Le cacatoès de Banks est répandu dans toute l'Australie, excepté dans les régions désertiques. Il habite l'ouest, le nord et l'est du continent, et on le trouve au sud jusqu'à la limite des États de Victoria et d'Australie méridionale. Il est surtout commun dans le Nord, où il apparaît en troupes pouvant compter jusqu'à 200 oiseaux. Il se tient dans de hautes forêts d'eucalyptus, et cherche sa nourriture sur la cime des arbres. Il ne descend sur le sol que pour boire. Sa nourriture est surtout composée de graines de *Casuarina*; les populations du sud-ouest de l'Australie donnent leur préférence aux graines d'*Eucalyptus calophylla,* et les cacatoès du Queensland, aux graines d'*Eucalyptus terminalis.* Mais les *Acacia, Banksia, Hakea* et *Grevillea* sont aussi des sources de nourriture appréciées. En outre, le cacatoès de Banks prend des fruits, des baies, des noix et des pousses, et va de temps en temps chercher des larves d'insectes xylophages dans les arbres pourris.

Pendant la nidification, le cacatoès de Banks vit en couple. Pour nicher, il recherche une cavité placée de 2 à plus de 30 m au-dessus du sol, dans le tronc d'un arbre géant. L'entrée a en général un diamètre d'environ 18 cm. La reproduction a lieu de mars à juillet dans les régions du Nord, de mai à septembre au Queensland, et de mars à octobre dans l'ouest du continent. La ponte, composée de 1, tout au plus 2 œufs, sera couvée pendant 30 jours par la femelle. Le mâle, pendant ce temps, lui apporte de la nourriture. Les deux parents s'occupent des nouveaux-nés et les nourrissent surtout le matin et le soir. Dès que les petits quittent le nid, à l'âge de 10—12 semaines, les familles se réunissent et forment des bandes dans la campagne.

Cacatoès à tête rouge

Callocephalon fimbriatum

Le cacatoès à tête rouge est un beau et intéressant perroquet, chez lequel s'est développé un surprenant dimorphisme sexuel. Le mâle a une tête rouge et une huppe écarlate ; chez la femelle, au contraire, le plumage de la tête est gris, les plumes du ventre sont bordées d'orange et de jaune-vert. Ce cacatoès de 35 cm de long habite dans le sud de la Nouvelle-Galles du Sud et dans l'est du Victoria, mais se rencontre cependant aussi en Tasmanie en dehors de la période de nidification. Les populations introduites sur l'île Kangourou se sont parfaitement bien adaptées et se multiplient très bien. Le domaine du cacatoès à tête rouge, ce sont d'épaisses forêts à plus de 2 000 m d'altitude. Il préfère les bois d'eucalyptus et d'acacias et trouve sa nourriture le plus souvent sur les arbres. Il grimpe le long de branches, recherche systématiquement des graines du bas de l'arbre jusqu'à la cime et s'envole ensuite vers le suivant. Il mange également de petites noix, des fruits et des baies, et occasionnellement des insectes et leurs larves. Il ne descend sur le sol que pour boire ou ramasser des noix tombées. En dehors de la période de nidification, il vit en petits groupes, pouvant atteindre des centaines de têtes. Durant les heures chaudes, il reste immobile à l'ombre d'une branche d'eucalyptus. Au cours des mois d'hiver, les cacatoès à tête rouge viennent par bandes jusque dans les jardins et les parcs des grandes villes, comme Canberra ou Melbourne.

En général, ils retournent dans les forêts d'octobre à janvier, pour la nidification. C'est le plus souvent à plus de 12 m de hauteur que le cacatoès à tête rouge recherche des cavités pouvant lui servir de nid, dans le tronc de grands eucalyptus ou dans des branches mortes, qu'il agrandit encore souvent en grignotant les parois et l'ouverture. La femelle et le mâle se relaient pour couver 2, rarement 3, œufs. Ce sont également les deux parents qui nourrissent ensemble les petits, éclos après 30 jours, et ce durant 7 semaines au nid, puis pendant 4 à 6 semaines après qu'ils aient pris leur envol.

Cacatoès de Banks

Cacatoès à tête rouge ▶

Cacatoès à tête rouge

Grand cacatoès à huppe jaune

Kakatoe galerita

Ce cacatoès, d'une taille de 50 cm environ, a une huppe pointue recourbée vers l'avant. Mâles et femelles ne se différencient que par la couleur de l'iris ; chez les mâles il est marron foncé, chez les femelles brun-rouge. La patrie de ce perroquet très répandu est l'Australie, où il vit dans les forêts pluviales du Nord, de l'Est et du Sud. Mais on peut toutefois aussi le rencontrer en Tasmanie, et sur l'île Kangourou, en Nouvelle-Guinée, dans les îles Aru, tout comme en Indonésie. Il a été introduit en Nouvelle-Zélande et sur plusieurs petites îles environnantes. En dehors de la période de nidification, les populations du Sud se déplacent en groupes nombreux, comprenant souvent des centaines d'oiseaux, accompagnés d'autres cacatoès qui se joignent à eux. Les cacatoès à huppe jaune vivant dans le nord de l'aire de répartition ne se regroupent qu'en petites bandes ou bien vivent toute l'année en couple. La raison de cette différence de comportement est que les oiseaux vivant au sud doivent rechercher leur nourriture sur des terrains découverts. Tandis que le groupe principal cherche sa nourriture sur le sol, plusieurs douzaines d'oiseaux occupent des branches sèches, sur des arbres isolés permettant un bon coup d'œil, et préviennent les autres par des cris aigus, dès qu'un danger est en vue. Chaque groupe a son propre arbre de repos, vers lequel il s'envole régulièrement, dès que tous les oiseaux sont rassasiés, et sur lequel il passe aussi la nuit. Le grand cacatoès à huppe jaune se nourrit de plantes herbacées, de graines d'arbustes, de céréales, pousses, baies, fruits, et occasionnellement d'insectes et de leurs larves. Il fréquente volontiers les champs de maïs, pour se nourrir des épis encore verts. C'est pour cette raison qu'il n'est pas apprécié des fermiers.

Le couple cherche une cavité spacieuse et, si possible, dans un arbre situé à proximité d'un point d'eau. Le long du Murray les cacatoès à huppe jaune nichent aussi dans des interstices de rochers. La période de reproduction des populations du Sud s'étend d'août à janvier, et celle des groupes vivant au Nord de mai à septembre. La femelle et son partenaire se relaient pour couver la ponte composée de 2 à 3 œufs. Un mois plus tard, les petits éclosent. Ils seront nourris pendant 6 à 9 semaines par les deux parents, dans le nid, et encore pendant 2 à 3 semaines après leur envol.

Le grand cacatoès à huppe jaune qui est une espèce encore très répandue est souvent élevé en cage.

Cacatoès nasique

Kakatoe tenuirostris

Le cacatoès nasique, d'une taille d'environ 38 cm, doit son nom à sa longue mandibule supérieure qui permet de le distinguer au premier coup d'œil de ses semblables. Les deux sexes portent le même habit. Les savanes boisées du sud-est de l'Australie sont la patrie du cacatoès nasique. Il peuple cependant aussi les régions côtières de l'ouest de l'Australie, de Geraldton à Perth, et les environs du lac Muir. Pendant la saison sèche, il se déplace en bandes pouvant atteindre une cinquantaine d'oiseaux, vers les régions côtières plus humides. Dans le sud-ouest de l'État de Victoria apparaissent même des troupes de 200 individus. Durant ses déplacements, on reconnaît le cacatoès nasique

◄ Le cacatoès à tête rouge *(Callocephalon fimbriatum)* habite surtout les régions boisées de la Nouvelle-Galles du Sud et l'est de l'État de Victoria.

Cacatoès nasique

à ses fréquents piaillements aigus. Il dort en troupe sur des arbres hauts, et se dirige après le lever du soleil vers les points d'eau pour y boire. Puis, quelques animaux prennent leur poste d'observation sur des branches sèches, à la cime des arbres, et avertissent les autres membres de la troupe partis chercher de la nourriture des dangers, grâce à leurs cris stridents. Le cacatoès nasique se nourrit de graines qu'il décortique habilement grâce à son bec bien adapté. Il mange également des fruits et des pousses et, de temps en temps, des insectes. Il recherche sa nourriture surtout sur le sol.
Pendant la période de nidification, d'août à décembre, le cacatoès vit en couple sur un territoire. Le couple recherche le plus souvent une cavité placée à plus de 10 m de haut dans un arbre. La femelle pond 2 à 4 œufs, sur le fond du nid tapissé de copeaux et de débris de bois. Le mâle couve durant le jour, et la femelle pendant la nuit. Les petits, éclos après 24 ou 25 jours, sont nourris par les deux parents. A l'âge de 7 semaines, les jeunes oiseaux quittent le nid ; ils seront cependant nourris encore pendant 3 semaines par les adultes, surtout par le père.

Psitacule double-œil

Opopsitta diophthalma

La patrie du psitacule, c'est le nord-est de l'Australie ; mais on rencontre aussi ce joli perroquet éclatant de 14 cm en Nouvelle-Guinée et sur les îles Aru. Les couleurs de la femelle ne sont pas aussi vives que celles du mâle ; ses joues sont marron clair. On en connaît 8 sous-espèces, dont 3 vivent dans les régions côtières, du Queensland à la Nouvelle-Galles du Sud. Elles se différencient par la couleur des joues. Ce petit perroquet habite en bordure des forêts pluviales, mais vient aussi dans les parcs et les jardins. Il se tient à la cime des arbres, dans les feuillages épais, et il est par conséquent difficile à observer. En dehors de la période de reproduction, il forme de petites troupes ; pendant la nidification il vit en couple. La branche creuse élue comme nid est placée de 2 à 20 m et davantage, au-dessus du sol. De fins copeaux de bois servent de matériau de rembourrage.

Psitacule double-œil

La ponte, constituée de 2 œufs, est couvée par la femelle seule pendant environ 3 semaines.
Le psitacule double-œil se nourrit de divers fruits, surtout de figues sauvages mûres, de fruits juteux, nectar de fleurs, petits insectes et larves.

Perruche royale

Alisterus scapularis

La perruche royale habite les parties côtières boisées de tout l'est et du sud-est de l'Australie, et le Sud jusqu'à l'État de Victoria. Elle mesure 43 cm, dont 20 représentent toutefois la longueur de la queue. Femelles et mâles sont très différents par la couleur ; la principale différence réside dans le plumage de la tête, vert foncé chez la femelle, et rouge chez le mâle. On en connaît 2 sous-espèces. On peut rencontrer la perruche royale dans les forêts de plaine tout comme dans des régions montagneuses à 1 600 m d'altitude. Après la nidification, elle descend des mon-

◄ Le cacatoès nasique *(Kakatoe tenuirostris)* est surtout caractérisé par sa mandibule supérieure extrêmement longue. Il fait partie des habitants de volière les plus appréciés.

La perruche royale qui est encore très répandue est un magnifique oiseau, rarement élevé en captivité.

tagnes vers les plaines côtières, et retourne au printemps vers sa patrie. En dehors de la période de nidification, elle vit en petites troupes et vole aussi dans les parcs et les jardins des villes. A Canberra, par exemple, elle se tient fréquemment dans les arbres bordant les rues. Elle se nourrit de graines, baies, fruits, nectar de fleurs, fleurs et pousses vertes. Lorsque les céréales mûrissent, elle vient aussi visiter les champs. La période de nidification se situe entre octobre et janvier. Le couple de perruches royales construit son nid dans une cavité d'arbres, près du sommet ; à cette occasion, ce sont les eucalyptus creux qui sont choisis de préférence. Même si l'entrée de la cavité est à environ 10 m au-dessus du sol, le nid peut donc se trouver au niveau du sol. La femelle pond 3 à 6 œufs et couve seule, durant 20 à 22 jours. Le mâle lui apporte régulièrement de la nourriture. Les petits, ravitaillés par les deux adultes, quittent le nid au bout de 5 semaines. Chez les jeunes mâles, le plumage d'adulte ne commence à apparaître qu'à l'âge de 16 mois. Il faudra encore 14 ou 15 mois pour qu'il devienne définitif. On a toutefois observé que certains spécimens nichaient sans être complètement colorés.

Perruche érythroptère

Aprosmictus erythropterus

La perruche érythroptère est une espèce d'environ 32 cm de long, largement répandue dans tout le nord de l'Australie, l'intérieur de la moitié est, tout comme dans le sud de la Nouvelle-Guinée. La femelle a le dos vert (et non pas noir comme celui du mâle), et des ailes tachetées de rouge. On en connaît 3 sous-espèces. La perruche érythroptère vit en couple, ou bien en petits groupes de 15 à 20 individus, après la période de nidification. On a observé des bandes pouvant atteindre 60 oiseaux en Nouvelle-Guinée. Cette perruche peuple la cime des arbres et y cherche des graines, baies, fruits, noix, pousses, le nectar des fleurs et même des insectes et leurs larves. Elle ne descend sur le sol que pour boire ou recueillir des fruits tombés et des graines.

La période de nidification s'étend d'août à février, dans les régions du Nord jusqu'en mai. La perruche érythroptère cherche une cavité dans un arbre à proximité d'un point d'eau pour y nicher. La femelle couve seule la ponte de 3 à 6 œufs pendant environ 21 jours ; le mâle s'occupe durant ce temps de pourvoir à la nourriture. Les petites perruches seront ravitaillées par les deux parents, et quittent le nid à l'âge de 5 semaines.

Perruche érythroptère

Perruche superbe

Polytelis swainsonii

La perruche superbe habite la Nouvelle-Galles du Sud et l'État de Victoria ; cependant, elle est aussi répandue par endroits le long des fleuves, surtout près du Murray, du Murrumbidgee, du Lachlan et du Namoi. Chez cette perruche de 40 cm de long, mâles et femelles se différencient par le plumage. La femelle a une tête verte, des joues bleu-vert et des plumes gris-vert au menton et à la gorge. On rencontre fréquemment la perruche superbe. Son habitat, ce sont surtout les rives des fleuves où poussent des eucalyptus. Lorsqu'elle ne niche pas, elle mène souvent une vie nomade avec d'autres perruches, en petits groupes atteignant une trentaine d'oiseaux. Elle recherche sa nourriture sur la cime des eucalyptus ou sur le sol. Elle se nourrit surtout de fleurs, mais aussi de nectar, de fruits et de pousses, tout comme de semences d'herbes. Parfois elle s'envole aussi vers les champs cultivés.

Au printemps, donc en août, les couples quittent la troupe et cherchent un territoire de nidification. C'est de septembre à décembre que la perruche niche dans des trous d'arbres, le plus souvent placés très haut. La femelle pond 4 à 6 œufs, et les couve seule pendant 20—22 jours. Le mâle lui apporte plusieurs fois par jour de la nourriture pendant cette période.

Les parents nourrissent les petits durant 4 semaines au nid, puis encore pendant 2 semaines après leur envol. Les jeunes muent à l'âge de 6 à 9 mois pour prendre leur plumage d'adulte.

Perruche mélanure

Polytelis anthopeplus

La perruche mélanure vit dans deux régions du sud-est et du sud-ouest de l'Australie. Les populations de l'Ouest habitent des lieux boisés, à partir desquels elles entreprennent, en bandes de plus de 100 individus, des déplacements à la recherche de leur nourriture dans les champs de céréales ou elles commettent d'importants dégâts. Elles s'approchent aussi souvent des fermes. Les populations de l'Est vivent dans une zone plus restreinte, principalement sur les rives des fleuves, dans les bosquets d'eucalyptus. Autrefois, on pouvait rencontrer la perruche mélanure dans tout le sud du continent. Mais comme on modifia son habitat, elle a disparu en maintes régions. Dans l'ouest de l'Australie, les perruches mâles d'une taille d'environ 40 cm sont jaune foncé ; la poitrine et la tête

Perruche superbe

Perruche mélanure

Perruche de Bauer

de la femelle sont jaune verdâtre et la queue bleu-vert. En dehors de la période de nidification, on a pu observer la perruche mélanure en petites bandes ; pendant la nidification, d'août à janvier, parfois aussi jusqu'en mai, elle vit en couple. La perruche mélanure niche dans des cavités d'eucalyptus. On peut aussi occasionnellement trouver ses nids dans des trous du sol, sur les rives des fleuves. La ponte, comprenant 3 à 6 œufs, est couvée par la femelle seule. Les petits éclosent au bout de 22 jours ; 32 jours plus tard, ils sont prêts à quitter le nid. En dehors de graines et de diverses semences, les fleurs d'eucalyptus, différentes sortes de fruits et les jeunes pousses constituent la nourriture de la perruche mélanure. Occasionnellement, elle gagne les jardins lorsque fruits et baies sont mûrs.

Perruche de Bauer

Barnardius zonarius

La perruche de Bauer, d'une taille d'environ 38 cm, habite les types de forêts les plus divers. On la rencontre dans les montagnes couvertes de baies d'eucalyptus du sud-ouest de l'Australie, comme dans les savanes à arbustes et broussailles de l'Ouest et du Centre. La femelle a une tête noire. On en distingue 3 sous-espèces, parfois 5 selon certains ornithologistes. La perruche de Bauer est le psittacidé le plus répandu de la moitié ouest du continent australien, mais on ne la voit jamais en groupes importants. Pourtant, cet oiseau se pose en bandes dans les champs de céréales, et cause des dégâts si considérables que les fermiers le poursuivent. Baies, fruits et pousses, et aussi de temps en temps insectes, font également partie de son alimentation. Il s'envole à la recherche de nourriture vers les parcs citadins et les jardins ; à Léonora, on le rencontre même dans toutes les rues animées.

Perruche de Pennant

La perruche omnicolore est l'une des perruches les plus répandues en Australie. Elle s'apprivoise facilement, car elle s'adapte bien à la vie en captivité et pond régulièrement. En Europe, on peut la laisser tout l'hiver dans une volière installée en plein air.

Au cours de la période de nidification, le couple choisit un territoire et recherche un trou dans une branche d'eucalyptus pour y nicher. La ponte, composée de 4 à 7 œufs, est couvée par la femelle durant 22 jours. Le mâle se tient à proximité du nid et veille sur sa partenaire. Après 6 semaines, les jeunes sont prêts à quitter le nid. La période de nidification s'étend d'août à janvier dans les régions du centre et du sud de l'Australie ; chez les populations plus septentrionales, elle commence en juin.

Perruche de Pennant

Platycercus elegans

Cette perruche est répandue depuis les régions côtières du sud-est du Queensland jusque dans le sud-est de l'Australie méridionale. Elle vit dans l'île de Kangourou, et a été introduite sur l'île de Norfolk. Sa longueur totale est de 32 à 36 cm, si on inclut la queue de 19 cm. Le mâle a des couleurs plus soutenues que la femelle. Les parties colorées de rouge chez les adultes sont vertes chez les jeunes. Certains ornithologistes ont identifié 6 sous-espèces, d'autres se limitent à 3 et classent les 3 autres comme des espèces indépendantes, par exemple *P. adelaidae* à la grande variété de coloris, et *P. flaveolus.*
Au cours de la période hivernale, les perruches de Pennant errent en bandes nombreuses. Comme les groupes de 2 sous-espèces s'associent fréquemment, les jeunes oiseaux peuvent facilement s'accoupler et des croisements se produisent, qui rendent difficile l'identification des sous-espèces.

La perruche de Pennant niche en colonies ; pourtant chaque couple possède son propre territoire. La période de nidification s'étend d'août à janvier. La femelle couve la ponte de 4 à 8 œufs dans une cavité placée de 8 à 30 m au-dessus du sol, dans un eucalyptus. Pendant ce temps, le mâle pourvoit à la nourriture. Les petits, éclos après 21 jours, quittent le nid à l'âge d'environ 5 semaines.

Perruche omnicolore

Platycercus eximius

La perruche omnicolore habite le sud du Queensland, la Nouvelle-Galles du Sud, l'État de Victoria et la Tasmanie ; elle a été aussi introduite en Nouvelle-Zélande. Le mâle de cette perruche de 30 cm de long est coloré plus intensément que la femelle ; toutefois, il est difficile de différencier les deux sexes chez les jeunes. Le plus souvent, une plus grande partie des plumes de la tête est rouge. A 3 ans, les perruches omnicolores commencent à muer et prennent leur livrée d'adulte. A l'origine, cette perruche n'habitait pas seulement les forêts jusqu'à 1 250 m d'altitude, mais aussi des savanes arborées. Avec la colonisation de la partie est du continent australien et l'irruption de l'homme, elle est venue dans les steppes cultivées où elle est l'oiseau caractéristique des champs de

Perruche de Stanley

céréales. Par endroits, elle habite les parcs aménagés au centre des grandes villes. On la rencontre par exemple à Canberra, mais aussi dans les faubourgs de Sydney. En dehors de la période de nidification, elle vagabonde souvent en troupes nombreuses et se joint à d'autres espèces de perroquets. Pendant la période de reproduction, la perruche omnicolore vit en couple. Elle choisit pour nicher un trou d'arbre, la cavité d'une branche, parfois même près du sol. Elle occupe plus rarement des terriers de lapins ou des nids de guêpier arc-en-ciel *(Merops ornatus)* sur les rives des cours d'eau.

La femelle pond 4 à 8 œufs sur le fond du nid non rembourré, et couve seule durant 20 à 22 jours. Le mâle lui apporte plusieurs fois par jour de la nourriture. C'est seulement pour de courtes périodes que la femelle quitte la ponte, afin de se dégourdir. Le mâle s'occupe très activement aussi de l'élevage des petits. A l'âge de 1 mois, les jeunes perruches omnicolores quittent le nid, mais seront encore nourries pendant 3 semaines par les parents.

Au cours de la période de reproduction, qui a lieu de septembre à janvier, chaque couple occupe un territoire en dehors duquel le mâle chasse tous les intrus de son espèce. Parfois, ces perruches nichent aussi plus tard. Un couple pond souvent deux fois par an.

La perruche omnicolore se nourrit de graines, surtout celles des graminées, mais aussi de pousses vertes, de baies, de fruits sucrés, de temps en temps du nectar des fleurs d'eucalyptus, d'insectes et de leurs larves, dont elle nourrit en partie ses petits.

Perruche de Stanley

Platycercus icterotis

C'est dans les régions boisées du sud-ouest de l'Australie que la perruche de Stanley, de 27 cm de long, vit habituellement. La femelle n'est pas aussi fortement colorée que le mâle. Cette perruche vit en couple ou en famille. De petites bandes se constituent seulement pour s'envoler vers des sources alimentaires éloignées. La perruche de Stanley se nourrit d'herbes et de graines d'arbustes, de baies, de nectar, de fleurs d'eucalyptus, mais aussi d'insectes et de leurs larves. Au cours de ses déplacements à la recherche de sa nourriture, elle visite les vergers et les plantations et parfois même les champs de blé.

La période de nidification va d'août à décembre. La perruche recherche le plus souvent des trous dans les eucalyptus. La femelle couve seule la ponte composée de 3 à 7 œufs,

Perruche palliceps

durant 20—22 jours. Les petits sont prêts à s'envoler au bout d'un mois.

Perruche palliceps

Platycercus adscitus

La perruche palliceps vit dans les basses terres du nord-est et de l'est de l'Australie et habite des forêts claires, les lisières, les rives des cours d'eau et les savanes boisées. Cette espèce commune mesure 30 cm de long, et les deux sexes se ressemblent beaucoup. Ce qui caractérise la perruche palliceps, c'est la grande variabilité de sa coloration, et il est très probable qu'elle se croise avec la perruche omnicolore. A partir des bois d'eucalyptus, elle s'envole, en bandes nombreuses, vers les champs de maïs, si bien qu'elle est pourchassée par les fermiers qui cherchent à l'attirer avec des grains de céréales empoisonnés.

La période de nidification s'étend de septembre à décembre chez les oiseaux du Sud et de février à juin chez les populations du Nord. Dans un trou d'eucalyptus, la femelle couve seule pendant 21 jours la ponte de 3 à 5 œufs.

La perruche palliceps ne va pas seulement dans les champs, mais se nourrit aussi de semences de graminées, de baies, pousses, nectar et fruits dans les plantations et jardins.

Perruche à croupion rouge

Psephotus haematonotus

La perruche à croupion rouge est répandue dans l'est et le sud-est de l'Australie. Elle habite l'orée des forêts, mais on la rencontre aussi fréquemment dans les savanes boisées et les paysages de steppes cultivées. On la trouve jusqu'à 1 000 m d'altitude dans les montagnes. En dehors de la période de nidification, elle préfère les terrains à découvert où les graminées sont suffisamment abondantes. La perruche à croupion rouge atteint 27 cm de long. La femelle est presque uniformément de couleur vert-olive avec des plumes blanches sur le ventre, le mâle est sensiblement plus coloré. On connaît 2 sous-espèces. Cette perruche est commune ; elle vient souvent dans les vergers et les fermes afin d'y recueillir fruits et graines. Mais ce sont cependant les semences des graminées, qu'elle cherche sur le sol, qui constituent sa nourriture principale. Elle picore également pousses et fleurs et, avec une prédilection particulière, du bois brûlé. En dehors de la période de nidification, elle vit en bandes nombreuses, comprenant le plus souvent

Perruche à croupion rouge

Perruche élégante

Perruche turquoisine

plusieurs centaines d'oiseaux. C'est en leur compagnie qu'elle demeure aussi la nuit, tout en restant cependant constamment avec son partenaire. La période de reproduction s'étend d'août à septembre. Le couple s'isole des autres pour nicher, et recherche un trou dans une branche, de préférence à proximité d'un point d'eau. Il s'installe cependant aussi dans des cavités situées sous les toits des habitations et dans les nids abandonnés par les guêpiers. C'est le mâle qui recherche l'emplacement et le montre à sa compagne. La femelle couve seule 4 à 7 œufs durant 17 à 20 jours. Environ toutes les heures, le mâle apporte la nourriture ; en général, la femelle vole à sa rencontre. Les jeunes perruches quittent le nid à l'âge de 1 mois environ, et prennent leur plumage d'adulte dès le quatrième mois.

Perruche élégante

Neophema elegans

Cette perruche vit dans le sud-ouest, le sud et le sud-est de l'Australie. Elle habite des forêts claires, les abords des bois, les savanes boisées, les taillis d'acacias et les fourrés des dunes sablonneuses près des côtes, mais on la rencontre aussi dans les steppes cultivées. Elle atteint 22,5 cm de long et les deux sexes ont le même coloris. Lorsqu'elle ne niche pas, elle recherche des endroits où les herbes sont suffisamment abondantes, car c'est là qu'elle trouve sa principale nourriture. Elle préfère les graines des espèces du genre *Paspalum,* mais mange aussi des baies, des fruits et, de temps en temps, des pousses vertes. Dans les zones plantées de trèfle du sud-ouest de l'Australie, les oiseaux ont adopté les graines de cette plante herbacée. Ils se déplacent en troupes pour se nourrir.

Pendant la nidification, la plupart du temps d'août à novembre, la perruche élégante recherche des forêts claires lui offrant de bonnes conditions d'existence. Elle niche en couple ou en petites colonies. Elle installe son nid dans un trou de branche, ou bien dans la cavité d'un tronc d'arbre mort et le rembourre à l'aide de brindilles. La femelle couve seule la ponte de 4 à 6 œufs. Les petits, éclos après 18 jours, sont nourris par les deux parents ; à l'âge de 40 jours, ils quittent le nid, mais restent encore avec eux. Après la nidification, la perruche mène une vie nomade en bandes formées de familles réunies. Elle s'approche souvent des habitations. *(Illustration p. 57)*

Perruche de Latham

Perruche turquoisine

Neophema pulchella

La perruche turquoisine, ou perruche d'Edwards, est répandue dans l'est de l'Australie, et du centre du Queensland aux frontières de l'État de Victoria. Autrefois, son aire de répartition était d'un seul tenant ; à présent elle est discontinue. Dans le nord de la Nouvelle-Galles du Sud, elle vit dans les parcs citadins, où elle est protégée. Son habitat comprend les forêts claires et les savanes boisées, mais aussi les fourrés des paysages côtiers. Cette perruche atteint 20 cm de long. Les deux sexes ont un plumage semblable ; la femelle n'a pas de tache rousse sur l'aile, et sa coloration n'est pas aussi vive. Cette perruche, encore très répandue lors de la colonisation de l'Australie, fut pourchassée si impitoyablement, qu'on la crut totalement disparue au début du siècle. Ce n'est que ces dernières années qu'elle réapparut, en différents endroits, et se multiplia. Mais on la désigne encore dans le Livre Rouge comme une des espèces les plus menacées. La perruche turquoisine vit en couple, en groupes familiaux, qui se rassemblent occasionnellement en bandes d'une trentaine de membres environ. Les semences des graminées sont sa principale nourriture. Elle cherche un trou dans un eucalyptus, à une hauteur de 20 m, pour y nicher. La femelle couve seule 4 à 5 œufs, pendant 19 à 21 jours : plusieurs fois par jour, tôt le matin et tard l'après-midi, elle reçoit sa nourriture de son partenaire. Les petits quittent le nid à l'âge de 4 semaines, et ne prendront leur plumage d'adulte qu'au bout du quatrième mois. Le couple niche parfois une seconde fois.

Perruche de Latham

Lathamus discolor

La perruche de Latham niche dans les paysages boisés de Tasmanie. De janvier à mai, elle migre sur le continent australien, et habite surtout les zones côtières du Sud-Est et de l'Est. La taille de cette espèce est de 25 cm, et les deux sexes se ressemblent.

D'août à septembre, l'oiseau vit de nouveau en Tasmanie, où il est l'une des perruches les plus répandues. Quelques oiseaux demeurent aussi durant l'hiver en Tasmanie. La perruche de Latham vit au sommet des arbres, de préférence les eucalyptus, où elle peut trouver pollen et nectar. Elle mange également de petits insectes et leurs larves, occasionnellement aussi des fruits mûrs et juteux, et de petites graines. Elle ne descend sur le sol que pour boire, et retourne rapidement à l'abri dans les branches.

La période de nidification commence fin septembre et se termine début janvier. Pour nicher, la perruche de Latham recherche des cavités dans le tronc ou les branches d'eucalyptus ; elle s'établit rarement dans d'autres espèces d'arbres. La femelle couve seule durant 20 jours la ponte de 2 œufs.

Le coucou pâle est un proche parent du coucou gris qui vit dans nos régions et son comportement est le même. La femelle dépose ses œufs dans le nid d'autres oiseaux. Les jeunes coucous ont sur le dos une partie de peau très sensible qui leur permet de localiser leurs frères d'adoption qu'ils jettent hors du nid.

Coucou pâle

Cuculus pallidus

On peut rencontrer le coucou pâle dans presque toute l'Australie et la Tasmanie. Les populations du Sud hivernent dans le nord du continent, en Nouvelle-Guinée et aux Moluques. Ce coucou atteint 33 cm de long, dont la queue de 17,5 cm représente plus de la moitié. Femelles et mâles sont revêtus du même plumage. Le coucou pâle habite tous les types de bois. Il vit aussi dans les fourrés et près des fleuves et des marais aux berges

Coucou bronzé

recouvertes de taillis, en plaine ou en montagne. La femelle parcourt son territoire à la recherche de nids encore vides (ou ceux où la ponte est commencée) appartenant à des espèces d'oiseaux plus petits, dans lesquels elle déposera un œuf blanc-rosé, parsemé parfois de petites taches sombres. On connaît 80 espèces d'oiseaux dont ce coucou parasite le nid. L'hôte le plus fréquent, qui n'est répandu qu'en Australie, est le méliphage *Lichenostomus chrysops.* Les jeunes coucous éclosent au bout de 12 jours, et sont nourris avec soin par leurs parents adoptifs pendant environ 20 jours au nid, et encore 3 à 4 semaines après avoir quitté le nid. Le coucou pâle se nourrit surtout de chenilles velues, de sauterelles et de coléoptères, qu'il trouve dans les branches des arbres et des arbustes.

Coucal d'Australie

Coucou bronzé

Chrysococcyx lucidus

Le coucou bronzé habite les forêts, de la péninsule d'York jusqu'à l'État de Victoria, le sud et le sud-ouest de l'Australie. A l'automne, il migre du Sud vers le Nord et hiverne en Nouvelle-Guinée, dans les petites îles de la Sonde et l'archipel Bismarck. Une sous-espèce vit en Nouvelle-Zélande et dans l'île Chatham ; elle s'est établie sur les îles Salomon mais on l'a rencontrée aussi dans l'est de l'Australie. Le coucou bronzé est l'une des plus petites espèces de cuculiformes, avec sa taille de 18 cm seulement. La femelle est revêtue du même plumage que le mâle, à qui il manque toutefois les raies blanches du front ; et il est rare qu'il ait une petite tache blanche à la racine du bec.

Comme la plupart des coucous, le coucou bronzé est un solitaire. D'août à janvier, la femelle recherche sur son territoire les nids d'autres espèces d'oiseaux plus petites. Elle préfère les nids fermés en forme de boule. On connaît 65 sortes d'oiseaux qui hébergent les œufs de ce coucou. La femelle pond 15 œufs de couleur vert-olive clair allant jusqu'au brun-bronzé. Elle pond seulement un œuf dans le nid parasité. Il est probable qu'elle le pousse à l'aide du bec dans l'étroite entrée du nid, mais jusqu'à présent on n'a pas pu l'observer. Les parents adoptifs élèvent le jeune coucou au nid avec des insectes et des larves, des araignées et autres invertébrés. Dès que le jeune coucou est prêt à s'envoler, il vagabonde comme ses parents. Il se nourrit surtout de chenilles, mais aussi de sauterelles et de coléoptères.

Coucal d'Australie

Centropus phasianus

Le coucal d'Australie fait partie des nombreux habitants des forêts côtières pluviales et des fourrés des mangroves, dans tout le nord, le nord-ouest, le nord-est et l'est de l'Australie, et vit aussi en Nouvelle-Guinée et dans les îles avoisinantes. Il atteint 80 cm de long, et la couleur du plumage est très proche chez les deux sexes. La longue queue est caractéristique. Le coucal vit principalement au sol, dans des sous-bois touffus. Il parcourt agilement les broussailles à la recherche d'insectes, de petits reptiles, grenouilles, petits oiseaux et leurs œufs. Il vient parfois dans les villages et va y chercher des poussins. Il tue les lézards et les serpents à l'aide de son bec puissant.

Le coucal d'Australie vit en couple, niche de novembre à octobre, et place son nid à une hauteur de 10 à 60 cm dans une épaisse touffe d'herbe ou un fourré. Il utilise des branches, des feuillages verts et des plantes comme matériaux de construction. Il continue à construire son nid de forme globuleuse, à entrée latérale, au cours de l'incubation. La femelle commence immédiatement à couver dès que le premier des 2 à 5 œufs blancs est pondu, de sorte que les petits éclosent à intervalles, à partir du 18e jour. Les deux parents les nourrissent avec des insectes et leurs larves et, dès qu'ils sont plus grands, avec de petits invertébrés.

Chouette boubouk

Chouette boubouk

Ninox novaeseelandiae

La chouette boubouk est répandue dans toute l'Australie, la Tasmanie, en Nouvelle-Guinée, Nouvelle-Zélande et dans l'île Norfolk ; elle réside également en Indonésie. On connaît 16 sous-espèces, dont 8 vivent sur le continent australien. Chez cette jolie petite chouette de 30 à 35 cm de long, mâles et femelles sont colorés de la même façon. Elle est fréquente dans tous les types de bois, mais apparaît aussi aux abords des zones désertiques plantées d'arbres isolés.

Il est difficile d'observer la chouette boubouk, parce qu'elle est extrêmement discrète, mais on peut entendre fréquemment son chant à deux tons, qui ressemble aux syllabes «gou-bouk». C'est un oiseau sédentaire. Quelques individus quittent cependant la Tasmanie à l'automne, pour se rendre dans l'État de Victoria et en Nouvelle-Galles du Sud afin d'hiverner. Les chouettes boubouk recherchent des endroits fixes pour dormir et se reposer dans une branche creuse, une petite grotte ou bien dans les branches touffues d'un arbre, et y reviennent régulièrement.

Grand podarge

Le martin-chasseur géant est l'un des oiseaux les plus connus d'Australie. Ce grand alcédinidé a un rire très caractéristique. Il se nourrit de toutes sortes de serpents, même de serpents venimeux. Il se rencontre souvent dans les zoos où il est nourri de souris blanches.

◄ Grand podarge

La chouette boubouk vit en couple. La saison de nidification s'étend de septembre à novembre. L'oiseau niche dans un arbre à une hauteur de 1 à 20 m. La femelle dépose 2 à 4 œufs sur de petits copeaux de bois et les couve seule durant environ 32 jours. Les petits quémandent à l'aide de sifflements et sont nourris par les deux parents. De petits oiseaux constituent les proies principales de cette chouette ainsi que, de temps à autre, de petits mammifères, des papillons de nuit et des coléoptères volants. Elle s'aventure parfois aux abords des habitations pour capturer des insectes voletant autour des lampadaires.

Grand podarge

Podargus strigoides

Le grand podarge est répandu dans toute l'Australie. Il se plaît dans les bois clairs d'eucalyptus, mais vit aussi à l'intérieur des terres dans les savanes boisées. La Nouvelle-Guinée et les îles voisines font aussi partie de son aire de répartition. Il atteint 34 à 46 cm de long ; les deux sexes ont la même couleur. C'est un oiseau nocturne et on l'entend davantage qu'on ne le voit. Le cri puissant répété une dizaine de fois rappelle un roucoulement de pigeon.

Durant le jour, lorsqu'il se repose ou bien dort, le grand podarge se tient posé le long d'une grande branche d'un arbre. Grâce à son plumage soyeux aux couleurs semblables à celles de l'écorce recouverte de lichen, on ne peut pratiquement pas le distinguer de l'arbre. Son sommeil est très profond, et même les secousses contre l'arbre ne parviennent pas à le réveiller. Ce podarge vit seul ou bien en couple, et, de temps en temps, en groupes familiaux comprenant 5 à 6 membres. Par endroits, surtout dans les forêts côtières, les couples conservent leur territoire pendant plusieurs années.

A la tombée du crépuscule, le grand podarge s'éveille et part à la recherche de nourriture. Il vole de façon incroyablement silencieuse et avec lenteur. En bordure des villes, il se dirige vers les lampadaires et attrape les insectes voletant dans leur clarté. Il chasse sur le sol de petites grenouilles et des lézards, capture de temps en temps de petits oiseaux au nid, et attrape, avec délectation, des sauterelles.

La nidification a lieu d'août à décembre. Le nid est construit avec des branches de 20 à 25 cm de long, installé derrière une plaque d'écorce soulevée, ou dans la fissure d'une branche, et placé de 5 à 15 m au-dessus du sol. Le couple utilise aussi parfois comme base les nids abandonnés par d'autres oiseaux. Dans la coupe tapissée de feuilles vertes, la femelle couve 2 à 4 œufs blancs, pendant un mois, à tour de rôle avec le mâle. Mais c'est surtout le père qui s'occupe de la distribution de la nourriture aux jeunes.

Martin-chasseur géant

Dacelo gigas

Le martin-chasseur géant est l'un des oiseaux les plus connus d'Australie. Son rire retentis-

sant est même devenu l'indicatif de la radio australienne. Il atteint une taille de 46 cm et possède un bec puissant de 6,5 cm de long. Mâles et femelles ont le même plumage. Ce grand alcédinidé habite les régions forestières de l'est et du sud-est de l'Australie. Il a été introduit en Tasmanie et dans le sud-ouest du continent, et s'est parfaitement bien adapté à son nouvel habitat. C'est un oiseau sédentaire qui vit en permanence en couple. On rencontre aussi le martin-chasseur géant dans des lieux arides, car il chasse ses proies — diverses sortes d'invertébrés et de petits vertébrés — sur la terre ferme. Il capture de préférence de petits serpents et les tue en leur assenant des coups de bec puissants. Petits lézards, oiseaux et mammifères font partie de sa nourriture. Il engloutit en général entièrement ses proies et ne déchiquète que les plus grandes.
La nidification a lieu entre septembre et janvier. Le couple choisit un trou spacieux, d'une largeur de 50 cm, ou une termitière, pour y nicher. L'ouverture conduit directement hors de la cavité, de sorte que les oisillons peuvent déposer leurs fientes à l'extérieur du nid. Les deux adultes couvent ensemble la ponte de 1 à 4 œufs blancs, déposée sur du bois en décomposition. Les oisillons, éclos après 24 jours, sont nourris au nid durant 36 jours et 8 à 13 semaines en dehors ; c'est pourquoi on a cru autrefois que cet alcédinidé vivait en famille. Le martin-chasseur géant a 6 cris d'appel différents. C'est son rire argentin qui est le plus caractéristique. Pour l'émettre, il se tient obliquement et dresse sa queue.

Martin-chasseur de Jacquinot
Halcyon macleayi

Le martin-chasseur de Jacquinot est une espèce des forêts claires et des jungles boisées des côtes du nord, du nord-est et de l'est de l'Australie. Il vit aussi çà et là dans le sud-est de la Nouvelle-Guinée. Il atteint 19 à 22 cm de long ; la femelle a la nuque bleue, celle du mâle étant blanche. Les populations de l'est de l'Australie sont migratrices et hivernent en Nouvelle-Guinée. En dehors de la période de reproduction, ce martin-chasseur vit le plus souvent en solitaire. Il s'installe volontiers sur un point surélevé — une branche sèche ou un poteau au bord d'un chemin — et scrute du regard les environs, à la recherche de sauterelles, araignées, chenilles, petits serpents et grenouilles. Il tue ses proies à coups de bec puissants, les emporte sur son perchoir et les engloutit.
Le martin-chasseur de Jacquinot utilise comme nid des termitières placées à une hauteur de 2 à 15 m dans un arbre, et se creuse une entrée et un nid à l'intérieur. Parfois, il niche aussi dans les branches ou troncs d'arbres creux et même entre les racines d'arbres abattus. La femelle couve seule, pendant environ 24 jours, 4 à 6 œufs blancs. Le père participe aussi à l'élevage des petits. La famille demeure encore réunie pendant plusieurs semaines après l'envol des jeunes oiseaux. La nidification commence fin août et se poursuit jusqu'en décembre. Beaucoup de couples élèvent 2 nichées au cours d'une saison.

Tout comme les autres alcédinidés, le martin-chasseur de Jacquinot possède un bec très puissant qui lui permet de tuer ses victimes et de creuser son nid dans les termitières.

Martin-chasseur de paradis

Martin-chasseur de paradis

Tanysiptera sylvia

Le nord du Queensland et la péninsule d'York jusqu'à Townsville sont l'habitat de ce splendide alcédinidé. Cet oiseau vit dans les forêts pluviales côtières. On en rencontre une espèce dans l'archipel Bismarck. Sa taille est de 32 cm, y compris les deux longues plumes médianes de la queue. Les deux sexes ont le même plumage. En dehors de la période de nidification, le martin-chasseur de paradis vit en Nouvelle-Guinée et revient début novembre en Australie pour nicher. Là, chaque couple possède un territoire et commence bientôt à construire le nid. Pour cela, l'oiseau choisit une petite termitière d'environ 50 cm de haut, située si possible au pied d'un arbre, et creuse à l'aide de son bec, en l'espace de 3 à 4 semaines, un tunnel d'environ 15 cm de long et une chambre de 13 cm de haut et 15 cm de diamètre. Sur le plancher nu, la femelle dépose sa ponte comportant 3 ou 4 œufs blancs. Les oisillons nus, éclos après 3 semaines, commencent à avoir des plumes à l'âge de 4 jours et quittent le nid à 24 jours. Les deux adultes s'occupent de leur élevage. Le martin-chasseur de paradis se nourrit d'insectes, grenouilles et petits lézards qu'il attrape sur le sol et dans les branches d'arbres. Les adultes se rendent fin mars-début avril dans leurs quartiers d'hiver; les jeunes oiseaux ne les suivent pas avant fin avril.

Brève versicolore

Brève versicolore

Pitta versicolor

C'est dans les forêts pluviales des côtes est et nord-est de l'Australie, tout comme dans le sud de la Nouvelle-Guinée, que la brève versicolore, d'environ 19 cm de long, est chez elle. On ne peut pas différencier le plumage du mâle de celui de la femelle. Lorsque la brève versicolore ne couve pas, elle retourne le feuillage à l'aide de son bec et cherche des insectes, leurs larves et d'autres invertébrés. Son mets préféré, ce sont les escargots dont elle saisit la coquille dans son bec pour la casser sur une pierre. Chaque oiseau possède son secteur de chasse, qu'il défend avec acharnement contre les intrus. Le soir, la brève se perche sur des arbres ou de hauts arbustes pour y dormir.

La nidification a lieu d'octobre à janvier, mais aussi d'août à mars pour certains couples. Au cours de la période de reproduction, la brève versicolore vit en couple. Mâle et femelle construisent ensemble le nid en forme de boule, le plus souvent dans un épais fourré, au-dessus du sol, entre les racines d'un arbre, dans une cavité d'arbre à proximité du sol ou sur une souche. Il est composé de branchages, de feuillages, d'écorce, de racines et de mousse, et ses dimensions sont de 30 × 30 × 20 cm. Du bois décomposé et des brins d'herbe sont utilisés pour le rembourrage. Une sorte d'escalier, fait de morceaux de bois, conduit à l'entrée du nid située sur le côté. La ponte est composée de 3 à 5 œufs blanc nacré, tachetés et ponctués de brun et de gris pourpre, et couvés pendant 17 jours par les deux oiseaux à tour de rôle. Ce sont aussi les deux parents qui s'occupent ensemble de leurs petits. Ils les nourrissent pendant 2 semaines au nid, puis durant une courte période après leur envol.

Ménure superbe ou Oiseau-lyre
Menura novaehollandiae

Ce sont les régions de l'est de la Nouvelle-Galles du Sud et de l'État de Victoria qu'habite l'oiseau-lyre, l'un des plus admirables chanteurs du monde des oiseaux. Il a l'aspect d'un gallinacé, et ses doigts puissants et ses griffes sont conçus pour courir et gratter le sol. Le mâle atteint 130 cm de long, mais sa queue en forme de lyre, composée de 16 plumes, mesure à elle seule 70 cm. Les deux plumes externes recourbées en forme de lyre ont un vexille externe étroit et l'interne fort élargi ; leur extrémité est courbée vers l'extérieur et régulièrement garnie de barbes. Les plumes restantes comprises entre les plumes externes ont de longues barbes peu nombreuses qui ne forment pas de vexilles compacts. La femelle est plus petite, et possède 12 plumes caudales non ornementales et courtes. L'oiseau-lyre vit dans les forêts touffues, surtout dans les régions montagneuses jusque vers 1 500 m d'altitude. Il a été introduit en 1934 en Tasmanie.

Lorsqu'il ne niche pas, l'oiseau-lyre vagabonde par groupes de 4 ou 5 à travers les bois, et recherche de petits invertébrés qu'il extirpe du sol meuble à l'aide de ses pattes puissantes. Il attrape en même temps avec ses doigts des feuilles, des morceaux d'écorce et même de petites pierres qu'il écarte de son passage. De temps à autre, il se déplace sur les branches d'arbres. Mais généralement il ne monte sur les arbres que pour y passer la nuit. Il n'utilise ses ailes que rarement, pour descendre, ou pour maintenir son équilibre quand il fait de grands bonds.

Au cours des parades nuptiales, entre mai et août, le mâle se livre à d'admirables danses, afin d'impressionner la femelle et de l'attirer sur son territoire. Il aménage d'abord un «parquet de bal» surélevé, d'un mètre de diamètre environ, puis se met à chanter, durant une vingtaine de minutes. Ses mélodies se composent de sons personnels et d'imitations de son entourage. L'oiseau-lyre est un imitateur remarquable ; il est non seulement capable de reproduire les cris d'autres oiseaux, mais aussi des aboiements de chiens, des klaxons de voiture, le sifflement perçant d'une locomotive, et autres bruits similiaires. La danse suit le chant. Le splendide oiseau haut sur pattes fait des sauts en avant et sur le côté, déploie sa queue, courbe sa tête en arrière et rabat ses plumes externes en forme de lyre, si largement vers l'avant que leurs extrémités touchent presque le sol, et que l'oiseau tout entier est recouvert d'un épais rideau de plumes . . . Il chante en même temps, et produit des sons délicats, semblables à ceux des clochettes, en remuant les plumes de sa

Oiseau-lyre

Gobe-mouches rose

queue. Il chante encore une fois dans cette position, puis réunit soudain ses plumes caudales. Il répète cette danse plusieurs fois par jour. Il ne montre toutefois aucun intérêt pour la construction du nid et en laisse l'entière réalisation aux femelles. Chaque femelle construit sur le sol, entre des racines d'arbres ou sur des rebords de roches atteignant 2 m de haut, un nid en forme de coupole à ouverture latérale, à l'aide de petites brindilles, de racines, de lichens et de mousses, et en garnit la chambre avec des herbes tendres, des mousses et du duvet qu'elle arrache de ses flancs. Elle pond ensuite un seul œuf de la taille de celui d'un canard, de couleur marron pourpre taché de brun foncé. La période d'incubation dure 42, parfois même 65 jours, car l'œuf se refroidit souvent pendant que la femelle part à la recherche de nourriture. Lorsqu'elle couve, elle étale sa queue sur le dos et la tête, et la met en dehors du nid. Le petit éclôt les yeux fermés et presque nu, mais se couvre bientôt d'un léger duvet. La mère lui apporte la nourriture dans le bec, jusqu'à ce qu'il quitte le nid à l'âge de 6 semaines, mais il reste encore plusieurs mois avec elle. Les jeunes mâles deviennent adultes à 2 ans, les femelles à l'âge de 1 an. Aujourd'hui l'oiseau-lyre est l'espèce la plus protégée en Australie ; en effet, à cause de ses superbes plumes caudales, il fut menacé d'extermination.

Gobe-mouches rose

Petroica rosea

Le gobe-mouches rose, d'une taille de 11 cm, vit dans les forêts côtières pluviales des montagnes de l'est et du sud-est de l'Australie. La femelle a le dos gris et un poitrail parfois teinté de rose clair. Ce gobe-mouches préfère la proximité de l'eau car il se nourrit d'insectes volants ; il ramasse aussi des chenilles, des fourmis et des araignées sur les feuilles des buissons et des arbres. Pendant l'hiver, il vit le plus souvent en solitaire et quitte les forêts d'altitude pour aller s'établir dans les jardins et les mangroves côtières.

La période de nidification commence début septembre et se termine début février. Le couple dissimule son nid dans les branchages à une hauteur de 1 à 20 m dans un arbre, sur une branche horizontale. La construction du nid incombe principalement à la femelle. Elle utilise des lichens verts, qu'elle consolide à l'aide de fils de toile d'araignée et qu'elle camoufle avec des morceaux d'écorce. Le mâle ne prend que rarement part à ce travail. La femelle couve seule les 2 ou 3 petits œufs bleu-gris clair, tachetés de brun, qui composent la ponte. Pendant les 13 jours d'incubation, elle est nourrie dans le nid ou à proximité par le mâle. Les deux parents se partagent l'élevage des petits. Les gobe-mouches roses élèvent successivement en une saison deux et parfois même trois nichées. Ces oiseaux sont souvent parasités par les coucous des genres *Cuculus* et *Chrysococcyx*.

Monarque masqué

◄ Le gobe-mouches rose *(Petroica rosea)* est l'un des plus jolis petits oiseaux australiens.

Méliphage à caroncules rouges

Le méliphage à face bleue niche sur les côtes du Queensland et affectionne tout particulièrement les plantations de bananiers.

◂ Monarque masqué

Monarque masqué

Monarcha melanopsis

Le monarque masqué, appartenant à la famille des gobe-mouches, habite les forêts pluviales côtières, les fourrés des mangroves et les épaisses forêts d'eucalyptus s'étendant de la péninsule d'York jusqu'à l'est de l'État de Victoria. Il atteint 15 à 20 cm de long et le plumage des deux sexes se ressemble beaucoup. Les populations du Nord vivent en petits groupes durant l'hiver dans le sud de la Nouvelle-Guinée et sur les îles proches. Les populations du Queensland sont au contraire des oiseaux sédentaires.

Au cours de la période de nidification, d'octobre à janvier, le monarque masqué vit en couple. Son nid, fait de mousses vertes, d'aiguilles de conifères, de petits morceaux d'écorce et de toiles d'araignées, est placé sur la fourche d'une branche, à une hauteur de 1 à 12 m dans un arbre ou un buisson. La ponte se compose de 2 ou 3 œufs blancs tachetés de rose, de rouge et de gris-pourpre. Les petits éclosent en 14 jours ; la couvaison incombe à la femelle, l'apport de la nourriture au mâle.

Le monarque masqué se nourrit d'insectes et de leurs larves, mais aussi d'araignées, qu'il recherche dans les branches et les feuillages.

Méliphage à caroncules rouges

Anthochaera carunculata

Le méliphage à caroncules rouges atteignant environ 34 cm, peuple les forêts du sud-est, du sud et sud-ouest de l'Australie. Mâles et femelles de ce méliphagidé très fréquemment répandu par endroits, ont le même habit. On le rencontre souvent dans les jardins et les parcs citadins, comme par exemple à Sydney. Il est intéressant de noter que dans les États de l'Est, il fait partie du gibier le plus apprécié. A l'automne, ce méliphage quitte son territoire de nidification afin de mener une vie nomade en troupe, pour visiter arbres et buissons en fleurs. Outre le nectar sucré des fleurs, il mange des araignées et attrape des insectes volants. Le plus souvent, il retourne sur ses lieux de nidification vers la fin juin et y vit alors en couple. Il niche de juillet à décembre, parfois même jusqu'en février. Le couple construit un nid en forme de coupe, à l'aide de brins d'herbes, dans les branches d'un arbre à une hauteur de 2 à 20 m, et le rembourre à l'aide de plumes, de poils de mammifères et de fibres végétales. Les deux oiseaux couvent la ponte composée le plus souvent de 2 œufs de teinte rosée, tachetés de brun-roux et de pourpre, à tour de rôle, et nourrissent ensemble les petits éclos 14 à 16 jours après. Les petites araignées sont leur nourriture principale. Les jeunes sont prêts à s'envoler 18 jours plus tard.

(Illustration p. 67)

Méliphage à face bleue

Entomyzon cyanotis

Le méliphage à face bleue, atteignant environ 30 cm, niche dans tout le nord-ouest, le nord et le nord-est de l'Australie. Son habitat s'étend jusqu'aux régions situées au sud-est du continent et à la Nouvelle-Guinée. Il vit en couple, mais se déplace toutefois à travers la contrée en bandes, en dehors de la période de nidification, en compagnie d'autres espèces d'oiseaux se nourrissant de nectar, comme les loris. Il recherche des fruits sucrés et juteux et attrape des insectes. Sur les côtes de Queensland, il se rend dans les plantations de bananiers, ce qui lui a valu le nom d'oiseau-banane.

Le philémon caronculé qui appartient à la famille des méliphages a une voix sonore imitant le son d'une cloche et pousse des cris stridents.

La période de nidification se situe de juillet à janvier. Le méliphage à face bleue construit son nid en forme de coupe à l'aide de morceaux d'écorce, d'herbes et de toiles d'araignées, sur une large branche ou une fourche d'arbre, à une hauteur de 3 à 18 m du sol, et le rembourre avec de fines bandes d'écorce et des tiges de plantes herbacées. Il a aussi la réputation d'installer son nid dans les nids abandonnés d'autres espèces et dans les trous des arbres. La ponte est composée de 3 œufs couleur chair, marqués de gros points et de taches brunes et rouge-pourpre, que les deux partenaires couvent à tour de rôle pendant 15 jours. Les parents se consacrent tous les deux à l'élevage des jeunes.

Philémon caronculé

Philemon corniculatus

Le philémon caronculé appartenant à la famille des méliphages, atteint une taille de 36 cm et habite les forêts côtières de l'est de l'Australie, de la péninsule d'York au sud de l'État de Victoria. Il est également répandu en Nouvelle-Guinée. Le philémon caronculé se déplace en bandes de 10 à 30 oiseaux vers les lieux où il se nourrit, comme par exemple les plantations d'agrumes. C'est pour cette raison qu'il est poursuivi et abattu par les arboriculteurs. Il se nourrit aussi du nectar des fleurs, de baies et d'insectes volants.

Au cours de la période de nidification, d'août à février, le philémon vit en couple. Il construit un grand nid profond à l'aide de brins d'herbes secs, de petites branches et de morceaux d'écorce, et le fixe avec des fils de toile d'araignée sur une branche d'arbre à une hauteur de 15 à 17 m au-dessus du sol. La femelle pond dans le nid tapissé de fins morceaux de plantes, 2 ou 3, rarement 5 œufs de couleur chair pâle, tachetés de marron-brun ou de rouge-pourpre, et les couve seule durant environ 15 jours. Les parents nourrissent tous les deux les petits. On reconnaît le philémon caronculé à sa voix sonore semblable au son d'une clochette.

Méliphage à nuque blanche

Melithreptus lunatus

Le méliphage à nuque blanche, de 14 cm, vit

Méliphage à nuque blanche

Dicée hirondelle

Oiseau-chat vert ▶ d'Australie *(Ailuroedus crassirostris).* Grâce à sa coloration proche de celle du sapin, il disparaît presque dans la verdure des arbres.

dans les forêts chaudes et sèches d'eucalyptus des côtes est, sud-est et sud-ouest de l'Australie. Mâles et femelles se ressemblent beaucoup. Cet oiseau trouve principalement sa nourriture sur de grands eucalyptus. Il grimpe agilement le long des branches et, souvent suspendu la tête en bas, recherche les insectes posés sur les feuilles, les larves de ces insectes, et les araignées. Bien entendu, il lèche aussi le nectar des fleurs. On le rencontre souvent dans les parcs, aux abords des villes.

Le méliphage à nuque blanche niche de juillet à janvier. Le couple construit son nid en forme de coupe, à l'aide de bandes d'écorce et de brins d'herbes, de fils d'araignées et de fibres végétales, et le place sur une branche fine, de sorte que les feuilles environnantes consolident ses parois et le dérobent aux regards de ses ennemis. Les œufs sont tachés de brun clair et de marron foncé. Au bout de 14 jours d'incubation, 2 ou 3 petits éclosent, qui seront prêts à prendre leur envol 2 semaines après. Les parents couvent à tour de rôle et élèvent ensemble les petits.

Dicée hirondelle

Dicaeum hirundinaceum

Le petit dicée hirondelle, mesurant seulement 10 cm, est répandu dans presque toute l'Australie et vit également sur les îles Aru. Il habite les forêts claires ou touffues, les broussailles, les parcs citadins et les jardins. La femelle se distingue du mâle par la couleur ; le dessus du corps est gris ardoise, et le dessous de couleur crème. Cet oiseau a de longues ailes semblables à celles des hirondelles, et peut voler de façon remarquable. Lorsqu'il ne niche pas, il mène une vie nomade seul, en couple ou en petites bandes. Toujours en mouvement, il vole rapidement d'un arbre à l'autre. Il sautille de branche en branche et recherche de petits insectes et des araignées. Il se nourrit cependant principalement de baies et de gui. Il avale entièrement les petites baies et picore les plus grosses qu'il digère rapidement : en 25 minutes il élimine les graines intactes. Elles restent collées sur la branche, ce qui permet à de nouvelles plantes de germer. Nectar sucré et jus des fruits font aussi partie du menu de l'oiseau.

Le dicée hirondelle niche d'octobre à mars. La femelle construit un nid en forme de poire avec un trou d'envol latéral, à l'aide de morceaux de plantes, ayant la consistance de l'ouate, de toiles d'araignées, de fils de soie et de lichens, le suspend de 1 à 13 m au-dessus du sol, dans un arbre ou un arbrisseau, au bout d'une branche. L'entrée, bien protégée, est placée sous la branche. La ponte est composée de 3 œufs blancs. La femelle couve seule durant environ 12 jours. Les petits seront nourris par les deux parents.

Loriot jaune d'Australie

Loriot jaune d'Australie

Oriolus flavocinctus

Les régions du nord de l'Australie proches de la mer, le sud de la Nouvelle-Guinée et les

Oiseau-chat vert d'Australie

L'oiseau-satin d'Australie ▶ *(Ptilonorhynchus violaceus)* appartient aux constructeurs d'allées. Les régions boisées de la partie est de l'Australie sont son domaine.

îles Aru, représentent l'aire de répartition de ce loriot, d'une taille de 25 à 30 cm. La femelle ressemble au mâle, mais elle est cependant plus tachetée. Le loriot jaune d'Australie habite les forêts pluviales tropicales et les fourrés des mangroves, qui s'étendent le long des embouchures des fleuves ; on le rencontre d'ailleurs rarement dans des régions éloignées d'un point d'eau. Lorsqu'il ne niche pas, il vit seul ou en couple. Au cours de ses déplacements en quête de nourriture, il forme cependant des groupes et cherche les figues mûres, dans les vergers ou les jardins. Il se nourrit également d'insectes, de larves et d'araignées. Cet oiseau prudent se cache le plus souvent discrètement dans les épais feuillages des arbres.

La période de nidification va de septembre à janvier. On entend alors souvent le chant flûté et mélodieux du mâle. Le couple de loriots construit un nid en forme de corbeille, à l'aide de fibres végétales, de feuilles sèches et de brins d'herbes, et lui assure la solidité nécessaire grâce à des fils d'araignée. Le nid est suspendu à une hauteur de 2 à 15 m dans la fourche d'un arbre, et le bord supérieur solidement fixé à une branche. La ponte, composée de 2 œufs couleur crème, tachetés de gris et de marron foncé, est couvée la plupart du temps uniquement par la femelle, durant 14 à 15 jours ; elle n'est relayée que rarement pour un moment par le mâle. Les deux parents prennent soin des petits, en les nourrissant d'insectes et d'araignées. A l'âge de 2 semaines, les jeunes loriots quittent le nid.

Oiseau-chat vert d'Australie
Ailuroedus crassirostris

L'oiseau-chat vert d'Australie, d'une taille de 29 à 32 cm, appartient au groupe des oiseaux à berceau. Le mâle est sensiblement plus grand que la femelle et a une tête plus foncée. Il doit son nom au fait que son cri puissant rappelle le miaulement d'un chat. L'oiseau-chat vert habite les forêts pluviales des côtes du sud du Queensland et de la Nouvelle-Galles du Sud. Chaque couple possède un territoire de nidification, que le mâle défend énergiquement.

La période de reproduction est comprise entre septembre et janvier. La femelle construit un nid à l'aide de rameaux et de branchettes, de 2 à 10 m au-dessus du sol, dans un arbre ou un grand buisson. Le mâle se joint à elle et ajoute de temps en temps des matériaux de construction. Le nid garni de grandes feuilles atteint une profondeur de 15 cm et un diamètre de 23 cm. La femelle couve seule la ponte composée le plus souvent de 2, rarement 4 œufs de couleur crème, mais le mâle participe à l'élevage des petits éclos 20 jours plus tard. Dès que les petits quittent la protection des parents, chaque adulte vit de nouveau en solitaire. Ce n'est que pour se rendre vers des sources de nourriture éloignées que ces oiseaux constituent des troupes rassemblant jusqu'à 10 individus. Fruits, baies et pousses constituent la nourriture de l'oiseau-chat vert d'Australie.

(Illustration p. 71)

L'oiseau à berceau à nuque rose décore son berceau avec des fleurs, des fruits et toutes sortes d'objets : petits morceaux d'os, cailloux, etc.

Oiseau-satin d'Australie

◂ Oiseau à berceau à nuque rose

Oiseau à berceau à nuque rose
Chlamydera nuchalis

L'oiseau à berceau à nuque rose, avec ses 35 cm, est la plus grande espèce de *Ptilonarhynchidae.* Le mâle a sur la nuque des plumes de couleur rose-violet, qui sont généralement cachées par d'autres. On le rencontre très fréquemment dans les bois d'eucalyptus et dans les forêts claires des régions côtières du nord, du nord-ouest et du nord-est de l'Australie. Il préfère la proximité d'un point d'eau. Lorsqu'il ne niche pas, il mène une vie nomade en troupes de 6 à 12 oiseaux, parfois même d'une trentaine d'individus dans l'Est. L'oiseau à berceau à nuque rose n'est pas sauvage et vient au voisinage des hommes, ce qui le met en péril, car il est volontiers chassé par les autochtones. Il se nourrit de petites figues sauvages mûres, qu'il trouve surtout en abondance dans le nord-ouest de l'Australie, mais d'autres fruits, qu'il va chercher dans les jardins, constituent également sa nourriture.

D'avril à décembre, le mâle occupe, souvent d'une année sur l'autre, un territoire de nidification, sur lequel il construit son berceau. Il retire tout d'abord d'un petit espace tout ce qui pourrait le gêner pendant la construction, puis recouvre le sol de branches et de brindilles. Il enfonce, de chaque côté, des branchettes dans la terre, qui constituent des parois hautes de 30 à 35 cm, sur une longueur de 40 à 50 cm et une épaisseur de 25 cm, en forme de tonnelle. Pour stabiliser le tout, il tresse des brindilles dans les parois. Devant la voûte, il aménage un espace de 2 m sur 1,50 m et le décore avec des fleurs et des plumes, mais aussi d'autres objets : brosses à dents, moules à sable d'enfants, tamis, couvercles rouges ou marron divers, bouchons de bouteilles ou encore coquillages, coquilles d'escargots, petits os, morceaux de charbon de bois, excréments desséchés de kangourous, viennent ainsi garnir les abords de la tonnelle. La plupart des oiseaux à berceau à nuque rose donnent la préférence aux objets rouges ou blancs. Lorsque la construction est terminée, le mâle attire la femelle par une parade impressionnante, en tournant le cou, et en dressant ses plumes violet-rose. Au cours de la période de nidification, qui se déroule d'octobre à janvier-février, il s'accouple avec plusieurs femelles. Après l'accouplement, la femelle se sépare du mâle et construit un nid en forme de coupe de 13 cm de profondeur et d'environ 24 cm de diamètre, sur une branche de *Bauhinia* ou de *Melaleuca,* à une hauteur de 1 à 10 m au-dessus du sol. Elle couve seule 1 ou plus rarement 2 œufs d'une couleur allant du gris-vert au crème, striés et tachetés de brun, de gris pourpre et de rouge et élève seule les petits qui éclosent au bout de 18 jours.

Prince régent

Oiseau-satin d'Australie
Ptilonorhynchus violaceus

L'oiseau-satin d'Australie mesure 32 cm ; la femelle est plus petite et se différencie considérablement du mâle. Celui-ci a le dessus du corps d'un bleu-noir irisé. La femelle est vert olive dessus, vert blanchâtre dessous avec des rayures foncées, et a la gorge vert olive. L'oiseau-satin d'Australie habite les régions boisées de la Nouvelle-Galles du Sud, de l'État de Victoria et le sud-est du Queensland ; il niche cependant aussi sur la côte nord-est du Queensland. En dehors de la période de nidification, il lui arrive de s'éloigner en petites troupes à une distance pouvant atteindre 150 km de son territoire.

Le mâle construit son «berceau», ou plus exactement son «allée», de juin à août. Elle se compose de deux parois, placées face à face, qui sont formées par des branchettes sèches plantées dans le sol et de brindilles tressées dans les murs. L'endroit choisi pour la placer, le plus souvent sous un arbre ou un

buisson élevé, est soigneusement nettoyé ; les murs seront ensuite érigés. Ils sont souvent inclinés l'un vers l'autre en forme de tunnel. Cette allée est généralement orientée nord-sud. Les murs, d'une hauteur de 25 à 35 cm et d'une épaisseur de 7 à 10 cm, sont placés à une distance de 10 à 13 cm l'un de l'autre. Les jeunes mâles font une allée un peu moins épaisse. Le mâle peint les murs internes en bleu. Afin d'étaler le produit colorant, formé par un mélange de baies et de salive, il utilise en guise de pinceau un bout d'écorce ou de mousse. Puis l'oiseau-satin rassemble devant l'entrée de l'allée des baies bleues, des plumes bleues et autres objets de la même couleur, qu'il ramasse à proximité d'habitations, comme par exemple des morceaux de verre, des capsules de bouteilles bleues, de petites boules, etc . . . Parfois, les objets de décoration sont jaune-vert, marron ou gris. Le mâle attend souvent des semaines entières avant que son œuvre d'art peinte et décorée ne retienne l'attention d'une femelle. La femelle est attirée par ce trésor bleu, mais surtout par la parade du mâle. A cette époque, ses yeux deviennent d'un bleu plus vif. Le mâle a plusieurs partenaires, les unes après les autres. Après l'accouplement, chacune construit un grand nid, à l'aide de branches, et pond dans ce berceau tapissé de feuilles 2 œufs, plus rarement 1 ou 3 œufs, marron-jaune et tachetés de sombre. La période d'incubation dure de 19 à 22 jours. C'est la mère qui s'occupe de la couvaison et de l'élevage des petits.
L'oiseau-satin d'Australie se nourrit de fruits et de baies et attrape des insectes et leurs larves.

Prince régent

Sericulus chrysocephalus

Le prince régent atteint une longueur de 24 à 28 cm. La femelle est un peu plus petite que le mâle; son dos est tacheté de brun, de blanc et de noir. Le dessous du corps est beige clair, avec des raies transversales sombres. La nuque et la gorge sont marron foncé. Le prince régent fait partie des oiseaux australiens les plus anciennement décrits. Les régions côtières et boisées de l'est constituent son habitat. En dehors de la période de nidification, il vit en groupes de plus de 30 individus. Il visite les jardins, parcs et champs, où il trouve sa nourriture principale, les fruits et les baies. Avant que l'époque des parades ne commence, le mâle construit une tonnelle simple, sur un espace libre, sous un arbre de la forêt. L'endroit choisi, d'un diamètre de 1 m, est nettoyé soigneusement. Le bâtisseur apporte ensuite dans son bec des petites baguettes et des brindilles, qu'il enfonce verticalement, soit dans le sol pour en faire deux murs opposés, soit dans une plate-forme de petites branches, quand elle existe. Les murs ont une hauteur de 15 cm, une largeur de 8 à 9 cm. Il peint les parties intérieures de son allée en jaune. Il presse des feuilles, mélange le colorant avec de la salive et le met sur chaque baguette. Le prince régent décore le devant de la tonnelle et l'allée de matériaux différents, comme par exemple des fruits ou des coquilles d'escargots. Il a une préférence pour le noir, mais utilise aussi des baies rouges, bleues et vertes. Pour la décoration, il arrache souvent des feuilles fraîches, de couleur rose. La reproduction a lieu entre octobre et janvier. Seule la femelle s'occupe de l'incubation et des jeunes. Dans un arbre, à une hauteur de 3 à 15 m, elle bâtit un nid en forme de coupe. Elle couve durant 18 jours les 2 œufs gris-jaune, tachetés de brun et noir.

Le corbeau flûteur est l'un des oiseaux les plus connus d'Australie et de Tasmanie. Outre sa couleur caractéristique, il se reconnaît à sa voix qui rappelle le son d'une flûte.

Langrayen obscur

◄ Corbeau flûteur

Corbeau flûteur

Gymnorhina tibicen

Le corbeau flûteur habite presque toute l'Australie et la Tasmanie et on l'a introduit en Nouvelle-Zélande. Il vit dans les forêts claires, les parcs, les jardins. Ce corbeau fait partie des oiseaux les plus connus d'Australie. Sa taille atteint environ 40 cm. Les deux sexes ont un plumage semblable. Excepté la sous-espèce occidentale, la femelle a le dos et le croupion gris et un bec plus court. Le corbeau flûteur se caractérise par sa sociabilité. En dehors de la période de nidification, il erre en grands groupes. Durant la reproduction, d'août à octobre, il occupe des territoires collectifs. Les oiseaux de l'Ouest forment des groupes de 3 à 24 individus et ceux de l'Est, de 2 à 10 oiseaux. Le territoire qu'un groupe défend contre ses congénères s'étend sur 2 à 18 hectares. Plusieurs mâles adultes mais souvent un seul, font partie de ce groupe. La construction du nid, l'incubation et l'élevage des jeunes reviennent aux femelles. Le nid, en forme de coupe, est construit à l'aide de brindilles et de brins d'herbes. Des fibres végétales et des poils servent à le rembourrer. Il est bâti le plus souvent sur une branche d'eucalyptus à une hauteur de 6 à 16 m. La ponte se compose de 1 à 6 œufs teintés de bleu et vert et couverts de taches marron. Les jeunes sortent des œufs après 20 ou 21 jours d'incubation. A 4 semaines, ils volent de leurs propres ailes. Le corbeau flûteur se nourrit d'invertébrés et de petits vertébrés, avant tout de sauterelles, de grenouilles, d'insectes et d'oiseaux. Il attrape ses proies au sol. Le corbeau flûteur est capable d'imiter plusieurs voix et bruits. On l'entend toute l'année.

Langrayen obscur

Artamus cyanopterus

Le langrayen obscur, d'une longueur de 18 cm, habite les forêts côtières de l'Australie de l'Est, du Sud et du Sud-Est et la Tasmanie. Dans le Sud-Ouest vivent aussi des populations isolées. La coloration des deux sexes est identique. Quand le langrayen ne niche pas, il vit en groupes de plus de 100 individus. Il quitte les régions du Sud et de la Tasmanie pour passer l'hiver dans le Nord. Entre août et janvier, les oiseaux retrouvent leurs lieux

Diamant phaéton

de nidification et chaque couple choisit son petit territoire. Il arrive souvent que plusieurs couples s'y établissent côte à côte. Le nid, en forme de coupe, fait de brins d'herbes et de petites racines, est garni de végétaux verts. Il se trouve placé de 1 à 11 m au-dessus du sol, dans un petit creux ou sur un tronc cassé. Les langrayens construisent parfois leur nid derrière l'écorce détachée de l'arbre, ou à la base d'une feuille de palmier. La femelle pond 3 ou 4 œufs blancs, tachetés de marron-pourpre. Durant 16 jours, les parents couvent à tour de rôle et nourrissent ensemble les petits au nid. Après 16 à 20 jours, les jeunes quittent le nid. Le langrayen se nourrit de papillons, de libellules et de termites en essaimage. Il attrape souvent son butin très haut dans l'air.

Diamant phaéton

Neochmia phaeton

Le diamant phaéton, de 14 cm de long, habite les régions côtières boisées du nord-ouest, du nord et du nord-est de l'Australie. Les faces supérieures et inférieures de la femelle de cet astrild sont olive brunâtre, ses joues, sa gorge et son croupion teintés de roussâtre. Son bec est rouge. Le diamant phaéton se plaît dans les forêts claires où il y a de l'herbe, car il mange principalement des graines de graminées, mais aussi celles d'autres plantes herbacées. Durant la période de reproduction, il attrape pour ses petits des insectes et leurs larves. Il vit surtout en couple ; c'est seulement en dehors de la période de nidification qu'il forme de petits groupes. Durant la reproduction, au Queensland, entre septembre et mai, le couple défend avec acharnement son territoire, d'où il chasse toutes les autres espèces d'oiseaux. Au nord et au nord-ouest de l'Australie, le diamant phaéton niche entre janvier et avril. Le couple construit son nid, globuleux, à entrée latérale, à l'aide de brins d'herbes, bouts d'écorce et feuilles, dans un palmier du genre *Pandanus* ou dans des fentes des murs de maisons. Il le rembourre de plumes douces. La ponte de 5 à 8 œufs blancs est couvée durant 12 jours.

REPTILES

Phyllurus

Phyllurus cornutus

Le phyllurus atteint une longueur de 20 cm. Il a un corps aplati et une queue élargie et lobée, qui ressemble à une feuille. Quand ce reptile, dont la coloration ressemble à celle de l'écorce, est sur un tronc d'arbre, on le

Phyllurus

Varan d'Australie

Le goniocéphale de Boyd est un grand agame qui ne se rencontre que rarement dans les zoos.

◄ Varan d'Australie

distingue difficilement de son support. Le phyllurus habite les forêts pluviales du nord de la Nouvelle-Galles du Sud. Les arbres forment son principal habitat. Il se déplace le long des branches et des troncs, sur lesquels il chasse des araignées, des insectes et de petites larves. La femelle pond 2 petits œufs dans des fentes ou derrière un morceau d'écorce soulevé. Au début, les œufs sont pourvus d'une enveloppe collante qui durcit en plein air. Les petits sortent de l'œuf au bout de 2 mois.

Varan d'Australie

Varanus varius

Le varan d'Australie, atteignant 2 m de long, est très fréquent en Australie. Il vit dans des biotopes différents, forêts claires, mais aussi régions broussailleuses et peu boisées. Cependant, on ne le trouve pas dans le désert. En Nouvelle-Galles du Sud et au Queensland il est particulièrement fréquent. Il y est estimé et protégé par les indigènes, parce qu'il poursuit des serpents venimeux. Sa nourriture principale est cependant constituée de petits mammifères. Il ne chasse des serpents venimeux qu'occasionnellement. Il aime d'autres espèces de lézards, les charognes, les œufs d'oiseaux, qu'il enlève des nids dans les arbres. Il grimpe parfois jusqu'au nid des perroquets, mais, s'il y trouve le cacatoès, celui-ci ne l'épargne pas. Le cacatoès avec son bec solide blesse son ennemi et le force à se retirer. Près des agglomérations il pénètre dans les poulaillers et y vole des œufs. Pendant la période de reproduction le mâle du varan défend son territoire. Avec ses congénères, il mène des luttes acharnées ; les varans se blessent avec les dents et les griffes. La femelle pond environ 10 œufs dans une cavité, creusée dans un nid de termites. Les termites condamnent aussi vite que possible ce trou dans leur tanière ; bénéficiant d'une température et d'une humidité constantes, les embryons peuvent se développer. En outre, ils sont très bien protégés des ennemis. Après quelques mois, les petits, sortant de l'œuf, creusent seuls un chemin à travers les parois, pour sortir de la termitière.

Goniocéphale de Boyd

Goniocephalus boydii

Un grand agame, le goniocéphale de Boyd, habite les forêts pluviales du nord-est du Queensland. Il a des doigts très longs avec des griffes tranchantes et sur le dos une crête formée de grandes écailles pointues. Les mâles gonflent leur sac gulaire pendant la parade nuptiale et les luttes contre leurs rivaux.

Le goniocéphale de Boyd peut atteindre une longueur de 45 cm, dont la queue représente les 3/4. Il est remarquablement bien adapté à la vie dans les arbres. Il grimpe parfaitement, mais lentement, le long des branches. Dans les branches, grâce à sa coloration, il n'attire pas l'attention de ses ennemis, en premier lieu les oiseaux de proie. Il se nourrit de différents petits invertébrés. Les insectes et leurs larves constituent son butin principal. La femelle pond environ 6 œufs et les enterre dans le sol meuble. Après 2 mois, à leur sortie de l'œuf, les petits grimpent rapidement sur l'arbre ou le buisson le plus proche.

Lialis de Burton

Lialis burtonis

Le lialis de Burton, avec ses 60 cm, est un lézard singulier. Il a un corps de serpent, sans membres antérieurs et avec des vestiges de membres postérieurs ainsi qu'une très longue langue. Celle-ci lui permet même de se nettoyer les cavités orbitales. Quand un lialis perd le bout de sa queue, il le régénère, et ne le perd plus. Le lialis de Burton, vivant au sol, occupe presque toute l'Australie. Il vit aussi bien dans les forêts pluviales tropicales que dans les savanes et dans les zones presque désertiques de l'Australie centrale. Ce lézard se plaît aussi sur les côtes sud et est de la Nouvelle-Guinée. Le lialis se cache la journée sous des pierres et des troncs morts. Au crépuscule, il quitte son abri et va à la recherche de nourriture. Il attrape des insectes au sol, mais aussi des petits lézards, des scinques, en particulier, qu'il tue par sa morsure rapide. La femelle pond 2 œufs ovales dont l'enveloppe devient, comme celle des œufs de gecko, dure comme le cuir.

Liasis améthyste

Liasis amethystinus

Le liasis améthyste est un python qui habite les forêts pluviales du nord de l'Australie. Mais on le trouve aussi en Nouvelle-Guinée, aux Moluques et à Timon. Il est relativement svelte et, avec sa longueur de 6 m (parfois 8), c'est le plus grand serpent d'Australie. Un spécimen, attrapé en 1948 près de Greenhill, mesurait même 8,50 m. Les individus vivant dans les forêts claires sont moins foncés que ceux des forêts pluviales tropicales. Les liasis améthystes vivent aussi dans les mangroves côtières. Ils grimpent le long des arbres et attrapent des oiseaux, mais pourchassent également des mammifères dans les fourrés. La femelle pond jusqu'à 50 œufs dans une cavité ou dans un fourré. Elle les enlace avec son long corps. Les embryons sont non seulement protégés des ennemis, mais peuvent se développer à température et humidité constantes. L'incubation dure 2 mois pendant lesquels la femelle ne prend aucune nourriture. Il lui arrive de quitter ses œufs de temps à autre pour aller boire.

Lialis de Burton

BATRACIENS

Rainette géante

Hyla caerulea

Cette rainette géante est une grenouille arboricole du nord et de la côte est de l'Australie, jusqu'à Sydney. On la rencontre également en Nouvelle-Guinée et sur les petites îles des

Liasis améthyste

Rainette géante

alentours. Elle vit dans différents biotopes, mais est plus adaptée aux régions boisées sèches. Souvent, on la trouve dans les parcs et les jardins des grandes villes. Pendant la journée, la rainette géante se cache entre les feuilles épaisses et humides des buissons ou des arbres.

Au crépuscule, elle cherche sa nourriture et parcourt de petites distances. Elle est capable de faire des sauts de plus de 1 m de long. Dès qu'elle atterrit, elle s'agrippe tout de suite, grâce à ses doigts adhésifs et élargis. Elle se tient facilement même sur des surfaces très lisses. Sa nourriture se compose de préférence de larves et de différents insectes, mais elle mange également des araignées et des mille-pattes. Les grands spécimens avalent avec appétit de petits geckos ou de jeunes oiseaux, ainsi que toutes les espèces de petits oiseaux. La rainette géante a une très large gueule et semble toujours sourire. A la saison de la reproduction, elle gagne les tourbières ou d'autres endroits humides. La rainette géante a une couleur vert feuille et des taches blanchâtres et jaunâtres. A l'ombre, sa coloration tourne au vert jaunâtre et, par temps froid, au vert foncé. Ses doigts sont généralement roses. En hiver, dans les régions froides, la rainette géante hiberne. Elle reste cachée et n'absorbe aucune nourriture durant 2 ou 3 semaines.

Elle atteint une longueur de 12 cm et fait partie des plus grandes rainettes au monde. Son nom latin, *caerulea*, vient de la couleur bleue qu'elle prend dans les bocaux, lorsqu'on la conserve dans l'alcool.

INVERTÉBRÉS

Ver de terre géant

Megascolides australis

La faune australienne détient de nombreux records. Le ver de terre géant y apporte sa contribution. Ce ver de 3 m de long et de 3 cm de large, qui habite dans l'État de Victoria, est le plus grand ver de terre du monde. Il vit dans la terre molle et humide des clairières et on le trouve également dans la brousse australienne. Comme tous les vers de terre, il se nourrit de débris végétaux présents dans le sol. Il est capable de rejeter de grandes quantités de terre à la surface, et l'amasse en un tas en forme de cratère. Le ver de terre géant exhale une odeur de créosote caractéristique, qui permet de déceler très facilement sa présence. Il est hermaphro-

Ver de terre géant

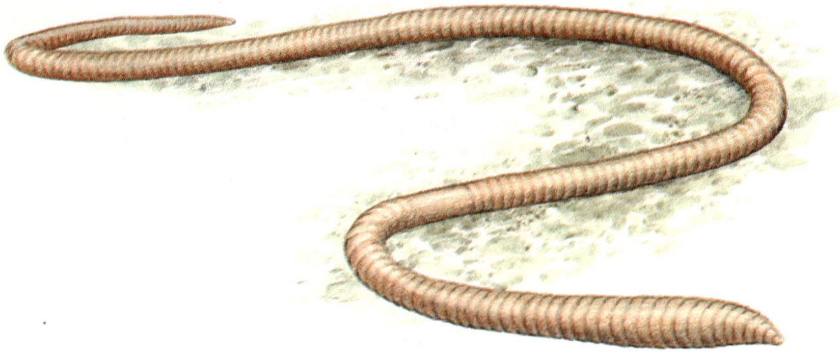

L'extatosoma est une curieuse sauterelle qui affectionne tout particulièrement les feuilles des ronces. Elle se reproduit facilement et est souvent élevée en captivité.

dite et pond ses œufs dans une capsule faite de mucus durci. De chaque capsule ne sort qu'un seul vermisseau.

Extatosoma

Extatosoma tiaratum

Les épais fourrés des forêts pluviales tropicales du nord de l'Australie et de la Nouvelle-Guinée, ainsi que les broussailles qui les bordent, sont le domaine d'un curieux insecte, *Extatosoma tiaratum.*

La femelle de cette sauterelle fantôme mesure 13 cm, tandis que le mâle n'en mesure que 5. Son corps semble composé de feuilles sèches et de morceaux d'épines, et il est par conséquent presque invisible dans des buissons épineux, pour ses ennemis, avant tout les oiseaux.

Les femelles adultes pondent plusieurs douzaines d'œufs, et en général 5 par jour. Les œufs résistent à la sécheresse du sol. Quelques semaines plus tard éclosent de jeunes larves marron noir. Elles ont une tête rouge, les excroissances manquent aux pattes et à l'abdomen. Elles se nourrissent de feuilles de buissons épineux et de feuilles d'arbres. L'extatosoma mue 6 à 8 fois avant d'atteindre sa forme définitive. A chaque mue, les membres éventuellement perdus se régénèrent. Le femelle, qui est incapable de voler, vit 10 mois ; le petit mâle ailé n'atteint que l'âge de 8 mois. Ces sauterelles sont des animaux nocturnes.

Argyope australienne

Argyope aetherica

Cette araignée bien connue vit à la lisière des forêts, mais également dans les parcs, dans les jardins et dans la brousse. La femelle tisse une toile très décorative avec deux larges bandes qui se croisent. Quand elle est accrochée au milieu de la toile, elle allonge ses pattes par paires dans les quatre directions sur les bandes et paraît ainsi plus grande. L'argyope australienne tisse sa toile entre les branches et les buissons des arbres. Les jeunes ne tissent que deux bandes diagonales, l'une vers le bas et l'autre vers le haut. Dans ces bandes, les animaux conservent leurs proies enchâssées. La femelle les utilise aussi pour fixer le cocon où se trouvent 100 à 400 œufs. Quelques jours après, les petites araignées éclosent et se dispersent. Les proies de l'argyope australienne sont différents insectes, avant tout des mouches et des guêpes.

Cerf-volant brillant

Neolamprima adolphinae

L'Australie, et surtout les paysages tropicaux du continent, sont l'habitat de grands coléoptères magnifiquement colorés.

Le cerf-volant brillant, *Neolamprima adolphinae,* en fait partie. Il a des mandibules ex-

Argyope australienne

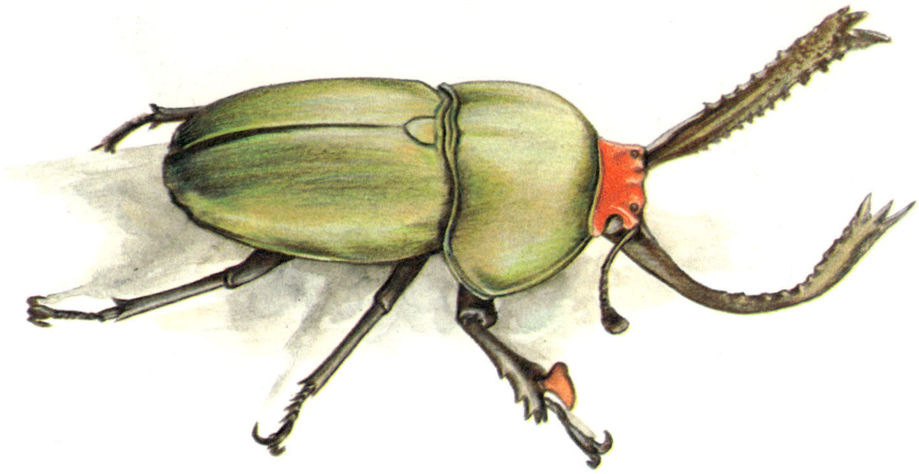

Cerf-volant brillant

Bupreste

Ornithoptère

trêment grandes et dentelées et son corps est brillant, d'une très belle coloration vert métallique. Il atteint une longueur de 4,5 cm et vit dans les forêts pluviales de l'Australie du Nord et de la Nouvelle-Guinée. Pendant la journée, il reste sur des arbres récemment blessés et dont la sève coule encore. La femelle pond ses œufs dans des troncs morts, dans lesquels les larves vivent pendant 3 ans et se muent en nymphes dans une petite chambre tapissée de copeaux de bois.

Bupreste

Metaxymorpha gloriosa

Ce coléoptère de 4 cm de long, magnifiquement coloré, habite dans les forêts pluviales tropicales du Queensland. Il vit également dans les plantations de grands arbres. Par temps ensoleillé, il vole et reste souvent sur les troncs des arbres morts dans lesquels la femelle pond ses œufs. Les larves vivent pendant 2 ans dans le bois mort et se changent en nymphes dans une petite pièce aménagée. Pour sortir à l'air libre, l'insecte emprunte parfois une galerie.

Ornithoptère

Trogonoptera priamus

Les forêts pluviales tropicales de l'Australie du Nord, les îles situées près des côtes, la Nouvelle-Guinée et l'archipel des Salomon, sont l'habitat du magnifique papillon *Trogonoptera priamus.* Il existe différentes sous-espèces qui se distinguent par la coloration. Ce papillon diurne a une envergure de 15 cm. Les ailes du mâle sont veloutées, noires, avec de grandes taches allant du vert émeraude au bleu-mauve.

Ce papillon vole les jours ensoleillés au-dessus de la cime des arbres et cherche le nectar de fruits dont il se nourrit, au-dessus du sol. Il aspire parfois aussi le suc des fruits mûrs déjà tombés sur le sol. Ses chenilles se développent sur des feuillages coriaces et elles sont venimeuses.

II. DÉSERTS ET SAVANES AUSTRALIENS

L'Ouest et le Centre sont en grande partie des déserts de pierre inhospitaliers, déserts de sable rouge qui deviennent par endroits des sols argileux complètement incultes. Ces paysages ne sont presque jamais arrosés par la pluie et il peut arriver que dans des contrées particulièrement sèches aucune goutte d'eau ne tombe durant deux ou trois ans. Les régions désertiques australiennes ne sont pratiquement pas habitées, tant par l'homme que par l'animal. La faune se limite à quelques espèces qui trouvent l'eau indispensable à leur survie chez leurs proies (les insectes par exemple) ou qui se nourrissent des quelques maigres plantes existantes. Les végétaux des steppes environnantes, accoutumés à la sécheresse, s'implantent dans le désert. Ce sont par exemple des buissons bas d'acacias (genre *Acacia*), ou de maigres et bizarres arbustes du genre *Casuarina* et *Frenela*. Les *Frenela* dont l'écorce est entamée répandent leur merveilleuse odeur de résine alentour. Les herbes du genre *Spinifex,* dures et cireuses, également appelées «herbes porc-épic», sont les espèces les plus typiques de ces contrées, essentiellement en Australie centrale. Lorsque les graines sont mûres, le vent arrache les épis ronds et les pousse devant lui sur le sol, comme des balles, sur plusieurs kilomètres. Les spinifex atteignent ainsi des régions éloignées. La graine germe très vite après la pluie et donne une nouvelle plante qui forme des touffes de 90 à 150 cm de diamètre et de 30 à 60 cm de haut.

Dans les savanes boisées et le bush australien, poussent des arbres singuliers, des résineux du genre *Xanthorrhoea.* On les appelle également les «arbres d'herbe». Ils appartiennent à l'ordre des liliales et leurs minces feuilles étroites poussent comme des touffes d'herbes aux longs brins au sommet du tronc. Les inflorescences sont également curieuses, et dépassent de beaucoup le tronc puissant. Les fleurs sont riches en nectar et attirent de loin les oiseaux friands de miel, mais aussi les mammifères et les insectes. Certains *Xanthorrhoea* ne produisent que des troncs courts, gros et cylindriques, d'autres ont jusqu'à 3 ou 5 m de haut. Les «arbres d'herbe» se distinguent par une particularité inhabituelle dans les pays tropicaux ou subtropicaux : ils poussent très lentement, seulement 3 cm en 10 ans. Les grands spécimens ont donc au moins 100 ans, quand ce n'est pas

1 000. Les «arbres d'herbe» sont endémiques, ils proviennent donc de ce continent. Une de leurs caractéristiques est que leurs fleurs et leurs feuilles produisent une résine aromatique. C'est pourquoi on les qualifie de résineux.

On utilise cette résine pour la production d'acide picrique et pour la fabrication de laque durable et de qualité, de cire à cacheter, de vernis et de savon.

Les feuilles et le bois trouvent également leur utilisation comme matière première dans l'industrie papetière et la fabrication d'alcool.

Le bois de «l'arbre d'herbe» est très dur et convient bien à la fabrication de différents articles de bimbeloterie.

A l'intérieur de l'Australie, dans les régions de l'Ouest, du Nord et de l'Est, s'étendent des steppes. Elles sont interrompues par endroits de buissons bas, mais relativement épais. Les herbes aimant la sécheresse sont également les plus fréquentes dans ces régions, et avant tout *Triodia irritans.* Elles constituent des formations typiques avec les spinifex. Il est très difficile de les traverser à cause de leurs feuilles épineuses et raides. On trouve des espèces des genres *Andropogon, Panicum, Eragrostis* et *Sporobolus* qui font partie des herbes de la steppe australienne.

A l'ouest, les savanes se partagent essentiellement en deux paysages de brousse caractéristiques : la brousse à mulga qui est une savane parsemée d'épines avec quelques arbres nains. L'acacia du type *Acacia aneura* (mulga) est prépondérant. Les arbres sont généralement distants d'une douzaine de mètres. Les vastes brousses à mulga existent au sud-ouest, au sud et à l'ouest, mais également au nord du désert central australien. Au sud, elles font place à la brousse de mallee, la deuxième forme de brousse australiene, qui existe essentiellement dans la partie sud-ouest et sud du continent et s'étend jusqu'à la côte. Elle est formée d'eucalyptus clairsemés (mallee) qui n'atteignent qu'une hauteur de 2 à 9 m. Les plus fréquents sont *Eucalyptus gracilis, Eucalyptus leptophylla* et *Eucalyptus incrassata.*

Les régions nord et ouest de l'Australie sont couvertes d'une large ceinture de savane boisée. Ce type de végétation recouvre les régions côtières, mais on le trouve également à l'intérieur, au nord d'Adélaïde, et localement dans plusieurs zones dans le Sud-Ouest et en Tasmanie. La brousse à eucalyptus nains se rattache le plus souvent à cette formation végétale. Ici également, les espèces d'eucalyptus sont les plus fréquentes, mais elles peuvent dépasser 20 m de haut. Les figuiers de Barbarie se multiplient depuis le début du siècle dans les savanes à eucalyptus de la côte ouest et est de l'Australie. A l'origine, l'opuntia était une plante de jardin décorative, venue d'Amérique du Sud ; elle se développa tellement vite que les fermiers du Queensland, de la Nouvelle-Galles du Sud et de l'État de Victoria s'inquiétèrent de son caractère envahissant. Il n'y avait pas de protection contre sa prolifération et en 1925, les figuiers de Barbarie infestaient plus de 12 millions d'hectares de terres cultivables. Les biologistes aidèrent les fermiers en important par centaines d'Amérique du Sud un papillon de nuit, *Cactoblastis cactorum,* qui se nourrit de cette plante. Grâce à d'excellentes conditions de vie et à l'absence d'ennemis naturels, ce papillon se développa si rapidement que dès 1934, il avait presque détruit les figuiers de Barbarie. Au Queensland par exemple, il ne reste guère qu'un dixième des surfaces autrefois envahies par le figuier.

Les lapins de garenne, importés d'Europe en Australie, sont devenus un autre grand problème du paysage australien et un véritable fléau pour la flore et la faune locales. Entre 1788 et 1859, les colons avaient apporté avec eux des lapins sauvages, mais leur nombre resta raisonnable, jusqu'au jour où en 1859, un homme introduisit dans le parc communal de Geelong, une ville de l'État de Victoria, un seul couple de lapins. Depuis lors cet animal, relativement inoffensif en Europe, s'est propagé très rapidement sur tout le continent. En quelques dizaines d'années, la population des lapins devint considérable. En 1886, ils vivaient déjà dans le Queensland et 5 ans plus tard, ils envahissaient l'Australie du Sud. Aux alentours de 1900, les experts estimaient leur nombre dans les régions est de l'Australie à quelque 20 millions. Les lapins ont détruit de très vastes surfaces de pâturages à tel point que les grands troupeaux ne trouvaient plus rien à manger. Il y avait des lapins partout, dans les savanes comme dans les bois. Des unités de l'armée reçurent l'ordre de massacrer en grand nombre les lapins dans les régions concernées. Mais la population augmentait sans arrêt. En 1903, 13 millions de lapins furent tués dans le seul État de Victoria, mais en 1907, ils s'étaient répandus dans toute l'Australie. En 1930, les Australiens offraient 100 millions de peaux de lapins sur le marché international de la fourrure.

Mais le nombre des lapins ne baissait pas. Au début de 1940, la prolifération des lapins était devenue un terrible problème pour les agriculteurs australiens. La catastrophe absolue parut inévitable. Les zoologistes et biologistes commencèrent un vaste programme de recherche. Les virologistes s'occupèrent également du problème. En Amérique du Sud ils découvrient le virus de la myxomatose, qui ne faisait pas disparaître les populations de lapins sud-américains. Mais ils constatèrent que la population européenne ne résistait pas au virus, inconnu jusqu'alors. Ce virus avait des effets mortels dans presque tous les cas. Dans le même temps, on découvrit que les moustiques, le vent et d'autres intermédiaires contribuaient beaucoup à sa propagation. La recherche continua, puis les scientifiques inoculèrent le virus de la myxomatose aux lapins australiens, et, de 1950 à 1953, le résultat fut extraordinaire. En 3 ans, la myxomatose avait exterminé des millions de lapins sauvages. Le virus sauvait pratiquement l'agriculture australienne. De nos jours, le lapin n'existe que par endroits, en nombre limité et contrôlable. Mais un nouveau problème va naître, car il a acquis une certaine résistance contre le virus. Les colons ont également amené ou abandonné des animaux d'autres continents, qui sont devenus indésirables. Le dingo resta certainement pendant longtemps le seul animal qui ait été introduit en Australie par l'homme. Il s'agit probablement à l'origine d'un chien domestique, qui a été importé sur le continent, il y a des milliers d'années, de l'Asie du Sud-Est.

En Australie, il est devenu sauvage et a évolué vers sa forme actuelle. Beaucoup plus tard, quand les marins européens découvrirent l'Australie et quand les Européens commencèrent à coloniser le plus petit continent de notre planète, d'autres espèces, avant tout des animaux domestiques, furent introduites en Australie. Beaucoup d'entre elles, devenues sauvages, causent aujourd'hui des dommages importants. La faune originelle par exemple est décimée par les chats et porcs redevenus sauvages, la flore souffre des buffles, des bœufs et des chevaux. Rats et souris sont venus sur les bateaux. Pour la chasse, les colons ont également introduit des bêtes sauvages, comme le renard qui cause aussi d'énormes ravages. Les indigènes ont aussi leur part de responsabilité. Il y a 20 000 à 25 000 ans, quand le niveau de la mer était à peu près 70 m plus bas qu'aujourd'hui, les distances entre les îles de l'Asie du Sud-Est et la côte australienne étant plus courtes, les indigènes pouvaient atteindre facilement des lieux éloignés, même avec leurs embarcations primitives mais cependant faites pour la haute mer. Ainsi colonisèrent-ils la Nouvelle-Guinée, les Philippines, l'Australie et les îles voisines. Lorsque les Européens commencèrent à coloniser l'Australie, il y a à peu près 200 ans, 700 000 indigènes, faisant partie de 700 tribus y vivaient. Les aborigènes ont été poursuivis et dépossédés par les colons ; des maladies les ont décimés et il n'en reste guère qu'un huitième aujourd'hui. Les aborigènes ne sont pas tous du même type. On peut en conclure que la colonisation de l'Australie s'est faite en plusieurs vagues. Les aborigènes des différentes tribus du Sud australien ont la peau marron clair et des cheveux longs et bruns; par contre, en Australie du Nord et en Tasmanie, ils ont la peau très foncée, et des cheveux frisés. On les appelle souvent nègres australiens. Aujourd'hui on ne trouve les aborigènes australiens que par endroits, dans la Terre d'Arnhem où ils vivent toujours de la même manière qu'il y a des millénaires. Ils sont organisés en tribus, dans lesquelles ils vivent en clans de 400 personnes environ. Un territoire assez grand pour la nourrir appartient à chaque tribu. Dans la fertile Australie de l'Est, 390 km^2 sont suffisants, mais dans les régions semi-désertiques, chaque territoire s'étend sur 104 000 km^2. Aucune des espèces animales originaires d'Australie ne pouvait être domestiquée et les indigènes n'avaient en fait que les chiens importés (dingos).

Les aborigènes vivent de chasse et de cueillette, ignorent l'agriculture et le travail des métaux. En une seule année, une tribu couvre très souvent plus de 1 500 km. Ils ont été chassés de leurs territoires d'origine par les fermiers et leurs grands troupeaux de moutons vers les régions les plus défavorables. Pourtant, ces indigènes très primitifs sont extrêmement bien adaptés à leur mode de vie, et peuvent vivre là où aucun Blanc ne pourrait subsister. Beaucoup d'explorateurs seraient morts d'épuisement et de faim sans le secours des indigènes.

La plus grande partie de la journée les indigènes cherchent à se procurer de la nourriture. Les hommes vont à la chasse et les femmes et les enfants ramassent des bulbes, des baies et des graines. Ils utilisent encore des flèches et des boomerangs, et font du feu en frottant deux baguettes l'une contre l'autre. Ils mangent de temps à autre des animaux trouvés sur le sol, dans les troncs morts ou dans des termitières.

En Australie, les nombreuses espèces endémiques de termites construisent des termitières de plusieurs mètres de haut, dans lesquelles vivent des millions d'individus. Certains paysages sont couverts de termitières.

Dans les régions désertiques et les savanes, plusieurs réserves zoologiques et botaniques, ainsi que des parcs nationaux, ont été créés. Le parc national de l'Ayer Rock-mont-Olga, au sud-ouest du Territoire du Nord, est un exemple intéressant. Dans cette réserve de 124 672 ha s'élève, au milieu d'un désert stérile, le plus grand monolithe du monde, l'Ayer Rock. Cet énorme rocher fait 3 km de long, 2,4 km de large et 330 m de haut. Autour de lui existent d'autres petits amas rocheux, rouge orangé, qui brillent au soleil.

Le parc national de Wyperfeld, dans l'État de Victoria, inclut des surfaces de semi-désert et brousses à mallee, et est également très sec. Sa superficie est de 56 000 ha. On rencontre par endroits des collines de sable. Trois cent cinquante sortes de plantes poussent dans cette réserve, dont 6 espèces d'orchidées. Les mallee les plus nombreux sont *Eucalyptus gracilis, E. leptophylla* et *E. incrassata.* Des centaines de kangourous, d'émeus, 12 espèces de méliphages, le varan de Gould et d'autres espèces y trouvent leur habitat. Les lapins sauvages et le renard se répandent malheureusement aussi. En 1959, la partie ouest du parc national, soit 24 300 ha, avait été totalement détruite par un incendie. Aujourd'hui la végétation s'est reconstituée.

Zálab

Dingo australien
Canis lupus dingo

Le dingo est l'un des animaux les plus connus d'Australie. A l'origine, les indigènes l'appelaient «warrigal» ; «dingo» était le nom injurieux destiné aux colons blancs. Le dingo, d'une longueur de 1,20 m, a une couleur généralement roussâtre, mais il est parfois également blanc ou noir. Le dingo vit à l'état sauvage en Australie mais ne fait pas partie de la faune originelle. C'est un descendant des chiens domestiques qu'avaient amenés les insulaires qui ont colonisé l'Australie dans des temps très anciens, et qui venaient probablement de l'Asie du Sud-Est. Plus tard, quand les Européens ont «découvert» le continent, cette espèce vivait déjà à l'état sauvage, comme de nos jours. Autrefois, on croyait que le dingo était un véritable chien sauvage ; aujourd'hui, beaucoup de zoologistes estiment qu'il dérive du chien domestique. Il est intéressant de constater qu'il n'a jamais vécu sur l'île Kangourou ni en Tasmanie. Après des millénaires, sa couleur et sa taille se sont unifiées et stabilisées. Le dingo vit dans la brousse ainsi que dans les forêts claires, en familles ou en petites bandes. Il traque en meute les kangourous, sa proie favorite.

Les éleveurs le pourchassent sans pitié car il tue également des moutons et cause d'énormes dommages dans les troupeaux non surveillés. Chaque dingo abattu donne droit à une prime que le fermier reçoit en montrant la queue de l'animal. Le dingo est pourtant très prudent, et il n'est pas facile de l'approcher à portée de fusil. Il fuit les endroits découverts et on ne l'y trouve pas souvent. Le dingo chasse aussi des mammifères plus petits et ne refuse pas non plus les agames et les serpents.

La chienne met bas 3 à 7 jeunes après 2 mois de gestation, dans une cachette sous les rochers ou dans une caverne. Pendant les premiers jours, la mère ne quitte jamais ses chiots aveugles, qui ne sont capables de voir qu'après 10 jours. Pendant ce temps, le mâle s'occupe de chercher la nourriture. Les jeunes dingos sont très folâtres et faciles à domestiquer s'ils sont élevés par l'homme dès le début. Dès qu'ils sont adultes, l'instinct de chasse apparaît et ils ne peuvent plus vivre avec l'homme. Les indigènes australiens vont chercher de temps en temps de jeunes dingos dans leurs tanières et les gardent dans leur camp. Le dingo aboie.

Échidné d'Australie
Tachyglossus aculeatus

L'échidné d'Australie fait partie des mammifères qui pondent, et habite uniquement en Australie. Il vit surtout dans les paysages arides, de la plaine aux montagnes. Dans les régions froides, il hiberne et vit alors sur ses réserves de graisse. Il sait nager, mais ne va pas souvent dans l'eau. L'échidné d'Australie atteint une longueur de 45 cm et un poids de

Le dingo australien qu'autrefois les indigènes appelaient «warrigal» est très répandu dans les zoos où il se reproduit facilement. Il est toutefois impossible de l'élever comme un chien domestique, car il n'obéit pas.

Échidné d'Australie

3 à 6 kg. Avec ses longues et fortes griffes, il creuse dans les fourmilières et les termitières, et est même capable d'écarter des pierres. Sa nourriture se compose principalement de fourmis et de termites qu'il ramasse avec sa longue langue collante et vermiculaire qu'il sort de son bec corné et cylindrique. Les échidnés sont édentés. Ils écrasent leurs proies entre les plaquettes cornées de leurs palais et les verrues de l'estomac les broient complètement. L'échidné trouve sa nourriture grâce à son excellent odorat. Ses yeux ne l'aident pas, car ils sont très petits et dotés d'une troisième paupière, qui est l'héritage d'ancêtres reptiliens. Les pavillons auditifs sont tout petits, cachés, mais l'animal entend quand même très bien. En cas de danger, il s'enterre très rapidement dans le sol meuble ou se met en boule. Les piquants courts mais forts du dos et des flancs lui assurent une excellente protection contre ses ennemis. Il nettoie régulièrement la peau entre ses piquants avec la griffe du deuxième doigt de ses membres postérieurs. L'échidné vit de préférence dans les savanes boisées et dans les bois clairs garnis de rocher où il peut trouver des cavités et des fentes et creuser des trous pour se cacher pendant la journée. Quand la nuit tombe il va à la chasse. Les échidnés d'Australie font partie des plus anciens mammifères, appelés monotrèmes, et ils ont gardé beaucoup des caractères de leurs ancêtres reptiliens. Ils sont hétérothermes, c'est-à-dire que la température de leur corps varie en fonction de la température ambiante, entre 20 °C et 30 °C. Si la température externe est plus haute ou plus basse, ils tombent dans une léthargie qui ressemble à l'hibernation.

Leur mode de reproduction est très frappant. L'accouplement a lieu en juin ou juillet, la reproduction suit en juillet et août. Pendant ce temps, chez la femelle se développe une poche ventrale, qui est soutenue par des os fourchus. Cette poche sert d'incubateur. Vingt-huit jours après l'accouplement, la femelle pond un œuf de la taille d'une noisette, pesant 0,12 g, et de 18 à 14 mm de diamètre. En pondant, elle se tourne sur le dos, s'enroule et laisse glisser l'œuf dans la poche. Le jeune, avec son «diamant» acéré, brise la coquille et sort de l'œuf au bout de 10 jours. Il ne mesure quc 12 mm. En stimulant les deux champs mammaires de sa mère, il provoque un écoulement du lait. Le lait s'amasse sur les poils à la sortie des glandes mammaires que le jeune peut lécher facilement. Le petit de l'échidné grandit relativement vite. A 6 semaines, il mesure déjà 9 cm, mais est encore aveugle et sans piquants. A l'âge de 10 semaines, quand il est capable de voir et a des piquants, la mère le sort de la poche et le cache dans un nid où elle retournera encore pendant quelques semaines pour le faire téter. L'échidné d'Australie est capable de se reproduire à l'âge de 1 an. Il peut vivre longtemps. En captivité les échidnés atteignent plus de 49 ans.

Phalanger renard

Trichosurus vulpecula

Le phalanger renard est certainement le marsupial le plus fréquent d'Australie. Il ha-

Phalanger renard

Taupe marsupiale

bite dans le sud et l'est du continent et préfère la brousse et les bois. Il n'est pas rare cependant de le trouver près des hommes, et il vit même dans les parcs et les jardins des villes. Ce joli marsupial arboricole est grand comme un chat et a une queue touffue qui l'aide à grimper aux branches. Pendant la journée, il dort dans son nid, qu'il construit de préférence dans un arbre creux, mais aussi dans un terrier de lapin, un appentis ou un grenier. Il est actif pendant la nuit. Sa nourriture est composée de feuilles, de pousses, de différents fruits mais également de charognes. Il la cherche dans les vergers, mais également dans les décharges publiques. Les mâles défendent leur territoire contre leurs congénères, et sont très agressifs à leur égard. La femelle met bas une fois par an, après 17 jours de gestation, presque toujours un seul petit, qui vit dans la poche marsupiale pendant 4 mois. Au début du XXe siècle, la peau du phalanger renard était très recherchée. En 1906, on en exportait d'Australie environ 4 millions. Aujourd'hui, on chasse peu ce phalanger. Dans les années 1858-1920, on introduisit plus de 600 phalangers renards en Nouvelle-Zélande. Ils s'acclimatèrent très bien et se multiplièrent. Aujourd'hui, ils causent beaucoup de dommages dans la faune des parcs nationaux de Nouvelle-Zélande.

Taupe marsupiale
Notoryctes typhlops

La taupe marsupiale, qui ressemble à la taupe, mesure environ 18 cm de long, et est très bien adaptée à la vie sous terre. Son museau est protégé par des plaques cornées. Elle ne possède pas de pavillons auditifs et ses yeux sont faiblement développés. Les membres, relativement courts, sont forts et pourvus de grandes griffes, qu'elle utilise pour creuser des galeries. La peau de la taupe marsupiale est douce, et peut avoir toutes les nuances du blanc au rouge-brique. La poche de la femelle est plate et ouverte à l'arrière, de sorte que la terre ne peut y entrer. La taupe marsupiale ne vit que dans les régions sablonneuses d'Australie centrale. On arrive difficilement à l'observer, car elle ne vient à la surface qu'en cas de pluies ou d'inondations. Ses galeries, longues de plusieurs dizaines de mètres, ne se trouvent qu'à 10 cm de profon-

Diable de Tasmanie

deur. A cause du sol sablonneux, elles ne tiennent pas longtemps et s'éboulent très vite. Les taupes marsupiales se nourrissent de larves d'insectes, de termites et de fourmis. Elles sont très actives car elles ont besoin d'une grande quantité de nourriture. A midi et pendant les périodes de forte chaleur, la taupe marsupiale tombe dans un sommeil profond pour économiser son énergie.

Diable de Tasmanie
Sarcophilus harrisi

Le diable de Tasmanie est un marsupial de la longueur d'un cocker, qui a une grande tête et des pattes antérieures relativement hautes. Les 42 dents sont bien développées et lui permettent de tuer sa proie, mais également de casser des os. Quand il est en colère, les parties chauves de la tête, habituellement pâles, et les oreilles nues se congestionnent et deviennent peu à peu plus rouges. Jadis, les diables de Tasmanie étaient très répandus dans toute l'Australie. Ils ont été obligés de reculer devant les dingos, plus rapaces, et ne vivent plus aujourd'hui qu'en Tasmanie, dans des régions broussailleuses et rocheuses. Mais en Tasmanie également, ils furent repoussés de leur habitat d'origine et se sont retirés dans des bois au centre de l'île. Le diable de Tasmanie ne mange que de la viande. Il chasse de petits êtres vivants et des mammifères pouvant atteindre la taille d'un jeune kangourou. Il joue en même temps un rôle de police sanitaire, car il se nourrit également de cadavres. Il avale entièrement avec peau et os toutes les petites proies. A la différence des autres carnivores, il tient la proie avec ses deux pattes antérieures et la met morceau par morceau dans sa gueule. En avril et mai, la femelle met bas 3 ou 4 jeunes, de 12 mm de long seulement, après 31 jours de gestation. Ils arrivent seuls dans la poche maternelle, qui est ouverte vers l'arrière. A l'âge de 10 semaines ils pendent par la poche mais s'accrochent encore fermement aux tétines. Ils sont capables de voir dès l'âge de 15 semaines et en même temps ont un pelage bien fourni. Peu après ils sortent de la poche et restent dans un trou d'arbre, situé à faible hauteur, tapissé par la mère de poils et de feuilles. Jusqu'au cinquième mois, la mère les allaite. A l'âge de 1 an, ils deviennent indépendants, et à 2 ans, atteignent la maturité sexuelle.

La souris marsupiale à grosse queue vit dans les régions désertiques de l'Australie. Elle ressemble à un kangourou en miniature.

Souris marsupiale à grosse queue
Sminthopsis crassicaudata

Cette souris marsupiale se distingue par sa queue épaisse qui lui sert de réserve de graisse. L'épaisseur de la queue varie selon les saisons et lui permet de stocker son excédent de graisse pour les périodes moins favorables. La longueur de ce petit marsupial prédateur est seulement de 17 cm, dont la moitié correspond à la queue. Son habitat est le désert de sable, couvert par endroit de fourrés, dans la moitié sud de l'Australie. Pendant la journée, elle se cache dans des trous du sol et autres petites cavités dans lesquels elle construit un nid d'herbes et de branches. Lorsqu'il fait nuit, la souris marsupiale à grosse queue va à la chasse. Sa nourriture se compose avant tout d'insectes, mais de temps à autre, elle attaque aussi de petits lézards. Mais sa proie principale est la sauterelle, et elle en consomme une grande quantité. La femelle met bas jusqu'à 10 jeunes, qui se développent dans la poche marsupiale.

Souris marsupiale

Gerboise marsupiale de l'Est

Antechinomys laniger

La jolie gerboise marsupiale de l'Est a l'air, avec ses longs membres postérieurs, d'un kangourou miniature. La longueur du corps est de 10 cm et la queue atteint 12 cm. Le mâle est un peu plus grand que la femelle. Elle vit dans des zones sablonneuses couvertes d'herbes, mais également dans des bois d'acacias en Australie centrale et de l'Ouest. Elle creuse un profond terrier dans le sable et ne sort pas avant le début du crépuscule. En sautant, souvent par grands bonds, elle se déplace sur son territoire et chasse des insectes et de petits vertébrés. Pendant la période de reproduction, la femelle a une poche bien développée ouverte vers l'arrière.

Souris marsupiale

Dasycercus cristicauda

La souris marsupiale a la même taille qu'une souris domestique mais est plus rapace et ose s'approcher des mammifères qui sont plus grands qu'elle. Elle tue sa proie d'une seule morsure à la nuque, puis sépare très soigneusement la tête de la peau pour dévorer et avaler tout le corps, en commençant par la tête. En mangeant, elle retourne la peau et la laisse intacte. Elle chasse avant tout les souris domestiques dans les agglomérations, mais n'épargne pas non plus les poussins. Elle est active pendant la journée, et se distingue ainsi des autres marsupiaux carnivores du même genre. Elle vit avant tout dans les paysages désertiques de l'Australie centrale et de l'Australie de l'Ouest. La femelle met bas 6 ou 7 jeunes, qui sont pratiquement accrochés à ses tétines ; en effet, la poche n'est que très faiblement développée et tous les jeunes ne trouvent pas assez de place. Ses petits n'empêchent pas la femelle de courir rapidement après ses proies.

Bandicoot lapin

Macrotis lagotis

Le bandicoot lapin, appelé aussi bandicoot, a une longue gueule et de grandes oreilles de lapin. Les pattes antérieures sont pourvues de 3 doigts, terminés par de longues griffes. Les membres postérieurs ont 4 doigts ; le cinquième doigt est atrophié. Pour courir, il n'utilise que le quatrième doigt, très grand, des pattes arrière. Le bandicoot lapin, qui vit en Australie centrale et dans le Nord-Ouest, est actif pendant la nuit et, de ce fait, difficile à observer. Il creuse dans le sol, à une profondeur pouvant atteindre 1,50 m, un système de tunnels avec plusieurs nids dans lesquels il habite en alternance. Avec son long museau, il cherche des termites, mais aussi d'autres insectes, des larves, et de temps à autre également de petits lézards. Comme chez tous les marsupiaux, l'ouverture de la poche de la femelle est située en arrière. Les 8 tétines sont rangées en deux lignes courbes, mais la femelle ne met bas que 1 ou 2 jeunes.

Gerboise marsupiale de l'Est

Bandicoot lapin

Wombat

Vombatus ursinus

Le wombat est un marsupial de 1 m environ, au corps massif et bas sur pattes. Il vit dans les régions montagneuses et dans les collines du sud-est de l'Australie et de Tasmanie, et recherche les bois et les zones buissonneuses et rocheuses. Il creuse dans le sol des systèmes de galeries mesurant de 3 à 30 m de long. Pendant la journée, il reste enroulé dans son trou pour dormir et ne sort que la nuit pour chercher des racines et des bulbes qu'il soulève avec son museau. Lors de ses sorties nocturnes, il se déplace lentement et ne s'éloigne jamais beaucoup de son refuge. Les wombats sont des solitaires et ne vivent en couple que pendant la période de rcproduction, d'avril à juin. Bien qu'il y ait deux tétines sur la poche marsupiale, un seul jeune vient au monde. La poche marsupiale est ouverte vers l'arrière. Un jeune wombat élevé par les hommes est facilement apprivoisable et il se comporte comme un chien. Autrefois, les wombats étaient pourchassés, de sorte que la sous-espèce de Tasmanie est probablement éteinte.

Wallaby des rochers

Petrogale penicillata

Ce pétrogale, de la taille d'un lapin, habite dans les régions couvertes de broussailles et de rochers dans le Queensland et en Australie du Sud-Ouest. Son corps atteint une longueur de 35 cm environ, sa queue 30 cm, et le poids d'un animal adulte varie entre 1 kg et 1,5 kg. Autrefois très répandu, il a été exterminé par endroit par le dingo, mais également par les prédateurs importés d'Europe tels que le renard et les chats devenus sauvages. C'est un animal qui vit surtout pendant la nuit. Le jour, il reste dans des trous ou des rochers, parfois aussi dans des arbres creux ou sous un buisson épais. Le plus souvent, il bâtit un nid pour dormir avec des herbes et des feuilles. Les matériaux sont transportés avec la queue préhensile. La nuit, il mange des herbes et creuse pour chercher des racines. Pendant la période de reproduction, les mâles sont assez agressifs et se disputent avec acharnement avec leurs rivaux. Il n'est pas rare que la dispute se termine par la mort du vaincu. Les femelles mettent bas 1 jeune qui se développe dans la poche marsupiale, comme chez tous les autres kangourous.

Wallaby des rochers ▶

Le wombat est, exception faite des grands kangourous, le plus grand marsupial australien. Il a une grosse tête, un corps trapu, des griffes puissantes et pèse parfois plus de 25 kg. Le wombat aime bien s'étendre au soleil devant son terrier dont l'entrée est marquée par plusieurs tas de feuilles et de branchanges.

Wallaby des rochers

Wallaby-lièvre rayé

Wallaby à queue annelée

Wallaby-lièvre rayé

Lagostrophus fasciatus

Autrefois, le wallaby-lièvre rayé était répandu dans les régions broussailleuses des côtes de l'Australie occidentale. Mais malheureusement, il a été tellement pourchassé qu'il n'existe plus dans son habitat d'origine. On trouve encore de faibles populations dans la partie sud de l'Ouest australien et sur quelques îles, situées près de côtes. Ils disparaissent également peu à peu de ces îles, car les troupeaux de moutons paissent l'herbe et les pousses des buissons qui leur sont nécessaires. Le corps du wallaby-lièvre rayé mesure environ 45 cm et la queue, 35 cm. La femelle met bas 1 jeune qui grandit dans la poche marsupiale maternelle, comme chez tous les autres kangourous.

Wallaby à queue annelée

Petrogale xanthopus

Le wallaby à queue annelée est une espèce de taille moyenne, de 50 à 80 cm, auxquels s'ajoute une queue de 40 à 70 cm. Un adulte pèse de 3 à 9 kg. Son habitat correspond aux contrées rocheuses de l'Australie centrale où il est, par endroits, très fréquent. Dans d'autres régions, par exemple en Nouvelle-Galles du Sud, ses effectifs ont été très réduits ; à cause de sa jolie coloration, on le chasse beaucoup. Le wallaby à queue annelée fait partie des espèces qui sont actives pendant la nuit. Dans la journée, il cherche un abri pour dormir dans des cavernes et des fentes, mais il aime également rester au soleil. Il cherche sa nourriture après le coucher du soleil. Il grimpe aux parois rocheuses très rapidement et est capable de sauter des ravins de 4 m de large. Ses pattes postérieures, pourvues d'une épaisse couche de corne rugueuse et de poils denses, lui facilitent les déplacements sur les rochers. De temps en temps, il grimpe sur des arbres pur cueillir des fruits et des feuilles. Sa nourriture se compose cependant d'herbes, de branches et d'écorces d'arbres. Pendant la saison sèche, le wallaby à queue annelée est capable de rester longtemps sans boire. La femelle met bas, après 1 mois de gestation, 1 jeune qui se développe dans la poche marsupiale.

Wallaby élégant

Wallabia elegans

La brousse et les bois des savanes du Queensland et de la Nouvelle-Galles du Sud sont le domaine du wallaby élégant qui vit en petits troupeaux. Le signe particulier de ce wallaby est sa queue mince de 65 cm, presque aussi longue que le corps. Les adultes atteignent un poids de 9 à 25 kg. Les wallabys élégants vont au pâturage pendant la matinée et à la fin de l'après-midi. Ils mangent des herbes et des branches. Aux heures les plus chaudes, ils se réfugient à l'ombre des buissons et des arbres touffus. Ce kangourou court de façon hésitante et lentement, de sorte qu'il est facile à tuer. Il est très recherché par les chasseurs, à cause de sa jolie fourrure. Le mode de reproduction est le même que celui des kangourous des autres espèces.

Kangourou roux

Macropus rufus

Le kangourou roux est l'un des plus grands et des plus fréquents kangourous australiens. Il vit en groupes dans les steppes et les savanes, et les troupeaux de quelques centaines d'animaux ne sont pas rares. Un mâle assis sur les pattes postérieures est aussi haut qu'un homme adulte. Sa longueur totale, queue comprise, s'élève à 3 m, et son poids à 150 kg. Les femelles sont d'un tiers plus petites. Il doit son nom à la coloration roussâtre de son cou et de sa poitrine qui résulte d'une sécrétion glandulaire. Ce caractère est particulièrement évident chez les populations d'Australie orientale, où l'on trouve également des femelles colorées en bleu-gris. Un kangourou roux qui se sent poursuivi peut atteindre une vitesse de 50 km/h et saute jusqu'à 10 m en longueur. Quand il rencontre un danger et ne peut plus fuir, il fait face à son adversaire et essaie de lui donner un coup avec ses pattes postérieures. Avec sa griffe médiane, longue et pointue, il peut infliger de graves blessures. Il se défend ainsi contre le dingo, qui l'attaque très souvent en bandes. Un dingo peu adroit peut se faire tuer, s'il ne s'écarte pas au bon moment. Mais même un kangourou très robuste est impuissant devant une meute ; il se fatigue

Wallaby élégant

Kangourou roux

après un certain temps et finalement devient la proie de ses agresseurs. Tous les individus d'un troupeau suivent le mâle le plus fort. Dans la journée, les animaux restent en général dans la brousse ou au bord des bois. A la nuit tombante ils vont au pâturage. Dans les régions isolées, où ils ne se sentent pas poursuivis, ils mangent aussi pendant la journée. Dès qu'ils n'ont plus faim, ils se reposent, en s'allongeant sur le côté. Quelques animaux veillent, d'autres jouent et avant tout, les jeunes mâles se disputent en se tapant avec leurs courtes pattes antérieures. Le mode de reproduction est intéressant. La femelle met bas après 32 à 34 jours un jeune nu, ressemblant à un embryon avec des grandes griffes aux pattes antérieures. Les griffes permettent au nouveau-né de gagner la poche marsupiale de la mère, et tombent ensuite. Par contre, les pattes postérieures et la queue sont faiblement développées. Le petit ne mesure, au moment de sa naissance, que 2,5 cm et pèse à peu près 1 g. Avant la naissance, la femelle nettoie la poche avec sa langue et se met en boule. Ensuite, apparaît la poche des eaux. Le petit en sort en rampant et commence, à l'aide de ses griffes, à grimper dans la poche maternelle. Auparavant, la mère a mouillé sa peau de salive pour lui faciliter le passage. Dans la poche, le petit cherche avec sa bouche la tétine dont l'extrémité gonfle et le maintient accroché, de sorte qu'il ne la quitte pas, même quand sa mère saute. Au bout de 110 jours, il est poilu, et à 150 jours, il sort la tête pour la première fois. Il commence à sortir de la poche et à se déplacer au bout de 200 jours. Il reste pourtant toujours près de sa mère, et grimpe immédiatement dans la poche s'il sent le moindre danger. A l'âge de 250 jours, il ne revient plus dans la poche marsupiale. Dans beaucoup de régions, les kangourous roux, comme beaucoup d'autres animaux australiens, ont été pourchassés par les éleveurs. Ceux-ci tuaient les animaux par centaines car ils concurrençaient leurs moutons. En conséquence, dans certaines contrées, l'espèce fut exterminée. La viande de kangourou était conservée et même exportée. Les ennemis naturels du grand kangourou roux sont le dingo et également les aborigènes, pour lesquels il est une source de nourriture. Mais avec leurs armes primitives, ils ne représentent pas un réel danger pour l'espèce.

OISEAUX

Émeu

Dromaius novaehollandiae

L'émeu fait partie des oiseaux australiens les plus connus. Les Australiens l'ont même fait figurer sur leurs armoiries. Les ailes de l'émeu sont atrophiées et il est incapable de voler. Ses longues et fortes pattes lui permettent d'atteindre une vitesse de 40 km/h. Le plus proche parent de cet oiseau de 1,50 m de haut et de 50 kg est le casoar. L'émeu habite les steppes broussailleuses de l'Australie. En été, c'est-à-dire en décembre et janvier, les couples se forment. En mai et juin, quand l'hiver australien commence, les femelles pondent à l'intervalle d'un jour, de 10 à 12 œufs vert foncé dans un creux rembourré de feuilles, d'herbe et de rubans d'écorce. Chaque œuf pèse de 700 à 900 g. L'emplacement du nid est choisi de telle sorte que l'oiseau puisse voir les environs et fuir tout de suite

L'émeu est l'un des plus grands oiseaux australiens. Il est incapable de voler, mais il court très vite et peut même nager. A la saison des amours, les femelles émettent des sons sourds, tandis que les mâles poussent des cris rauques ressemblant au son du tambour. L'émeu se rencontre fréquemment dans les zoos où il se reproduit facilement.

en cas de danger. Dès que tous les œufs sont pondus, la femelle s'en désintéresse et le mâle prend en charge la couvaison et l'élevage des jeunes. L'incubation dure 8 semaines, et pendant 1 an, le mâle s'occupe des poussins qui sont rayés de noir et blanc. Il les mène aux gagnages, les protège des dangers et pendant la nuit, ou pour se reposer, il les cache sous son corps. A l'âge de 6 mois, les jeunes émeus ont le même plumage brun que les oiseaux adultes. La nourriture principale de l'émeu se compose de différentes graines, d'herbe, de feuillages, de fruits et de fleurs. On trouve également des insectes au menu, avant tout chez les jeunes oiseaux. Dès que la saison sèche commence, de grands groupes vont vers les endroits où ils trouveront suffisamment de nourriture ; mais les fermiers australiens conduisent aussi leurs troupeaux de moutons vers les mêmes pâturages et construisent de hautes et longues clôtures pour en exclure les émeus. Les premiers colons européens considéraient l'émeu comme le «roi du monde animal australien», le protégeaient et le faisaient figurer sur leurs armoiries. En 1919, on cessa de protéger l'émeu et on se mit à tuer cet oiseau par centaines. En 1932, le gouvernement australien envoya même une unité militaire équipée de mitrailleuses pour l'abattre. Vers 1945—1949, on payait une prime de 1 shilling par tête, et en une année on en versa 70 000. Le résultat fut que l'émeu disparut de Tasmanie et de nombreuses régions d'Australie de l'Ouest. Avant cette destruction, l'émeu avait été pourchassé par les indigènes qui, avec leurs lances et flèches primitives, ne touchaient que rarement l'oiseau prudent et rapide. Aujourd'hui, le plus grand oiseau australien est protégé dans des réserves et il faut espérer qu'il y sera maintenu pour les générations suivantes.

Céréopse

Cereopsis novaehollandiae

La céréopse est originaire des petites îles proches de la côte sud de l'Australie. Après avoir niché, cette oie vole vers d'autres îles et le continent, où elle séjourne près du littoral. Autrefois, et au début du XXe siècle encore, la céréopse nichait également sur les côtes méridionales du continent, mais elle se retira sur les îles, car on la pourchassait. On estime aujourd'hui la population vivante à 2 500 têtes. Grâce à des mesures de protection sévères, ses effectifs augmentent localement. Malgré tout, l'oie céréopse fait partie des espèces qui sont menacées de disparition. Elle vit dans les prairies et s'aventure rarement dans l'eau car elle nage assez mal. Monogame, elle ne s'accouple une deuxième fois qu'après la mort de son partenaire. Après la reproduction, les familles s'unissent pour former des groupes. Auparavant, c'est-à-dire au début de février, les couples se détachent du groupe et occupent un très vaste territoire. Le mâle ne chasse pas seulement ses congénères, mais aussi des oiseaux d'autres espèces plus fortes. Il attaque courageusement les intrus, même les mammifères, et les chasse. L'oie céréopse donne des coups de bec et des

La céréopse niche en hiver, c'est-à-dire en juin et en juillet. Une fois les œufs éclos, elle s'envole vers les îles où elle trouve de l'herbe fraîche en abondance.

Élanion à ailes rayées

coups d'ailes et de griffes à ses ennemis. La nidification commence pendant l'hiver australien, avec la saison des pluies, lorsque la nourriture est suffisante. A la fin de février et jusqu'au milieu de mars, le couple construit dans des hautes herbes, sous les buissons ou dans un creux entre les pierres, un nid rembourré d'herbes, de feuilles et de plumes. La femelle pond, à partir de mai et jusqu'en juillet, de 3 à 6 œufs et les couve seule pendant 30 à 40 jours. Pendant cette période, le mâle reste près du nid pour chasser les intrus. Les oisons sont rayés de noir et de blanc et les parents les gardent à peu près 6 semaines près du nid. Dès que les jeunes sont capables de voler, les familles se regroupent pour constituer des troupes de 50 à 250 oiseaux. A l'âge de 3 ou 4 ans, les jeunes oies céréopses sont capables de se reproduire. L'oie céréopse se nourrit avant tout de différentes herbes, de pousses et parfois de graines.

Élanion à ailes rayées

Elanus scriptus

L'habitat de l'élanion à ailes rayées, long de 38 cm, va de la partie sud-est du Queensland au nord-est de l'Australie du Sud. Le mâle et la femelle ont une coloration identique. Cet oiseau rapace préfère les savanes proches des cours d'eau. En dehors de la période de reproduction, il vagabonde en troupes de 20 à 100 individus à la recherche d'endroits où il trouvera suffisamment de proies. Il se nourrit de petits rongeurs, de préférence de rats, qui sont devenus nombreux en Australie. Les petits reptiles et des sauterelles font également partie de son menu. Pendant la période de reproduction, qui commence en mars mais le plus souvent en mai, l'élanion à ailes rayées vit en couple. Très souvent, il forme des colonies de 30 couples sur un espace de 3 à 5 km. Presque chaque année le couple construit à nouveau une aire faite de branches fines. De temps à autre, il occupe des nids de corneille ou les aires d'autres rapaces. L'aire se trouve de 3 à 11 m au-dessus du sol sur une branche d'arbre. Pour rembourrer le nid, ces oiseaux utilisent des feuilles et des poils de mammifères. La ponte comprend 3 à 6 œufs blanchâtres tachetés de brun, de brun foncé et de gris. La femelle couve seule durant 35 jours. Le mâle apporte des proies que la femelle prend sur un arbre voisin. Les parents chassent pour les jeunes ; mais c'est seulement la femelle qui les nourrit.

Aigle audacieux

Aquila audax

L'aigle audacieux est, avec son envergure de 2,50 m, le plus grand oiseau rapace de l'Australie. La femelle atteint une longueur de 1 m, le mâle est de 10 cm plus petit. Cet aigle, encore assez répandu, habite sur tout le continent et en Tasmanie ainsi que dans le sud de la Nouvelle-Guinée. Il vit dans la savane, les endroits broussailleux, et aussi dans les bois clairs. En dehors de la période de reproduction, il est sociable et chasse très souvent en groupes pouvant réunir 25 oiseaux. De temps en temps, il s'attaque à des agneaux et on dit même qu'il a déjà osé se mesurer à des poulains. Mais des observations plus récentes montrent qu'il ne chasse que des agneaux malades ou qu'il prend des animaux déjà morts. On peut dire qu'il a une fonction de police sanitaire sur un continent où il n'existe pas de vautours. Bien qu'il empêche la propagation de maladies infectieuses, les éleveurs de moutons le pourchassent systématiquement. Sa nourriture principale se compose avant tout de petits oiseaux et de serpents, et exceptionnellement de petits kangourous. L'aigle audacieux vole très souvent jusqu'à une altitude de 2 000 m et il n'est pas rare qu'il décrive des cercles dans le ciel pendant 2 heures. Un couple, une fois apparié, reste uni des années. Les couples commencent à nicher en juillet et août dans les régions du Sud et un peu plus tôt dans le Nord. Ils assemblent des branches pour construire l'aire garnie de feuilles.

L'aigle audacieux place son nid de préférence sur un grand arbre, mais on peut aussi le trouver sur des buissons de 1 m de haut. En général, la ponte comprend 1 à 3 œufs blanchâtres tachetés de brun et de pourpre, qui sont couvés tour à tour par les deux partenaires pendant 40 jours. Ils nourrissent ensemble les jeunes qui sortent du nid 80 à 90 jours après. La plupart du temps, le couple n'élève qu'un jeune, rarement deux. Les vieux oiseaux restent toujours au même endroit, mais les jeunes s'éloignent parfois de 800 km de leur lieu d'origine.

Busard tacheté

Circus assimilis

Le busard tacheté vit sur presque tout le continent australien, sur les côtes de Tasmanie et même sur Célèbes, les petites îles de la Sonde et Timor. Le plumage des deux sexes est presque identique, le mâle est de 7 cm

L'aigle audacieux est l'un des rapaces les plus répandus en Australie. Bien qu'il se nourrisse principalement de petits vertébrés malades, les agriculteurs le pourchassent sans pitié, de crainte qu'il ne s'attaque à leurs agneaux. Aussi ce rapace pourtant si utile est-il en nette diminution dans certaines régions d'Australie.

Busard tacheté

Faucon australien

plus petit que la femelle, qui fait 60 cm de long. Ce busard préfère les endroits boueux et marécageux des savanes herbeuses et broussailleuses, mais on le trouve également au bord des forêts tropicales pluviales. Il vole à très basse altitude et saisit ses proies en piquant vers le sol. Il chasse de petits mammifères, comme les lapins sauvages, des oiseaux, des serpents et même des sauterelles. De temps à autre, le busard tacheté prend aussi des cadavres. Il porte la proie dans ses serres sur un arbre et la consomme par petits morceaux. Pour se reposer, il se perche sur un arbre ou, s'il n'y en a pas, reste au sol. Le busard tacheté est solitaire en dehors de la période de reproduction. De juillet à septembre, le couple construit une aire avec des petites branches sur un arbre bas ou dans des buissons. La femelle pond 2 à 4 œufs blancs, légèrement bleutés, dans un nid rembourré de feuilles vertes ; elle les couve seule pendant 30 à 33 jours et le mâle lui apporte de la nourriture. Même après la sortie des jeunes, il continue à chasser des proies pour toute la famille. Il les apporte dans l'aire et les donne à la femelle qui seule nourrit les jeunes. Après 50 jours, ceux-ci sont capables de voler.

Faucon australien

Falco subniger

On trouve le faucon australien dans une grande partie de l'Australie. Il préfère les savanes herbeuses ou broussailleuses, et les bois clairs de l'Australie centrale et orientale. La femelle atteint une longueur de 55 cm, le mâle seulement 45 cm. Ils se ressemblent par le plumage. En dehors de la période de nidification, qui se situe au printemps, le faucon australien vit en solitaire. Il ne construit pas d'aire, mais s'installe dans celles des autres oiseaux rapaces ou dans des nids de corneilles. La ponte comporte 2 à 4 œufs jaune-ocre fortement tachetés de brun roux. L'incubation, qui dure 1 mois, est assurée par la femelle, et le mâle prend la relève de temps à autre. Les premiers jours après l'éclosion, la femelle reste avec les jeunes et les nourrit de petits morceaux de proies que le mâle a capturées pour la famille. A 3 semaines, les jeunes prennent eux-mêmes les proies que le mâle apporte dans l'aire. Le faucon australien s'attaque à des lapins sauvages, aux gallinacées du genre *Coturnix,* aux gruiformes du genre *Turnix* ainsi qu'aux étourneaux.

Leipoa

Leipoa ocellata

Le leipoa, de 60 cm de long, habite dans les broussailles et dans les bois secs d'eucalyptus en Australie centrale. En automne, le mâle creuse avec ses fortes pattes un trou de 1 m de profondeur et de 3 à 4 m de largeur, dans lequel il entasse pendant tout l'hiver feuillages et rameaux pris alentour, jusqu'à une distance de 30 m, et prépare ainsi un amas de végétaux qui surmonte la cavité de 30 cm environ. Dès que ces matériaux sont tassés et bien mouillés par la pluie d'hiver, le mâle creuse à la surface une dépression et la remplit de sable. Ce creux est la chambre d'incubation dans laquelle la femelle pondra plus tard ses œufs. Le mâle recouvre encore le tout de sable grossier, de fibres végétales et de terre pour que les matériaux organiques puissent se décomposer, comme dans un tas de compost, et qu'un dégagement de chaleur se produise. Dès que la température est suffisante, la femelle commence à pondre. A des intervalles de 3 à 8 jours, elle pond 14 à 20 œufs. Chaque œuf pèse à peu près 200 g et est placé sur la pointe. La femelle aide parfois le mâle à construire l'incubateur. Dès que les œufs sont pondus, le mâle contrôle régulièrement la température du sable dans la chambre d'incubation. Elle doit rester entre 33 et 34° C. Le mâle est capable de l'évaluer avec sa langue avec une tolérance de 1 °C. Quand il fait chaud, il doit ventiler : en été, il ouvre le tumulus le matin, aussi longtemps qu'il fait frais, laisse refroidir une partie du matériel et jette ensuite une couche de sable isolant dessus. En automne, il stabilise la température en étalant très largement le tas pendant la journée, pour que les matériaux puissent se réchauffer, et le soir il les rassemble à nouveau et les recouvre de sable. La couvaison dure 56 à 60 jours. Les jeunes sortent par intervalles, se déterrent eux-mêmes et sont tout de suite indépendants. Dès le deuxième jour, il savent voler. Après leur sortie, le mâle se repose à peu près 6 semaines et recommence à construire un incubateur pour la période de reproduction suivante. La nourriture de ce mégapode est composée de vers de terre, d'insectes et larves, de mollusques, d'araignées, de différentes graines et baies, de pousses et de feuilles vertes.

Le leipoa vit dans les broussailles et dans les bois d'eucalyptus en Australie centrale. La femelle ne couve pas ses œufs ; elle les dépose dans un trou qui est recouvert d'un épais tas de feuilles et qui sert d'incubateur, les feuilles dégageant la chaleur nécessaire en se décomposant.

Caille à poitrine noire

Outarde australienne

Caille à poitrine noire

Coturnix pectoralis

La caille à poitrine noire (18 cm de long) habitant en Australie, a la gorge gris-blanc, les côtés du cou et les joues beige clair avec des taches foncées. Certains ornithologues la considèrent comme une sous-espèce de *Coturnix novaezelandiae,* qui a été exterminée en 1870 en Nouvelle-Zélande. On trouve la caille à poitrine noire dans la brousse de l'Est, les zones côtières du Sud-Ouest et la Tasmanie. Elle habite dans les buissons et cherche au sol différentes graines, mais mange également des pousses vertes et, de temps à autre, des insectes et d'autres invertébrés. Dans certaines régions, elle est très abondante. A cause de sa chair très fine, elle est chassée. Au nord du 31e parallèle, la saison de la chasse commence le 1er décembre et se termine le 31 mars ; au sud de cette limite, elle a lieu entre le 1er mars et le 30 juin.
Par endroits, la caille est un oiseau sédentaire ; après avoir niché, elle part des régions méridionales — et avant tout du Centre-Sud — en grandes troupes vers le nord. Les populations septentrionales nichent de décembre à février, et celles du Sud, de septembre à octobre. Avec son corps, la femelle creuse une dépression dans le sol, y apporte des herbes et pond 6 à 14 œufs jaunâtres, tachetés de brun foncé et de noir. Elle s'occupe seule de l'incubation et de l'élevage des jeunes qui éclosent au bout de 18 jours.

Outarde australienne

Ardeotis australis

L'habitat de l'outarde australienne comprend les savanes de toute l'Australie occidentale et centrale, et également des régions à l'ouest de la Nouvelle-Guinée. Les deux sexes ont la même coloration, mais ils se distinguent énormément par la taille. Le mâle atteint une longueur de 1,20 m et a une envergure de 2,30 m ; la femelle n'atteint que 80 cm et son envergure est seulement de 2 m. Autrefois, cette espèce d'outarde était très fréquente, et des groupes de 1 000 oiseaux n'étaient pas rares. La chasse intensive et les renards ont réduit ses populations de façon considérable. Dans les savanes, l'outarde australienne cherche des graines, différents fruits, pousses et insectes ; elle saisit assez souvent de petits lézards, des oiseaux et des mammifères. La nuit, elle dort sur un arbre ou un buisson, mais dans les régions dépourvues de bosquets, elle reste par terre. Pendant la nidification, l'outarde australienne vit en couple. Dans le Nord, la femelle pond de janvier à mars, au sud à partir de septembre. Elle pond 1 seul œuf, rarement 2, de couleur brun-olive ou verdâtre, tacheté de brun, dans un creux qu'elle forme avec son corps parmi les hautes herbes. Elle couve seule pendant 27 jours. Les poussins sont nidifuges et dès le début cherchent leur nourriture eux-mêmes. Ils sont conduits et protégés par leurs parents. Dès que les jeunes sont indépendants, les outardes font de grands déplacements.

Colombe diamant

Colombe diamant

Geopelia cuneata

La colombe diamant est largement répandue en Australie, sauf dans les régions du sud. C'est dans la moitié nord du continent qu'elle est la plus fréquente. Chez ce petit pigeon, de 19 à 21,5 cm de long seulement, les deux sexes ont une coloration identique, mais la tête et la poitrine de la femelle sont plus foncées. La colombe diamant habite de préférence les fourrés près des rivières et des lacs et y recherche des arbres assez hauts pour y passer la nuit. Elle ne cherche sa nourriture qu'au sol. Elle se nourrit d'herbes, de graines d'acacia, de feuilles vertes et, de temps à autre, d'insectes. Quand elle ne niche pas, elle vole en groupe vers les endroits où eau et graines sont suffisamment abondantes. La reproduction a lieu surtout en octobre et novembre, mais la colombe peut couver également à n'importe quelle autrc saison. La femelle pond dans un nid plat, fait de branches fines et d'herbes sur une branche d'arbre ou de buisson, 2 œufs blancs, et les couve 12 ou 13 jours en alternance avec le mâle. Les jeunes, qui ne restent que 12 jours au nid, sont nourris par les parents. Après leur envol, les familles forment des bandes plus ou moins importantes.

Pigeon arlequin

Phaps histrionica

Le pigeon arlequin (28,5 cm de long) vit dans le nord de l'Australie et évite les régions de l'Est. Les taches noires et blanches

Pigeon arlequin

Le cacatoès rosalbin est l'un des perroquets les plus répandus en Australie, mais il est rarement élevé en captivité.

Le cacatoès de Leadbeater *(Kakatoe leadbeateri)* est très joliment coloré, et fait partie des plus beaux perroquets. ▶

de la tête manquent chez la femelle, dont le plumage pectoral est brun jaunâtre. Le pigeon arlequin habite les savanes buissonneuses et herbeuses. Il a disparu des régions d'élevage du mouton et de celles que le lapin de garenne a envahies, où il ne trouve plus de graines, composantes essentielles de sa nourriture. Il se rend par centaines et même par milliers dans les lieux où il peut manger. La troupe décrit des cercles dans le ciel, puis descend au bord de l'eau, parce que le pigeon arlequin est obligé de boire beaucoup avant de chercher des herbes et des graines. Il peut même boire en rasant un plan d'eau. La saison de la nidification est influencée par les précipitations atmosphériques et par la saison des pluies. Le pigeon arlequin ne construit pas de nid mais pond ses œufs blanc-crème sous une touffe d'herbe ou un buisson, dans un creux. Les deux partenaires couvent alternativement et les jeunes, qui éclosent au bout de 16 jours, sont également nourris par les deux parents.

Cacatoès rosalbin

Kakatoe roseicapillus

Le cacatoès rosalbin (35 cm de long) fait partie des perroquets australiens les plus communs. Le plumage des deux sexes est identique ; la femelle se distingue souvent par des yeux orange-rose foncé, tandis que ceux du mâle sont noirs. Les oiseaux adultes ne se différencient que par ce critère. Des nuées de cacatoès rosalbins volent au-dessus de presque tout le continent ; les plus grandes populations vivent en Australie centrale et en Tasmanie. Par endroits, ils se groupent en troupes réunissant parfois 1 000 oiseaux. Ils fréquentent les plaines, évitant les régions situées à plus de 600 m d'altitude. Leurs bandes volent souvent vers les plages de sable où on trouve beaucoup de soudes, plantes de genre *Salsola*, dont ils aiment les graines. Quand une nuée de cacatoès rosalbins s'envole, on croirait qu'un nuage rose s'élève. Pendant la saison de reproduction, cet oiseau forme des colonies. Les couples cherchent des trous dans des troncs morts d'eucalyptus ou d'autres arbres. Le fond de la cavité est couvert de feuilles d'eucalyptus. Le cacatoès rosalbin niche de préférence près des cours d'eau et des lacs. Pendant la nuit c'est la femelle qui reste au nid, couvant les 3 ou 4 œufs ; pendant la journée, le mâle prend régulièrement la place de sa compagne. Les deux adultes nourrissent leurs jeunes, qui sortent de l'œuf après 28 jours. Les petits sortent du nid au bout de 7 semaines et les parents s'occupent d'eux encore 14 jours. Le couple niche assez souvent une deuxième fois. Après la fin de la saison de reproduction, de grandes troupes traversent à nouveau le pays. Quand elles envahissent des champs de céréales, elles provoquent d'énormes dégâts et les agriculteurs les pourchassent avec acharnement. Les premiers colons l'appelaient «galah». Ils le traquaient intensivement et en faisaient de délicieux rôtis. De nos jours, dans l'État de Victoria, on peut encore manger, au restaurant ou à l'hôtel, du pâté «galah».

Cacatoès de Leadbeater

Perruche calopsitte

◄ Cacatoès de Leadbeater

Cacatoès de Leadbeater

Kakatoe leadbeateri

Le cacatoès de Leadbeater habite les parties intérieures de l'ouest, du sud et du nord de l'Australie. Les deux sexes (35 cm de long) ne se distinguent pas par leur coloration. Le mâle a cependant l'iris brun, celui de la femelle étant rougeâtre. Le cacatoès de Leadbeater, qui fait partie des plus beaux perroquets, habite les forêts d'acacias et les savanes. La saison de nidification a lieu de septembre à décembre. La femelle pond dans un trou d'arbre 2 à 4 œufs, et couve le plus souvent pendant la nuit ; le mâle couve dans la journée. Les jeunes sortent de l'œuf après 30 jours et apprennent à voler en 7 à 8 semaines. Les deux parents s'occupent de leur nourriture, composée de graines, de fruits, de baies et parfois aussi d'insectes.

Perruche calopsitte

Nymphicus hollandicus

La perruche calopsitte (32 cm de long) est un des oiseaux australiens les plus connus, et dans le monde entier, elle est l'oiseau de cage le plus fréquent. Chez la femelle, la tache orange très visible sur les joues est moins évidente. De plus, ses couleurs ne sont pas aussi intenses que chez le mâle. Sauf rares exceptions, la perruche calopsitte préfère les régions humides. Elle est répartie dans toute l'Australie et mène une vie nomade ; on la rencontre toujours là où la nourriture est suffisante. Quand les conditions sont mauvaises, elle quitte la région et revient dès qu'elle y retrouve assez de graines. En dehors de la saison de reproduction, elle traverse le pays en grandes troupes et va parfois jusqu'en Tasmanie. De temps à autre, quelques oiseaux restent pour nicher sur cette île. Pendant la saison sèche, la perruche calopsitte migre vers les côtes australiennes, et au début de la saison des pluies, elle retourne dans l'intérieur du pays. En dehors des grandes forêts touffues, la perruche calopsitte vit pratiquement dans tous les milieux, des brousses aux forêts claires. Pour nicher, elle choisit de préférence le bord des rivières avec de grands arbres, car elle trouve, dans les grosses branches, les trous qui lui conviennent le mieux. La ponte comprend 4 ou 5, rarement 7 œufs. Ils sont couvés pendant 21 à 23 jours. Le mâle relaie régulièrement la femelle dans la journée. Les populations du Sud couvent d'août à décembre ; au nord, la période de nidification coïncide avec la saison des pluies. En Australie centrale, on trouve des pontes presque toute l'année. Les parents nourrissent les jeunes 4 semaines au nid et 2 à 3 semaines après la sortie. Après les avoir élevés, il leur arrive de nicher une deuxième fois. Après la fin de la période de nidification, les couples se rassemblent en troupes familiales. La perruche calopsitte se nourrit de préférence de graines d'herbes et d'autres plantes herbacées. De temps à autre, elle se régale du nectar d'eucalyptus ou de petits insectes. Dans les régions cultivées, elle mange beaucoup de céréales. Pour son repos, elle aime bien les branches mortes, sur lesquelles elle ne se distingue guère de l'écorce sèche. En général, elle n'est pas farouche et on peut s'approcher d'elle à quelques mètres. Cependant, quand elle cherche des graines, elle est très craintive. De même, avant de se poser pour boire, elle survole plusieurs fois le point d'eau. La perruche calopsitte fait partie des oiseaux qui volent le mieux.

Perruche Alexandra

Spathopterus alexandrae

La perruche Alexandra (45 cm de long) habite dans les steppes sèches et dans les semi-déserts d'Australie centrale et de l'Ouest, là où poussent surtout des *Spinifex.* Pour nicher, elle cherche la proximité d'un point d'eau. Dès que les mares et les rivières se dessèchent, elle commence à vagabonder. La femelle se distingue du mâle par sa coloration plus terne et sa queue beaucoup plus courte. La perruche Alexandra pond 4 à 6 œufs à n'importe quelle saison dans des trous d'eucalyptus. La femelle couve seule pendant 23 jours. Cette perruche niche, de préférence, en colonies de plusieurs douzaines de couples. La perruche Alexandra se nourrit principalement de graines de *Spinifex* mais prend également d'autres graines, qu'elle trouve au sol. Elle court vite et bien.

Perruche multicolore

Psephotus varius

L'aire de répartition de la perruche multicolore (27 cm de long) est le sud de l'Australie. La femelle a le front orange, et le reste de la tête ainsi que la poitrine vert brunâtre. Cette perruche habite les paysages ouverts, secs, à la végétation peu abondante, et se nourrit de graines d'herbes, de plantes ligneuses ainsi que de fruits mous qu'elle trouve dans les jardins et les plantations. De temps à autre, elle mange aussi des insectes. Elle apprécie les bouts de bois carbonisés qui restent après un feu. Pour nicher, la perruche multicolore s'installe dans des trous de branches d'euca-

Perruche Alexandra

Perruche multicolore

Perruche à ailes d'or

Perruche de Bourke

lyptus. Pendant 21 jours, la femelle couve seule 4 à 6 œufs. Quand le mâle apporte la nourriture, elle vole toujours au-devant de lui. Les jeunes oiseaux au nid seront nourris durant 1 mois, et ce, toutes les 30 à 45 minutes.

Perruche à ailes d'or
Psephotus chrysopterygius

L'aire de répartition de la perruche à ailes d'or s'étend du nord du Queensland et du Territoire du Nord jusqu'à McArthur. La femelle de cette perruche de 26 cm de long a la tête brunâtre, le plumage de la poitrine vert jaunâtre et le bas-ventre gris-vert avec quelques taches rouges. Deux sous-espèces ont été décrites. La perruche à ailes d'or habite dans les savanes et mène, en petites troupes, une vie de nomade en dehors de la période de reproduction (où elle vit en couple). Elle fait son nid dans des termitières ou dans des troncs d'arbre et des branches creuses. La ponte comprend 2 à 6 œufs et la femelle couve seule pendant 23 jours. Les jeunes sont nourris par leurs parents, avec des graines, et sortent du nid à 30 jours. Outre les graines d'herbes, cette perruche mange de petits fruits d'arbres et d'arbrisseaux, des pousses vertes et des insectes. On a observé chez elle une intéressante symbiose avec la petite mite *Neossiosynoeca scatophaga,* espèce d'une famille abondamment représentée en Australie, les *Gelechiidae.* La femelle de ce lépidoptère pond ses œufs dans le nid de la perruche, car les chenilles se nourrissent exclusivement des excréments des jeunes oiseaux. Grâce à elles, le nid reste toujours propre et les jeunes ne sont pas envahis par les parasites. Dès que les jeunes perruches sont capables de voler, les chenilles se changent en chrysalides. On ignore encore comment les femelles des mites savent que l'époque de la ponte est arrivée. En effet, la durée du développement des chenilles s'accorde exactement avec celle des jeunes perruches. Les papillons éclosent seulement à la saison suivante de nidification de la perruche.

Perruche de Bourke
Neopsephotus bourkii

Cette perruche vit dans l'intérieur de l'Australie, du sud-ouest du Queensland et de l'ouest de la Nouvelle-Galles du Sud jusqu'au nord de l'Australie méridionale. La répartition exacte de la perruche de Bourke, de 19 cm de long, n'est pas vraiment connue aujourd'hui. Par endroits, elle a été exterminée. Récemment, elle est réapparue et s'est reproduite dans beaucoup d'endroits. La perruche de Bourke habite dans les steppes avec fourrés d'acacias, car sa nourriture principale est faite de graines d'acacia. Parfois, elle mange aussi des graines d'herbes. A l'aube et juste avant le crépuscule, elle vole vers les points d'eau, mais fréquente également les jardins avec de petits bassins. Ce petit oiseau est souvent actif pendant les nuits claires. La perruche de Bourke niche dans des trous d'arbre, de 1 à 3 m au-dessus du sol. La femelle pond 4 à 6 œufs et les couve pendant 17 ou 18 jours. Après 4 semaines, les jeunes perruches sortent du nid et sont encore nourries durant 10 jours par leurs parents.

Perruche splendide
Neophema splendida

Le pays d'origine de la perruche splendide (19 cm de long) correspond à la partie sud de l'Australie. La femelle se distingue du mâle par le plumage vert de sa poitrine. Cette perruche est une habitante de l'intérieur des terres et vit souvent très loin des points d'eau. Elle préfère les buissons épais et les hautes herbes. Les graines de graminées sont sa principale nourriture. Pour nicher, la perruche splendide cherche un trou dans un arbre, de préférence un acacia. La ponte com-

Perruche splendide

Perruche ondulée

Perruche terrestre

porte 3 à 5 œufs. La femelle couve seule pendant 20 jours. A l'âge de 3 semaines, les jeunes sont capables de voler. Ces perruches mènent un vie nomade par groupes de 10 ou 15 individus.

◄ Perruche ondulée

Perruche ondulée

Melopsittacus undulatus

La perruche ondulée habite presque toute l'Australie, à l'exception de la plupart des zones côtières. La femelle et le mâle, d'une longueur de 18 cm, se ressemblent ; seule la cire, peau nue à la base du bec, permet de les distinguer : elle est bleue chez le mâle et marron chez la femelle. Chez les oiseaux de cage, de nombreuses variétés de couleurs ont été sélectionnées. Les perruches qui vivent en pleine nature sont, à quelques exceptions près, vertes. La plupart du temps, on trouve cette espèce à l'intérieur de l'Australie, donc dans les régions sèches. En dehors de la saison de nidification, elle part en groupes vers le sud, où elle trouve suffisamment de graines d'herbes, qui sont sa nourriture principale. Au début de décembre, elle retourne au nord vers ses lieux de reproduction. Elle est sociable et, pendant la nidification, les couples restent les uns près des autres. Le couple construit le nid dans les troncs et les branches horizontales des grands eucalyptus. Dès que les jeunes perruches sont indépendantes, les familles se réunissent par troupes de milliers d'individus. La femelle couve seule pendant 18 jours 3 à 6 petits œufs. Les jeunes éclosent l'un après l'autre, car la mère commence à couver dès le premier ou le deuxième œuf. Les deux adultes participent à l'élevage. Les jeunes perruches sortent du nid au bout de 30 à 35 jours.

Perruche nocturne

Perruche terrestre

Pezoporus wallicus

La perruche terrestre habite dans les zones côtières du sud-ouest et du sud-est de l'Australie, en Tasmanie et sur les îlots proches. Elle atteint une longueur de 30 cm et les deux sexes se ressemblent. On connaît deux sous-espèces. La perruche terrestre préfère les endroits sans arbres, humides et recouverts d'herbe et de buissons. C'est une véritable habitante du sol. Elle vole mal, et très souvent, se pose par terre après quelques dizaines de mètres. Par contre, elle court très bien. Elle ne se perche jamais sur des branches. Dans les régions peuplées de chats sauvages et de renards, elle a été totalement exterminée, car elle est pour ces carnivores une proie facile. La perruche terrestre se nourrit de graines d'herbes et, dans les bosquets, de différents fruits et d'insectes. Si elle ne niche pas, elle vit en solitaire ou en couple. Sa ponte se trouve, bien cachée, sous un buisson ou une grande touffe d'herbe, directement sur le sol. Certaines femelles ne font pas de nid mais d'autres ramassent des herbes sèches, des feuilles et des racines. Le mâle ne participe pas à la couvaison des 2 à 6 œufs. Après 25 jours, les jeunes sortent de l'œuf et sont nourris par les deux parents. Tout de suite après avoir niché, la perruche terrestre perd toutes les plumes de ses ailes et n'est plus capable de voler jusqu'à ce que de nouvelles aient poussé.

Perruche nocturne

Geopsittacus occidentalis

Cette perruche nocturne (23 cm de long) habite seulement par endroits le semi-désert pierreux de l'intérieur de l'Australie. Très spécialisée, elle vit dans des régions couvertes d'herbes du genre *Spinifex*. Les deux sexes se ressemblent. La perruche nocturne reste la plupart du temps sur le sol, et ne se pose que rarement sur une branche de buisson. Son vol est lent, et elle n'est pas capable de voler sur une longue distance. La perruche nocturne fait partie des rares espèces de psittacidés qui ne nichent pas dans des trous, mais qui construisent un nid. Au milieu d'une grande touffe d'herbe, quelques centimètres au-dessus du sol, elle bâtit un nid auquel conduit un tunnel. Elle dispose au fond de petites branches, pour que les spinifex ne puissent pas piquer. La ponte est de 4 ou 5 œufs. On connaît mal la reproduction de cet oiseau. La perruche nocturne est très rare et a été exterminée par endroits.

Engoulevent argus

Caprimulgus guttatus

L'habitat de l'engoulevent argus comprend presque toute l'Australie, à l'exception des parties est et nord, et s'étend jusqu'en Nouvelle-Guinée, aux îles Aru et à la Nouvelle-Irlande. Les deux sexes de cet engoulevent (30 cm de long) ont la même coloration. L'engoulevent argus habite de préférence des lieux broussailleux, mais on le trouve également dans les clairières. Il est répandu le plus souvent dans les savanes à l'intérieur de l'Australie. Quand il se repose pendant la journée au milieu des feuillages secs, il ne peut presque pas être distingué et échappe souvent à l'attention de ses ennemis. A la tombée de la nuit, il devient actif et vole très près du sol pour attraper très adroitement des papillons de nuit, des coléoptères et autres insectes. Il vole souvent près des routes, et ses yeux «s'allument» quand les phares des voitures l'éclairent. Dans le sud du continent, l'engoulevent argus niche d'avril à novembre ; dans le nord, par contre, d'octobre à décembre. Il ne fait pas de nid et pond un seul œuf jaunâtre, tacheté de noir et marron, directement sur le sol entre des pierres, des touffes d'herbe, sous un buisson ou une saillie rocheuse. Les deux partenaires se partagent pendant 17 jours la couvaison. Après 3 semaines, le jeune engoulevent argus, qui est élevé par les deux parents, est capable de voler. Après avoir niché, les populations du sud vont au nord, vers leurs quartiers d'hiver.

L'engoulevent argus a un bec court mais très large à la base qui lui permet de capturer facilement ses proies.

Guêpier arc-en-ciel

◀ Guêpier arc-en-ciel

Guêpier arc-en-ciel

Merops ornatus

Le guêpier arc-en-ciel qui fait partie des mangeurs d'hyménoptères, vit dans presque toute l'Australie, à l'exception des zones côtières du Sud. Il atteint une longueur de 23 cm avec ses rectrices centrales allongées. Les deux sexes ont la même coloration, mais la femelle a une queue beaucoup plus courte. Ce guêpier évite les bois épais et donne sa préférence aux paysages où il y a des talus de sable et des berges hautes et nues, mais il peut se contenter d'une butte de terre. Le guêpier arc-en-ciel, qui vit en colonies, creuse de novembre à janvier un nid au bout d'un couloir de 1 m de long. Les populations du Nord couvent de septembre à octobre et, de temps en temps, aussi de mai à juillet. La ponte, de 3 à 7 œufs blanc brillant, est couvée par le couple, en alternance pendant 3 semaines, et les adultes nourrissent également ensemble les jeunes, pendant 3 à 4 semaines dans le nid, puis un peu après la sortie. Les guêpiers se nourrissent d'insectes volants, avant tout de guêpes et d'abeilles, mais également de libellules et de cigales. Ce sont de remarquables voiliers et ils se déplacent avec aisance. Au sol, par contre, ils marchent très maladroitement ; c'est pourquoi ils préfèrent se poser sur des perchoirs élevés. Ils chassent leurs proies en groupes. Ils boivent rarement ; les liquides de leurs proies leur suffisent. Fin mai, les guêpiers préparent leur long voyage vers les quartiers d'hiver en Nouvelle-Guinée, et en septembre, ils retournent aux lieux de reproduction. Les populations nord-australiennes sont sédentaires.

L'hirondelle australienne a de plus en plus tendance à délaisser les paysages rocailleux pour venir habiter dans les agglomérations où les conditions de vie sont plus faciles et où elle n'est pas pourchassée.

Hirondelle australienne

Hirundo neoxena

L'habitat de l'hirondelle australienne se situe dans le sud-ouest, le sud et tout l'est de l'Australie, et également en Tasmanie. Elle a été introduite en Nouvelle-Zélande. Les deux sexes de cette hirondelle (15 cm de long) ont la même coloration. L'hirondelle australienne habite aussi bien dans des agglomérations que dans des paysages rocailleux et au bord des clairières. La nidification a lieu d'août à décembre. Le couple construit son nid en forme de boule, avec de la salive mélangée à de la terre et à des éléments végétaux, dans un creux de mur, sur une pile de pont, dans une fente de rocher, voire dans un trou d'arbre. Elle apporte des herbes fines, des plumes et des poils de mammifères pour rembourrer le nid. La femelle pond 4 à 6 petits œufs blancs, tachetés de marron. Elle couve en alternance avec le mâle. Les jeunes éclosent 16 jours après. Les parents les nourrissent assidûment pendant 19 jours dans le nid, et à peu près 2 semaines après la sortie. L'hirondelle australienne attrape des insectes en volant. Très souvent, le couple niche une deuxième fois, après quoi les oiseaux partent en nuées, des fraîches régions du sud vers le nord.

Échenilleur terrestre

Coracina maxima

L'échenilleur terrestre est un habitant de la brousse et des bois de l'Australie centrale, des broussailles de l'Australie de l'Ouest, et des cours d'eau entourés de buissons de la Nouvelle-Galles du Sud. Il atteint une longueur de 36 cm, dont 20 cm de queue. Femelle et mâle ne se distinguent pas par leur couleur. L'échenilleur terrestre court vite et bien sur le sol en cherchant sa nourriture. Il vit d'insectes, qu'il attrape aussi en l'air. Pendant la nidification, d'août à décembre, et sur les zones côtières en n'importe quelle saison après les grandes chutes de pluie, on entend son cri clair et métallique. Quand il ne niche pas, il mène une vie nomade, par groupes de 3 à 6 oiseaux. Pendant la nidification, le mâle vit le plus souvent avec 2 femelles. Elles pondent leurs œufs dans un nid commun, tressé avec des fines branches, des herbes, du duvet végétal, des cocons de chenilles et des toiles d'araignées, et placé sur une branche horizontale située entre 3 et 23 m au-dessus du sol. Chaque femelle pond 2 à 3 œufs vert foncé et parfois tachetés de marron. Toutes deux couvent. Les jeunes, qui éclosent 2 semaines après, sont aussi nourris par le père. Après avoir élevé les jeunes, les familles quittent le lieu de reproduction et vont souvent vers les côtes.

Gobe-mouches à front rouge

Petroica goodenovii

Le gobe-mouches à front rouge (11,5 cm de long) est répandu dans presque toute l'Australie, à l'exception des régions du Nord. La femelle est brunâtre dessus, et a la poitrine brun clair. Ce magnifique oiseau habite avant tout les broussailles, mais également les savanes de l'Australie centrale. Quand il ne niche pas, il va vers la côte, mais il évite les forêts tropicales humides. Pour nicher, de juillet à décembre, il revient dans son habitat favori. Les populations des régions sèches de l'Australie centrale nichent n'importe quand après les grandes chutes de pluie. Le nid en forme de boule est tressé avec des herbes, des petits morceaux d'écorce, des fibres, et fixé avec des fils d'araignées. Pour le camoufler, l'oiseau couvre l'extérieur avec de la mousse et du lichen provenant des environs de la branche sur laquelle il a mis le nid. Comme matériaux de rembourrage, il utilise de fines racines, des poils et des plumes. Dans le nid, qui est placé de 50 cm à 10 m au-dessus du sol sur un buisson ou un arbre, la femelle pond 2 à 3 œufs bleu clair au gros bout tacheté de gris ; elle couve seule pendant 12 jours. Le mâle s'occupe pendant ce temps de la nourriture et prend également part à l'élevage des jeunes en apportant des insectes et des larves. Un coucou bronzé *(Chrysococcyx basalis)* pond souvent dans le nid du gobe-mouches à front rouge.

Échenilleur terrestre

Gobe-mouches à front rouge

Rhipidure à sourcils blancs

La malure à dos roux ▶
(Malurus melanocephalus)
est un habitant fréquent
des régions du bush dans
le nord-est de l'Australie.

Malure splendide

Rhipidure à sourcils blancs

Rhipidura leucophrys

Le rhipidure à sourcils blancs (20 cm de long) fait partie des espèces d'oiseaux les plus fréquentes en Australie. On le trouve aussi bien dans des paysages broussailleux avec peu d'arbres que dans les bois ou les jardins et les parcs. La Nouvelle-Guinée, l'archipel des îles Salomon et les Moluques font également partie de son aire de répartition. L'aspect des deux sexes est identique. Cet oiseau a une coloration peu spectaculaire, mais se fait remarquer par son chant bruyant et sifflé. Il se nourrit d'insectes et de larves, d'araignées et d'autres invertébrés. La reproduction a lieu de juin à février. Son nid, en forme de corbeille de 7 cm de largeur et 4 cm de hauteur, est construit par le couple dans une fourche horizontale d'un arbre ou d'un buisson ou sur une poutre de véranda. Il cherche des lieux de préférence proches de l'eau. Le couple tresse ce «berceau» à l'aide de fines herbes et de toiles d'araignées. Dans la ponte, on trouve de 3 à 4 œufs de couleur crème à jaunâtre, très tachetés de marron-noir ou bleu-noir au gros bout. Les jeunes éclosent au bout de 13 jours. Jusqu'à ce qu'ils soient capables de voler, ils seront nourris par leurs deux parents.

Malure splendide

Malurus splendens

Dans la brousse du sud-ouest de l'Australie, on trouve la magnifique malure splendide. Cette fauvette (sous-famille des *Malurinae*) atteint une longueur de 14 cm, y compris la queue, qui est très souvent dressée. La femelle n'est pas très joliment colorée ; sa face supérieure est gris-brun, elle est teintée de bleu sur les ailes et a une queue gris-bleu. Les 3 sous-espèces connues se distinguent par leur coloration. Quelques ornithologues les considèrent comme des espèces indépendantes. Après la reproduction, les mâles muent et se mettent à ressembler aux femelles. Le territoire de nidification est défendu pendant toute l'année. La malure est un oiseau confiant et habite très souvent près des hommes dans un buisson ou un arbuste ornemental. Elle niche de septembre à janvier et fait un nid globuleux avec une ouverture sur le côté et un petit toit au-dessus de l'entrée. Il est situé dans un buisson à 60 cm au-dessus du sol. Elle utilise comme matériaux de construction des petites branches, de la mousse, des lichens et des feuilles, et pour le rembourrage de fines parties de plantes. La femelle couve seule la ponte de 2 à 4 œufs blancs, tachetés de marron-rouge. Les jeunes éclosent 13 à 16 jours après et sont capables de voler au bout de 12 à 14 jours. Les deux parents les nourrissent d'insectes, de larves et d'araignées. Les adultes se nourrissent également de ces invertébrés.

Malure à dos roux

Malurus melanocephalus

La malure à dos roux habite dans les zones de savanes et de broussailles de la partie tropicale du nord et du nord-est de l'Australie. Cette fauvette atteint une longueur de 14,5 cm. La face supérieure de la femelle est

Malure à dos roux

Diamant à longue queue

gris-brun et le plumage du ventre est blanchâtre. La malure à dos roux reste toute l'année dans son territoire. Elle niche le plus souvent d'août à janvier. Le nid en forme de boule est fait d'herbes et de cocons d'araignées, et rembourré de petites feuilles et de plumes. Il est placé sur un arbre près du sol et a une ouverture sur le côté. La femelle pond 3 ou 4 petits œufs blanchâtres, tachetés de marron-rouge et les couve seule pendant 2 semaines. Les deux parents nourrissent les jeunes d'insectes, de larves et d'araignées.

Diamant à longue queue
Poephila acuticauda

Le diamant à longue queue (17,5 cm de long) habite dans les savanes sèches du nord, du nord-ouest et du nord-est de l'Australie. Il est également fréquent près des cours d'eau. Les deux sexes de ce diamant portent un plumage identique dans la coloration. La femelle a pourtant une tache plus petite sur la gorge. La sous-espèce *Poephila acuticauda acuticauda* a un bec jaune et *P. acuticauda hecki* du Nord-Ouest australien a le bec rouge-corail. La reproduction a lieu de janvier à mai. Les couples, qui sont durables, font leur nid au bout d'une branche d'eucalyptus ou d'une branche de *Pandanus* ; il ressemble à une bouteille faite de brins d'herbe secs, longue de 20 cm, haute de 13 cm et large de 11 cm. Sur le côté se trouve une sorte de tunnel de 7,5 cm de long. Le mâle et la femelle couvent en alternance pendant 13 jours la ponte de 4 ou 5 petits œufs blancs. Sous la protection des deux parents, les jeunes sont capables de voler 3 semaines après l'éclosion. Le diamant à longue queue se nourrit d'insectes volants, de préférence de termites et de fourmis, et prend aussi des graines d'herbes. Dès que les jeunes savent voler, les oiseaux se regroupent en bandes de 10 à 15 couples.

Diamant de Gould

Diamant de Gould
Chloebia gouldiae

L'habitat du diamant de Gould, le plus somptueux des estrildidés, se trouve dans le nord et le nord-ouest de l'Australie. Cet oiseau atteint une longueur de 11 à 13 cm. Les deux sexes se ressemblent mais, chez la femelle, la tête et le dessous du corps sont plus pâles. On connaît trois types : à tête noire (le plus fréquent), à tête rouge et à tête jaune (très rare). Les formes à tête noire et tête rouge se croisent. Au début de la saison des pluies, le diamant de Gould va vers le sud et revient sur ses lieux de reproduction seulement à la saison sèche ; la nidification a donc lieu de décembre à avril. Le nid globuleux, tressé de brins d'herbes, est situé dans un buisson sur une haute touffe d'herbes. Si le couple choisit pour nicher un trou d'arbre, il renonce à la construction d'un nid. Dans ce cas, il couve les 4 à 8 petits œufs blancs directement sur le bois. Pendant 13 ou 14 jours, les parents couvent en alternance. Très souvent, on trouve dans les trous d'un seul arbre jusqu'à 6 couples. Les jeunes ont dans le gosier des verrues fluorescentes, de sorte que les parents repèrent leurs becs, même dans l'obscurité la plus totale pour y enfoncer de petits insectes et des graines. Les adultes se nourrissent presque uniquement de graines d'herbes. On a observé que les diamants de Gould volent en groupe vers les lieux incendiés, pour picorer du bois brûlé.

Diamant mandarin

Taeniopygia guttata

Le diamant mandarin (10,5 cm de long) fait partie des oiseaux les plus répandus en Australie, à l'exception des forêts côtières humides. La tache roux orangé sur les côtés de la tête manque chez la femelle, ainsi que les lignes transversales et les pointillés, caractéristiques du mâle. Le diamant mandarin habite dans les régions sèches à l'intérieur de l'Australie, avant tout les savanes, de préférence près de l'eau. Il est très sociable et se groupe, en dehors de la nidification, en bandes de 50 à 100 oiseaux qui mènent une vie nomade. Pendant la saison sèche, on peut trouver aux points d'eau des milliers d'oiseaux. Les diamants mandarins nichent en colonies d'à peu près 25 couples. Chaque couple a son propre buisson pour le nid. Mais les trous d'arbres, les terriers de lapin, ou les trous abandonnés du martin-pêcheur servent aussi d'emplacement. La femelle construit le nid en forme de bouteille, avec une entrée sur le côté, à l'aide de brins d'herbe apportés par le mâle. Le diamètre du nid est de 12 à 20 cm. Le nid est rembourré de plumes blanches et de fibres végétales. La nidification dépend avant tout, à l'intérieur du continent, de la saison des pluies. Il est intéressant de constater que le couple commence la construction du nid juste quelques heures avant le début des pluies. Ce comportement est unique. La ponte de 4 ou 5 petits œufs blancs est couvée pendant 11 à 12 jours par les deux partenaires en alternance. Trois semaines après, les jeunes diamants mandarins sortent du nid et 10 jours plus tard, ils sont indépendants. Le diamant mandarin se nourrit de graines d'herbes et pendant la nidification attrape de temps en temps un insecte volant.

Diamant de Bichenov

Stizoptera bichenovii

Le diamant de Bichenov fait partie des estrildidés et on le trouve dans les paysages côtiers herbeux et broussailleux du nord et de l'est de l'Australie, c'est-à-dire partout où il peut disposer d'eau. Il atteint une longueur de 11 cm, et les deux sexes se ressemblent ; chez la femelle, les lignes noires transversales sont plus étroites. Ce diamant vit en société, par groupe de 4 à 20 oiseaux, et constitue des colonies pour nicher. Dans le Queensland, il niche de juin à novembre et, dans les régions de l'ouest, de janvier à mars. Le couple de diamants fait un nid en forme de boule, peu compact, avec une ouverture à court tunnel, fait de brins d'herbe secs. Le nid, coincé dans une fourche d'arbre ou de buisson, est rembourré de plumes et de fibres végétales. La femelle pond 4 ou 5 petits œufs blancs. Le couple couve pendant 12 jours en alternance et, après leur éclosion, nourrit les jeunes d'insectes, de larves, de graines d'herbes et autres plantes. Les adultes ont le même menu.

Diamant à queue rousse

Bathilda ruficauda

Le diamant à queue rousse (12 cm de long) vit dans les prairies le long des marais et des cours d'eau près des côtes du nord, du nord-

Diamant mandarin

Diamant de Bichenov

Diamant à queue rousse

ouest et du nord-est de l'Australie. La femelle est colorée plus discrètement que le mâle et n'a pas de rouge sur la tête. Ce diamant aime les grands espaces au bord de l'eau, couverts de roseaux et de fourrés. Le nid, en forme de boule, est situé dans un buisson ou dans un arbre bas ; il est tressé d'herbes fraîches et sèches et a un tunnel comme entrée. La ponte de 3 à 6 petits œufs blancs est déposée sur des plumes et des fibres végétales. La femelle et le mâle couvent pendant 12 à 13 jours en alternance. Après 25 jours, les jeunes sont capables de voler, et toute la famille se joint aux autres familles. Par troupes de 200 au maximum, ces oiseaux mènent une vie nomade avec les diamants mandarins. Ils se nourrissent avant tout de graines d'herbes, mais également d'insectes, de larves et d'araignées.

Diamant à gouttelettes

Diamant à gouttelettes

Steganopleura guttata

Les paysages herbeux et broussailleux avec peu d'arbres, mais également les jardins et les parcs des banlieues du sud-est de l'Australie sont l'habitat du magnifique diamant à gouttelettes, de 12 cm de long. La coloration des deux sexes se ressemble. La plupart du temps ce diamant vit au sol, où il trouve des graines, des insectes et des larves. Il utilise les insectes surtout pour l'élevage de ses jeunes. Il reste toujours près de l'eau, parce qu'il boit très souvent. Il vit et niche en société.

Le diamant à gouttelettes construit son grand nid en forme de boule d'août à janvier dans un buisson épais, sur un arbre ou entre les branches d'une aire d'aigle. Il est fait de brins d'herbe et est rembourré d'herbes fines et de duvet blanc. La ponte de 4 à 7 petits œufs blancs est couvée par le couple pendant 12 à 15 jours. Ensemble, les adultes nourrissent les jeunes qui sont capables de voler 25 jours après.

REPTILES

Gecko à queue grasse

Nephrurus laevis

Le gecko à queue grasse (15 cm de long) se distingue par son corps trapu, sa grande tête et sa très courte queue, élargie au bout comme un bouton. On ne sait pas encore très bien à quoi sert cette forme de queue. Chez ce gecko australien, on a distingué 3 sous-espèces. Il habite dans toute l'Australie centrale ; son aire de répartition s'étend jusqu'à la côte ouest. Les déserts forment son habitat typique. Lorsqu'un danger immédiat surgit, il court subitement vers son ennemi et émet un grincement très aigu pour lui faire peur. Il utilise l'effet de surprise pour se cacher rapidement sous des pierres ou disparaître dans un trou. Il chasse différents invertébrés. Il est actif au crépuscule et la nuit. La plupart du temps, la femelle pond 2 œufs entre des rochers ou dans une crevasse.

Oedura

Oedura marmorata

Les montagnes de l'est et du sud de l'Australie sont la patrie de l'oedura, qui atteint une longueur de 18 cm. Il a une queue très forte et épaisse et une peau veloutée. Il préfère les paysages rocailleux et vit la plupart du temps en groupe. Pendant la journée, ce gecko reste sous une écorce, des pierres ou un tronc d'arbre tombé. Au crépuscule, il chasse de petits invertébrés. Les grands individus capturent et mangent aussi les jeunes, de préférence ceux d'autres espèces de geckos. La femelle pond ses œufs derrière l'écorce ou dans une crevasse de rocher.

Pygope à pieds écailleux

Pygopus lepidopodus

Le pygope à pieds écailleux atteint une longueur de 70 cm, dont les deux tiers reviennent à la queue. Il est largement répandu dans les savanes de toute l'Australie. Son corps serpentin ne porte que deux membres postérieurs qui se sont atrophiés en de petits appendices. Les pattes de devant manquent totalement. Les pupilles à fente et l'écaille transparente (lunette) sur les yeux indiquent qu'il est parent des geckos. Comme eux, il nettoie ses «lunettes» avec sa langue. Lors de la mue, le pygope perd aussi cette écaille oculaire. Quand le pygope perd le bout de sa queue, il ne repousse qu'une seule fois. Pendant la journée, le pygope se cache dans des trous du sol, dans des fentes de roches et dans des trous d'arbres qui se trouvent à proximité du sol. Dès qu'il fait sombre, il va à la chasse aux insectes, larves et autres invertébrés. Les grands animaux capturent aussi des jeunes lézards. La femelle du pygope pond 2 œufs allongés d'abord entourés d'une souple enveloppe parcheminée, qui devient dure au contact de l'air, comme chez les geckos.

Lézard à collerette

Chlamydosaurus kingi

Le lézard à collerette est un habitant des régions du nord et du nord-ouest de l'Australie et également du sud de la Nouvelle-Guinée. Cet agame est le plus célèbre du continent australien et il atteint une longueur de 80 à 90 cm. Une grande partie en revient à la queue, en forme de fouet. Le corps est recouvert de petites écailles ; sous le cou et sur les deux côtés de la tête se trouve un grand pli de peau. Chez l'animal au repos, il est rabattu comme un parapluie vers l'arrière du corps. Quand le lézard se sent en danger, il redresse sa collerette à l'aide des muscles du cou et de baguettes osseuses prolongeant l'os hyoïde. Cette collerette a de très beaux dessins lumineux de couleur rouge, orange, blanche, noire, jaune, bleue et marron. Chez les adultes mâles, elle atteint un diamètre de 30 cm. Quand le lézard la déploie, il ouvre en même temps la bouche, ce qui a pour effet de le faire paraître plus grand et plus fort. Il décourage ainsi très souvent ses adversaires. En courant vite, il n'utilise que ses pattes arrière, dresse la tête et le torse et replie les pattes de devant près de son corps. Il garde

Gecko à queue grasse

Oedura

Pygope à pieds écailleux

Lézard à collerette

son équilibre en balançant la queue en l'air. Le lézard à collerette aime bien être sur de hautes termitières et grimpe aux arbres avec ses longues griffes. Ses proies principales sont des insectes et leurs larves. Il mange des bêtes de toutes sortes. La femelle pond 10 à 15 œufs dans un sol meuble ; ils sont entourés d'une enveloppe parcheminée. Les jeunes lézards éclosent 50 jours plus tard. Les indigènes australiens le chassent avec de longues lances. Ils considèrent sa viande comme une friandise et la mangent grillée sur le feu.

Agame barbu

Amphibolurus barbatus

L'agame barbu (60 cm de long et 500 g) est un agame imposant, répandu dans presque toute l'Australie, à l'exception des régions du Nord. Il habite les régions arides, pierreuses et sableuses, avec peu d'arbres et de buissons. Il grimpe bien sur les arbres et les buissons et peut chercher sa proie dans les cimes. Il prend différents insectes, de préférence des papillons et des chenilles. Au sol, il court vite et bien et chasse des coléoptères et des araignées. De temps à autre, il mange des mollusques. Il ne chasse qu'au matin et l'après-midi. A midi, il se met à l'ombre sous un arbre, un buisson ou dans des trous du sol. La coloration de cet agame est principalement gris-olive, mais pendant la période d'accouplement ou en état d'excitation, elle passe au jaunâtre. Des rayures rouge-orange ressortent alors clairement. Dès qu'il se sent surpris, il ouvre largement la bouche et dresse le pli qui se trouve autour du menton. Ce repli donne vraiment l'impression d'une barbe épineuse, car il est couvert de longues écailles piquantes. Il rend l'agame barbu effrayant et grâce à son attitude menaçante, l'animal décourage tous ses adversaires. En réalité, l'agame barbu est un lézard inoffensif incapable de mordre à cause de ses petites dents ; pour se sauver, il ne lui reste très souvent que le «bluff» ou les rangées d'écailles tranchantes qui se trouvent le long des deux côtés du corps. Elles le protègent des petits serpents ou des marsupiaux carnivores. Les oiseaux rapaces ne se laissent pas impressionner et avec leurs longues serres, ils savent le prendre très facilement. Les grands agames barbus sont poursuivis par les indigènes, car leur viande est considérée comme un met de choix. L'agame barbu mène une vie solitaire et défend son propre territoire. C'est seulement pendant la période d'accouplement qu'il cherche un partenaire. La femelle creuse une cavité peu profonde sous un buisson ou une pierre, dans le sable, et pond à peu près une douzaine de petits œufs. Les jeunes agames barbus en sortent 50 à 60 jours plus tard.

Moloch ou Diable cornu

Moloch horridus

Le moloch est un agame curieux de 21 cm de long ; on l'appelle également diable cornu. Il habite dans les régions désertiques du sud et de l'ouest de l'Australie. La tête, le cou, le corps, les pattes et la queue portent des écailles irrégulières avec des piquants qui sont particulièrement grandes à la tête et au cou. Le ventre est rugueux, mais sans piquants.

Le moloch adapte sa coloration au sol sur lequel il se trouve et est actif durant la journée. Il fréquente des régions sèches et sableuses dans lesquelles on ne trouve rien à boire, des régions sans eau. Il s'est pourtant très bien adapté à ces conditions. Sa peau est hygroscopique et absorbe l'humidité de l'air. Le moloch ne boit que de temps en temps des gouttes de rosée. Sa principale source d'eau est la fourmi noire du désert. Il est capable d'en attraper un grand nombre. On a vu un moloch lécher 675 petites fourmis en 15 minutes, directement devant l'entrée de leur terrier. Il se mettait au milieu de leur chemin et les avalait les unes après les autres. Mille huit cents fourmis au déjeuner ne sont pas un grand repas pour cet agame. Le diable cornu est un animal très lent. Il bouge peu et cherche des fourmilières en se promenant. En Australie on l'appelle également diable épineux et les indigènes ont peur de cet animal absolument inoffensif.

Lézard pomme de pin

Trachydosaurus rugosus

Le lézard pomme de pin habite les zones côtières de l'Australie, on le trouve très souvent sur la côte ouest. L'Australie du Sud et la Nouvelle-Galles du Sud font également partie de son aire de répartition. Il atteint une longueur de 40 cm et a de très grandes écailles très rudes, disposées comme sur une pomme de pin. A la différence des autres scinques, il a une courte queue aplatie et arrondie. La coloration varie pour chaque animal. Elle va du gris uni au noir, ou est faite de marbrures et de taches jaunes et blanches. Ce lézard vit de préférence dans les terrains sableux couverts d'herbes ou de buissons bas, les dunes par exemple. Il mange tout ce qu'il trouve : insectes, araignées, vers de terre, escargots, poissons morts rejetés sur les plages, œufs d'oiseaux qu'il trouve en se promenant. Il casse les coquilles d'escargot avec ses fortes mâchoires, mais ne dédaigne pas les baies, les fruits tombés et les jeunes pousses. Les mouvements de ce scinque sont très lents. Le lézard pomme de pin est un animal ovovivipare et ses jeunes naissent vivants. La femelle met bas 2 ou 3 jeunes plusieurs fois dans l'année.

Agame barbu

Moloch

Lézard pomme de pin

Le scinque noir et jaune est l'un des scinques les plus répandus et les plus grands d'Australie. Il se déplace lentement et échappe à ses ennemis — dingos et griffons — grâce au mimétisme qui lui permet de se confondre avec les plantes et les pierres avoisinantes.

Scinque noir et jaune

Tiliqua nigrolutea

Ce scinque de 40 cm de long se distingue par sa magnifique langue colorée de bleu et sa queue relativement courte. Il habite les paysages herbeux et broussailleux de l'Australie du Sud, de l'État de Victoria et de Tasmanie. Les animaux vivant en montagne, plus robustes, sont colorés de noir, tachetés d'une ligne rose ou orange. Le scinque noir et jaune se déplace lentement, et en se promenant cherche des fruits sucrés qui sont tombés, des baies, arrache des fleurs et capture les insectes et les larves qui vivent au sol. Ce scinque est vivipare. En général, la femelle met bas 2 jeunes.

Scinque à queue épineuse

Egernia stokesii

Le scinque à queue épineuse (25 cm de long) est un lézard aux écailles carénées. Son habitat est limité à l'ouest de l'Australie. Il vit en terrain rocheux mais également dans les savanes plantées d'eucalyptus et les forêts claires. Ce scinque se cache sous les pierres, d'où il guette aussi sa proie. A la différence des autres membres de sa famille qui sont de grande taille, il est très agile et très rapide. Il se saisit des invertébrés mais aussi d'autres petits lézards. Sa nourriture se compose partiellement de plantes. Il est actif pendant la journée. Attaqué par un ennemi, il se défend souvent avec sa forte queue épineuse.

Scinque à queue épineuse

Varan à queue hérissée

Varanus acanthurus

Le varan à queue hérissée atteint une longueur de 75 cm et a une longue queue couverte d'écailles épineuses. Il habite dans les savanes broussailleuses de l'Australie occidentale, septentrionale et centrale. Il préfère les sols pierreux ou rocheux. Il cherche une cachette sous les pierres ou dans de petites cavernes. Il chasse des insectes durant la journée, de préférence des grillons ou des sauterelles. Il court très vite au sol et grimpe aussi de temps en temps dans les buissons. La femelle pond 10 œufs et les enterre dans le sable, sous une pierre ou dans un buisson. Les jeunes éclosent plusieurs mois plus tard.

Varan nain

Varanus storri

Le varan nain atteint seulement une longueur de 33 cm. Sa longue queue est couverte de petites écailles épineuses. Dans son habitat d'origine, le Queensland, il habite les fourrés épais et les paysages rocailleux. Bien qu'il s'agisse d'un varan très commun, il n'a été cependant découvert qu'en 1966. De nos jours, ce lézard très agile est souvent tenu en captivité. Le varan nain grimpe rapidement dans les buissons et les arbres et cherche des insectes de toutes sortes.

Varan géant

Varanus giganteus

Le varan géant est le plus grand représentant de son genre vivant en Australie. Il atteint une longueur de 2,40 m et habite dans les déserts de l'Australie centrale. Avec ses griffes robustes, il creuse des trous pouvant atteindre une profondeur de 3 m qui lui servent à passer la nuit et à se protéger des fortes chaleurs. Il chasse deux fois par jour : très tôt le matin et en fin de journée. Il recherche les serpents venimeux ou non entre les pierres et dans les buissons de son territoire. A l'occasion, il saisit également de petits mammifères et de jeunes oiseaux. Il poursuit souvent, en pleine course, sa proie débusquée, mais il n'est capable de la suivre que sur une courte distance. Les jeunes varans géants grimpent aussi sur les arbres et

Varan à queue hérissée

Varan nain

Varan géant

Varan des cavernes

les arbrisseaux. La femelle enterre sa ponte d'environ 15 œufs dans le sable.

Varan des cavernes

Varanus eremius

Le varan des cavernes est répandu dans toute la partie septentrionale de l'Australie du Sud, l'intérieur du continent et les déserts du Territoire du Nord. Avec sa longueur de 45 cm, il fait partie des espèces les plus petites. Il habite de préférence dans les parties désertiques ; peu importe qu'elles soient rocailleuses ou sablonneuses, pourvu qu'elles soient plantées de spinifex. Il creuse son trou dans le sable mais il habite également dans des cavités du sol et des cavernes. Ce varan chasse les insectes ; les plus grands sujets capturent aussi de petits lézards, de préférence des geckos et des scinques, et de temps à autre de petits serpents. S'il tombe par hasard sur un nid d'oiseau, il le déniche. La femelle enterre environ 10 œufs dans le sable.

Python à tête noire

Aspidites melanocephalus

Les pays d'origine du python à tête noire sont la partie est du Territoire du Nord et le nord du Queensland. On a fait des tentatives d'acclimation dans d'autres régions d'Australie. Il atteint une longueur de 2 à 2,50 m ; le plus grand spécimen capturé mesurait 2,70 m. En raison de sa coloration, on ne peut le confondre avec aucune autre espèce. La partie supérieure du corps est rayée transversalement de marron clair et foncé, la tête et la nuque sont noires comme du charbon. Aujourd'hui, on le protège très sérieusement en Australie. Les Australiens l'ont surnommé à juste titre «tueur de serpents venimeux». En 1940, à la suite d'observations faites chez un animal tenu en captivité dans un terrarium, les herpétologistes constatèrent que le python à tête noire se nourrissait principalement de serpents venimeux. Ce python, dépassant 1,50 m, attaqua une vipère noire venimeuse de l'espèce *Pseudechis porphyriacus.* Avec ses mâchoires, il la prit derrière la tête, et l'enlaça de son corps musculeux. Après un certain temps, il commença à l'avaler la tête la première. Il était étonnant de voir à quelle

Python à tête noire

Demansia

vitesse il l'absorbait. En une demi-heure, on ne vit plus que le bout de la queue de la vipère. En 3 ans, un python comme celui-ci peut mettre hors d'état de nuire 100 serpents venimeux. Le python à tête noire est totalement immunisé contre le poison de ses proies. Outre les serpents venimeux, il se jette de temps en temps sur un oiseau ou un mammifère. Il est intéressant de constater qu'en pleine nature, il se laisse toucher par l'homme sans pour cela attaquer ou essayer de mordre.
La femelle du python pond environ une douzaine d'œufs qui sont entourés d'une enveloppe dure. Elle entoure les œufs avec son corps et les protège jusqu'à ce que les jeunes sortent.

Demansia

Demansia olivacea

Dans les endroits sablonneux, le long des rivières du Territoire du Nord et du nord du Queensland, et également dans le sud de la Nouvelle-Guinée, habite un serpent venimeux originaire d'Australie. Avec sa longueur de 1,80 m, il fait partie des grandes espèces. En général, il est brun, mais dans le Queensland, on peut aussi trouver des sujets noirs. Il ne fait pas partie des espèces très venimeuses, mais sa morsure peut être très dangereuse pour les personnes peu résistantes au venin ou pour les malades. Le demansia est actif pendant la journée. Il se réfugie dans des trous, sous des buissons ou des pierres. Sur le sable, il se déplace très rapidement et chasse de petits lézards, de préférence des scinques et des geckos et souvent ausi de petits mammifères. Pendant l'été, la femelle pond environ 8 œufs qui sont entourés d'une enveloppe molle.

Denisonia

Denisonia gouldii

L'aire de répartition du très joliment coloré denisonia comprend la partie sud-ouest de l'Australie, l'Australie méridionale et l'État de Victoria. Le poison de ce serpent, qui fait partie, avec sa longueur de 60 cm, des petites espèces, est très efficace ; mais à cause d'une sécrétion assez réduite, sa morsure est inoffensive pour l'homme. Le denisonia vit dans les terrains buissonneux et se nourrit de préférence de petits scinques, qu'il sort de leur cachette dans les termitières ou les fourmilières.

Demansia maillé

Demansia textilis

Le demansia maillé, qui peut atteindre une longueur de 2,50 m, habite le Territoire du Nord, la côte est du Queensland jusqu'à la

Denisonia

Demansia maillé

partie intérieure du sud-est de la Nouvelle-Galles du Sud et également l'État de Victoria. On le trouve aussi en Nouvelle-Guinée. Il fait partie des serpents très venimeux car son poison est rendu très efficace par la présence de substances neuro-toxiques. Il décompose particulièrement vite l'hémoglobine. Les glandes des grands demansias contiennent jusqu'à 40 mg de poison sec, ce qui représente une grosse quantité. La coloration du demansia maillé est assez variable et dépend de l'habitat. Il chasse pendant la journée, de préférence des petits lézards, mais également d'autres espèces de serpents, des grenouilles et de temps à autre de petits mammifères. Chez les petits animaux, son poison agit presque instantanément. La femelle du demansia maillé pond 12 à 30 œufs en décembre ou janvier, desquels sortent 2 mois plus tard de jeunes serpents.

Bandy-bandy

Rhynchoelaps bertholdi

Ce petit serpent (40 cm de long) magnifiquement coloré, a son pays d'origine dans le sud et le centre de l'Australie occidentale. Il vit dans les terrains sablonneux des régions désertiques. Dans le sable, il est capable de se déplacer et de creuser très vite. Il chasse en général pendant la journée. Il poursuit de préférence des petits scinques et il se saisit aussi, de temps à autre, de petits geckos. Bien que la morsure de ce serpent ne soit pas dangereuse pour l'homme, il est fortement pourchassé.

«Vipère» de la mort

Acanthophis antarcticus

La «vipère» de la mort, répandue dans presque toute l'Australie, la Nouvelle-Guinée et les Moluques, est un des plus fréquents serpents venimeux d'Australie. Elle fait partie des élapidés, même si elle ressemble aux vraies vipères. Tous les serpents venimeux australiens font partie de la famille des élapidés. La «vipère» de la mort atteint une longueur maximale de 80 cm et adapte sa coloration au sol sur lequel elle vit. Elle peut être colorée en jaune sable sale, en gris, en marron ou même en rougeâtre. Elle est très répandue en Australie centrale et en Australie de l'Ouest. Elle sécrète en grande quantités un poison très efficace qui peut être comparé à celui du cobra. Une morsure de ce serpent est toujours dangereuse et, sans traitement

Bandy-bandy

«Vipère» de la mort

sérologique, elle entraîne la mort à 80%. Beaucoup de moutons meurent de sa morsure, s'ils marchent dessus dans les pâturages. Cette «vipère» n'est pas du tout agressive, mais à cause de sa fréquence, il est arrivé qu'un homme marche dessus par hasard et soit mordu parce qu'elle se défend. De 1910 à 1926, on a recensé 244 morts par morsure d'une «vipère» de la mort. Aujourd'hui, il y a presque toujours suffisamment de sérum pour que ces accidents soient évités. La «vipère» de la mort va à la chasse au crépuscule. Elle chasse des lézards et des petits oiseaux. Elle utilise parfois une manière de chasser très particulière en se servant de l'appendice qui se trouve au bout de sa queue. L'animal se cache dans le sable ou dans l'herbe et commence à bouger cet appendice devant la tête d'un oiseau ou d'un lézard qui s'approche. Il ressemble beaucoup à un insecte ou à un ver de terre qui est en train de sortir de terre et trompe ainsi les victimes. Le serpent mord tout de suite sa proie et le poison est mortel. Les indigènes affirment que l'épine est venimeuse et qu'une piqûre a le même effet que la morsure des crochets maxillaires, mais ce n'est pas vrai. La femelle met bas 10 à 12 jeunes vivants.

«Vipère» noire

Pseudechis australis

La «vipère» noire habite l'intérieur et les régions ouest de l'Australie ; on la trouve également en Nouvelle-Guinée et dans les îles proches des côtes. Ce grand élapidé venimeux peut atteindre une longueur d'environ 1,80 m, mais un serpent de cette espèce, capturé dans le Queensland, mesurait 2,80 m. La pointe des écailles de quelques sujets est rousse. La «vipère» noire est souvent confondue avec le taïpan. Pourtant, elle est plus robuste et moins dangereuse, bien que sa morsure soit parfois mortelle. La «vipère» noire détient le record de la production du venin. Chez une seule «vipère» on a récupéré 600 mg de poison (matière sèche) ; aucun autre serpent venimeux ne peut se mesurer à elle. Dans les régions tropicales, la «vipère» noire a une activité nocturne. Ailleurs, elle chasse pendant la journée différents serpents, des lézards et de petits mammifères. La femelle met au monde plusieurs petits vivants, parfois une vingtaine.

«Vipère» noire

Serpent-tigre

Notechis scutatus

Le serpent-tigre est originaire du Queensland, de la Nouvelle-Galles du Sud, de l'État de Victoria, du sud-est de l'Australie méridionale et de l'île Kangourou. Une deuxième sous-espèce habite les régions sud-ouest de l'Australie occidentale. Cette espèce peut atteindre une longueur de 1,50 m et sa coloration est très variée. Le plus souvent, elle est gris brunâtre avec des raies transversales jaune-crème. Certaines sont sans raies et vêtues de peau verdâtre, orange et noire. Le serpent-tigre fait partie de la famille des élapidés, fortement venimeux. Sa production de venin est relativement faible, mais il est neuro-toxique, décompose l'hémoglobine et est donc très efficace. Il suffit de quelques heures pour qu'une morsure entraîne la mort. En Australie, le serpent-tigre est responsable d'une grande partie des accidents mortels dus à une morsure de serpent veni-

Le serpent-tigre est l'un des serpents les plus venimeux d'Australie et celui qui mord le plus souvent l'homme. Il se rencontre même dans les régions très peuplées du sud de l'Australie.

Taïpan

meux. Quand il est dérangé, il élargit une partie de son cou comme le cobra, et essaie d'effrayer le gêneur. Si cela n'aboutit pas, il entreprend une brusque attaque et donne l'impression de sauter. Face à l'être humain, il n'attaque jamais et préfère s'enfuir. Le serpent-tigre est actif de jour, mais durant l'été, pendant la journée, il se cache dans un trou en attendant la nuit où il part à la recherche de ses proies. Il préfère s'établir dans des endroits humides, fréquentés par des grenouilles qui constituent sa nourriture principale. Cependant, il chasse aussi des petits mammifères. Sa capacité de reproduction est énorme. Une femelle peut mettre au monde jusqu'à 80 petits vivants.

Taïpan

Oxyuranus scutellatus

L'habitat du serpent venimeux le plus dangereux au monde — le taïpan —, est l'Australie du Nord, le Queensland jusqu'à Brisbane et le sud de la Nouvelle-Guinée. Le taïpan atteint 3,30 m et est ainsi le plus grand serpent venimeux en Australie. Il produit un venin très dangereux en grande quantité. Les grands taïpans peuvent avoir dans leurs glandes jusqu'à 400 mg de venin (matière sèche); cette quantité suffirait pour tuer 80 êtres humains. Même si en Australie il existe d'autres serpents dont le venin est plus actif, la quantité produite n'atteint jamais celle du taïpan. Il est ainsi le plus dangereux serpent venimeux. Quelques minutes suffisent pour que sa morsure soit mortelle. Durant longtemps, on n'est pas arrivé à produire un sérum contre le venin du taïpan. Personne n'osait attraper un si dangereux animal. Bien qu'une égratignure suffise pour mettre fin à la vie de l'homme, en juin 1950, le jeune spécialiste Kevin Budden partit dans le Queensland, la région la plus fréquentée par le taïpan. Accompagné par deux personnes, il explora à fond la brousse et eut de la chance, car il rencontra subitement, dans un buisson, un taïpan allongé au soleil. Budden bondit rapidement vers le serpent, le tint par le cou, pendant d'une branche, le tira vers le sol et le fit glisser dans un sac préparé à cette attention. Par malheur, le serpent le mordit au pouce. Le jeune homme mourut le lendemain. Avant sa mort, il insista pour que le taïpan soit soigneusement emballé et expédié vers le laboratoire à Melbourne. Le sérum extrait sauva la vie d'une douzaine de personnes. En dépit de son venin, le taïpan n'est pas aussi agressif qu'on le prétend. Devant l'homme, il s'enfuit. En Nouvelle-Guinée vit un taïpan au dos gris-noir rayé d'orange. En Australie, sa couleur est unie. En général le taïpan est actif de jour, mais il part aussi de temps en temps la nuit à la chasse. Ses proies principales sont des petits mammifères, mais il lui arrive d'attraper des oiseaux. Les taïpans vivant en Australie pondent entre 10 et 20 œufs. Selon la température, les jeunes serpents sortent de l'œuf après 10 à 14 semaines et mesurent alors 50 cm ; dès le début, ils sont très dangereux, car leurs glandes à venin sont déjà actives. En Nouvelle-Guinée, les femelles du taïpan mettent au monde des petits vivants.

Vermicella

Vermicella

Vermicella annulata

Ce petit serpent mesure environ 80 cm de longueur. Il habite les zones désertiques et steppiques de l'Australie. Il n'est pas très dangereux car il ne produit pas de grandes quantités de venin. Quand on le surprend, il essaie d'enfoncer son corps dans le sol mou. Ce serpent cherche sa nourriture dans la terre meuble. Il préfère se nourrir de serpents fouisseurs aveugles du genre *Typhlops.* La femelle pond plusieurs œufs. En sortant de l'oeuf, les petits atteignent déjà une longueur de 20 cm.

Myobatrachus de Gould

BATRACIENS

Myobatrachus de Gould

Myobatrachus gouldi

Dans le sud-ouest de l'Australie vit un anoure singulier. Il s'agit du myobatrachus de Gould, qui mesure 3,5 cm de long. Trapu et plat, il est remarquablement bien adapté à ses conditions de vie. Il se tient dans la terre sableuse, dont il ne sort guère. Avec ses petites et robustes pattes antérieures, il avance dans le sol mou et évacue le sable avec ses pattes arrière. De cette manière, il s'approche avec facilité des nids de termites, rampe dedans et avale autant d'insectes que la capacité de son estomac le permet. Les termites font partie de sa nourriture principale. C'est seulement après d'abondantes chutes de pluie qu'il vient pour un moment à la surface de la terre. Durant la sécheresse, il vit au repos, à 1 m de profondeur. En avril, la femelle pond plusieurs douzaines de grands œufs avec un vitellus énorme. Les têtards se développent rapidement. Début juin, ils se transforment en grenouilles d'une longueur de 12 à 16 mm et mènent une vie indépendante.

INVERTÉBRÉS

Veuve d'Australie

Latrodectus hasseltii

La veuve d'Australie fait partie des araignées d'Australie les plus connues mais aussi les plus redoutées, car sa morsure est extrêmement douloureuse et peut, dans certains cas, être mortelle. La femelle est d'une longueur de 12 à 16 mm. On la reconnaît facilement à la marque rouge située sur son abdomen. La taille du mâle ne représente que la moitié de celle de la femelle. Il n'a pas de tache rouge et ses pattes sont plus grandes. La veuve d'Australie est répandue sur le continent tout entier. Elle se tient dans les fissures, les fentes, les endroits sombres et même dans les vieilles maisons où elle s'installe dans les armoires inutilisées. En général, face à l'être humain, elle prend la fuite. Elle ne vient pas sur lui, bien qu'on ait souvent dit le contraire, mais elle peut mordre si on la touche. La toile de la veuve d'Australie est irrégulière. Elle la tisse avec des fils forts et solides. La femelle la quitte rarement, alors que les mâles partent à la recherche d'une partenaire. Une poche, tissée avec des fils, sert de dépôt pour les œufs. Cette poche, pendue à un fil, est camouflée avec des bouts d'écorce ou d'autres matériaux environnants. La veuve d'Australie chasse des insectes (de préférence des poux, mais aussi des coléoptères) et des petits mille-pattes.

Veuve d'Australie

Atrax robustus

Araignée lasso

Arbanitis fuscipes

Atrax robustus

Cette araignée atteint une longueur de 2 cm. Elle vit dans les régions proches des côtes de l'Australie de l'Est. Elle est très redoutée à cause de son venin et fait partie des araignées les plus venimeuses au monde. Les sujets affamés sont les plus dangereux car ils attaquent tout ce qui bouge aux alentours, même les êtres vivants de grande taille, qui ne peuvent pas servir de proie. Cette araignée peut, par exemple, bondir soudainement de sa cachette et mordre une main qui s'agite. Ses morsures ne sont que rarement fatales. Généralement, il n'y a qu'un cas par an.

Atrax robustus a des crochets tranchants, recourbés et lisses, qui s'enfoncent même dans une peau épaisse. Dans ces chélicères, des glandes sécrètent un venin très dangereux, qui tue rapidement les petits animaux. Cette araignée attrape ses proies dans une toile en forme d'entonnoir qui se trouve au sol. Elle se tient aux aguets dans un tunnel tissé avec des fils de soie. Dès qu'un petit insecte se prend dans la toile, elle se précipite sur lui pour le tuer. Ce tunnel se trouve dans un coin de la toile qui, à première vue, ressemble à un drap froissé. La toile est tendue entre des racines d'arbre, au pied d'un arbre ou dans les fentes de rochers. D'autres araignées d'Australie de la famille des *Dipluridae,* dont fait partie *Atrax robustus,* sont très venimeuses et se caractérisent par de longues filières à l'extrémité de l'abdomen.

Araignée lasso
Dicrostichus furcatus

Cette araignée mesure environ 1 cm de long. Elle habite la brousse et les forêts claires de l'Australie. Sa technique unique pour capturer ses proies diffère considérablement de celle des autres araignées. Au lieu de tisser une toile, elle produit un fil en forme de ligne, au bout duquel se trouve une boule collante. Avec une de ses pattes antérieures, elle le fait tournoyer dans un rayon de 5 cm autour de sa tête. Des papillons, notamment de petits papillons nocturnes, attirés par cette boule brillante, s'y embrouillent. L'insecte abattu est immédiatement saisi avec les pattes antérieures. L'araignée l'entoure de fil, le tue et le mange tranquillement sur une branche. La femelle pond ses œufs dans un sac de soie placé sur une écorce. Dix jours plus tard, les jeunes araignées sortent des œufs et quelques jours après, se dispersent dans toutes les directions.

Arbanitis fuscipes

Cette araignée fait partie de la famille des *Ctenizidae.* Elle mesure 2 cm de long et habite les broussailles sèches de l'Australie occidentale ainsi que les forêts d'eucalyptus du sud du continent. Elle vit de préférence par terre et creuse dans l'humus et dans le sol glaiseux des trous de 15 cm de profondeur. Elle en stabilise les murs avec sa soie, puis les camoufle si soigneusement avec des brindilles, feuilles et petites plantes environnantes, que personne n'en découvre l'entrée. En pénétrant dans son trou, l'araignée laisse tomber une «trappe» sur l'entrée. Ce couvercle est exactement adapté à l'orifice de l'abri. Cette araignée construit des couvercles adaptés à l'environnement : le couvercle-standard est mince et conçu pour les biotopes secs. Un autre modèle empêche la pénétration de la pluie. Le couvercle liégeux, en forme de cône, qui renferme le tunnel, est imperméable aux averses tropicales. Ainsi, l'araignée ne risque pas d'être noyée par l'eau. Dans sa cavité, l'araignée guette ses proies. Elle remarque vite la présence d'un insecte sur le couvercle, le lève subitement, bondit, s'empare de sa victime, la tire vers l'intérieur et la mange paisiblement.

Termite boussole

Amitermes meridionalis

Le termite boussole habite surtout dans les régions nord de l'Australie. Les Australiens l'appellent aussi la «fourmi blanche», bien qu'elle n'ait aucune parenté avec cet insecte. L'Australie est très riche en termites d'espèces différentes, mais aucun autre termite ne construit de si hautes habitations que le termite boussole. Sa termitière immense peut atteindre une hauteur de 5 m. Ses larges côtés s'orientent d'est en ouest, elle est donc toujours tournée vers le soleil. Pour les indigènes ainsi que pour les voyageurs, elle est un moyen d'orientation, comme une boussole. Pour la construction de leur termitières, ces animaux utilisent des bouts de plantes mâchées et mélangées avec de la terre et leurs matières fécales. Dans une seule colonie vivent plus d'un million de termites. A l'intérieur de la termitière, la température et l'humidité sont constantes. Quand il fait très chaud, les termites mouillent les petits passages de salive. Si la température et l'humidité variaient à l'intérieur du nid, ceci entraînerait rapidement la mort des termites. Un termite ne quitte son nid, pour aller à l'extérieur, que lorsque la température et l'humidité atmosphérique concordent avec les conditions de la termitière. Une fois cette harmonie réalisée, mâles et femelles ailés essaiment, en grand nombre, pour un vol nuptial, et cherchent d'autres places convenables pour la construction et la formation d'une nouvelle colonie. Les substances végétales telles que les petites racines et le bois mort et décomposé constituent la nourriture principale des termites. A l'intérieur de l'intestin du termite, des protozoaires contribuent à décomposer la cellulose indigeste du bois. Chaque termitière est accessible par un système de petits passages et tunnels souterrains. Les termites causent beaucoup de dé-

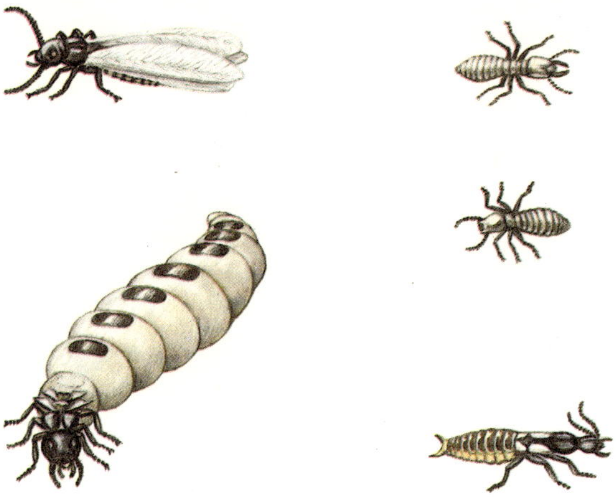

Le termite boussole est le plus connu de tous les termites vivant en Australie. Ses termitières peuvent mesurer plus de 5 m de haut.

gâts aux poteaux télégraphiques et aux constructions en bois. Les termites sont très sociables. Quand les conditions climatiques sont favorables, les sujets ailés, mâles et femelles, font une sortie en essaim. Dès qu'ils se posent quelque part, leurs ailes se détachent.

Ces bêtes s'accouplent et creusent ensemble des chambres nuptiales. Chaque couple devient reine et roi d'une nouvelle colonie. L'abdomen de la reine gonfle jusqu'à atteindre 20 cm de longueur. Les petites larves sortent des œufs pondus par la reine. Durant leur développement et leur croissance elles changent plusieurs fois de peau. Les termites ayant un développement incomplet n'arrivent pas à la maturité sexuelle, et forment la plus grande caste de l'essaim. Sans yeux et sans ailes, ils deviennent des travailleurs. En cas d'incident, les parents de la tribu seront remplacés par un mâle et une femelle adultes et assumeront les tâches du roi et de la reine. Il arrive que les femelles adultes aident la reine en pondant des œufs pour agrandir la colonie. Une autre caste de termites, à développement inachevé, aveugles et sans ailes, correspond aux soldats. Ils ont une grande tête, des mâchoires très développées et protègent la colonie. Comme ils n'arrivent pas à se nourrir eux-mêmes, les travailleurs s'en chargent. Ces travailleurs s'occupent également de l'alimentation du roi et de la reine et soignent les œufs et les larves sortant des œufs. Les termites ont beaucoup d'ennemis. Durant la sortie des essaims, ils sont suivis par des oiseaux insectivores et par des reptiles. Pour les aborigènes australiens, les termites représentent une friandise. Des perroquets et beaucoup d'autres oiseaux nichent dans les termitières.

Noctuelle

Agarista agricola

En Australie, il y a plus de 1 200 sortes de noctuelles (papillons dits «de nuit»), dont beaucoup sont très colorées. La plus belle et la plus fréquente en Australie est *Agarista agricola* qui a une envergure de 6,5 cm. On la trouve très souvent dans le nord et l'ouest du continent. Elle s'envole au crépuscule et

Noctuelle

Piéride

pénètre, souvent par une fenêtre, dans les maisons éclairées. Les chenilles ont des rayures noires et blanches.

Piéride

Delias aganippe

En Australie vivent beaucoup d'espèces de papillons. Parmi ceux-ci, une piéride bien colorée attire particulièrement le regard. *Delias aganippe* est fréquente en Australie du Sud et fait partie de cette famille. Elle atteint 6 cm d'envergure.
Son habitat préféré est la brousse. Elle survole et fréquente souvent les jardins et les parc urbains.

Delias mysis

Cette très belle piéride, tachetée de noir, se sent chez elle à la lisière de la brousse, dans les forêts claires, mais aussi dans les jardins. Elle a une envergure de 6 cm. Elle profite des journées ensoleillées pour rendre visite aux bacs à fleurs. Dans certains endroits, elle se montre en abondance.

Delias mysis

III. EAUX ET MARAIS AUSTRALIENS

L'Australie est pauvre en eaux douces. Certes, les régions tropicales, comme le Queensland, l'Australie occidentale et le Territoire du Nord, sont traversées par de larges fleuves, mais ils sont relativement courts. Ces fleuves, limités aux zones côtières, ne sont remplis qu'en période d'averses. Le plus long fleuve permanent est le Murray-Darling avec ses 3 490 km. Il prend sa source dans le Queensland, traverse la Nouvelle-Galles du Sud et se jette en Australie méridionale près d'Adélaïde dans l'océan Indien. Un autre fleuve, le Murrumbridgee (2 070 km), traverse l'État de Victoria. Il alimente le Murray. Les autres cours d'eau n'atteignent pas le dizième en longueur de ces deux fleuves. L'Australie occidentale et l'Australie méridionale sont relativement riches en grands lacs. Le plus grand lac intérieur du continent est le lac Eyre, d'une surface de 10 000 km². C'est seulement pendant la saison des pluies que la plupart des lacs se remplissent d'eau. Pendant la saison sèche, on ne reconnaît les petits lacs desséchés qu'à leur fond bourbeux, parcouru de fissures profondes. A côté de ces lacs, sans écoulement, il y a à l'intérieur de l'Australie de petits cours d'eau, qui disparaissent pendant la sécheresse. Le seul témoin de leur existence ancienne est le lit crevassé. Aussitôt qu'il commence à pleuvoir, lacs et cours d'eau se remplissent rapidement. Les variations des périodes sèches et humides impliquent un changement du monde animal.

Ces régions sont régulièrement fréquentées par des oiseaux nomades. Dès que les points d'eaux s'assèchent, les perroquets, par exemple, partent en troupes de plusieurs milliers vers des régions qui leur offrent de meilleures conditions de vie, comme les côtes. Une fois que les pluies sont terminées, que la végétation autour des eaux est reconstruite et que tout est couvert de verdure, les perroquets reviennent dans leur pays d'origine. Quand les arbres et les buissons fleurissent, ils trouvent assez de nourriture pour élever leurs jeunes. Le bord des baies, tout particulièrement les deltas des fleuves dans les zones tropicales, sont couverts de forêts de mangroves denses, qui s'étendent souvent en grandes ceintures tout au long des fleuves vers l'intérieur du continent, où ils se transforment en broussailles. La forêt de mangrove est très riche en espèces par exemple : *Rhizophora stylosa, Avicennia marina, Sonneratia caseolaris, Ceriops tagal, Osbornia octodonta, Xylocarpus moluccensis* et beaucoup d'autres. *Rhizophora stylosa* pousse jusqu'à 25 km à l'intérieur des terres. Il atteint une hauteur de 9 m seulement, mais ses racines, dans l'eau, sont énormes. Il est presque impossible de pénétrer la jungle des mangroves. Les marais et les rives ont une végétation qui leur est propre. Au nord de l'Australie pousse un «baobab» *(Adansonia gregorii),* au tronc énorme. *Barringtonia actuangula* et *Pandanus aquaticus,* un palmier, font également partie des végétaux riverains. Une autre espèce intéressante, le palmier *Corypha elata* qui vit 50 à 100 ans, fleurit brusquement et meurt. Les marais sont couverts de roseaux *(Phragmites karka)* et de souchets *(Cyperus scariosus)* formant des peuplements étendus. Les eaux des lagunes et des méandres sont souvent recouvertes de nénuphars géants, resplendissants — *Nymphaea gigantea* — qui ont des pétales bleu-pâle de 20 cm. Tout au long des fleuves australiens pousse un bambou, *Bambusa arnhemica.* Les roselières sont un habitat pour les oiseaux aquatiques et pour ceux qui fréquentent les marais, mais aussi pour de petits insectes et pour beaucoup de mammifères. Les rongeurs sont fréquents et n'ont pas été importés par l'homme. Il y a des milliers d'années, ils sont venus sur des troncs certainement ramenés de l'Asie du Sud-Est par les courants. D'autres théories supposent que les rongeurs ont profité d'un «pont» de terre existant il y a des centaines de millions d'années, quant les continents se séparèrent. Le rat d'eau australien *(Hydromys chrysogaster)* fait partie de ces rongeurs. Il est adapté à la vie dans l'eau. Ses yeux sont situés dans la partie supérieure de sa tête et son corps est hydrodynamique. Ce rongeur habite les petits cours d'eau et les marais. Il se nourrit de mollusques et de crustacés d'eau douce. Il est plus grand qu'un rat gris. A cause de sa fourrure dense et solide, les indigènes aiment le chasser. Un autre mammifère remarquable est la musaraigne aquatique — *Pseudomys australis* — vivant en Australie orientale, de préférence près des ruisseaux, mais aussi dans les parties les plus sèches du continent. Un des habitants des mangroves côtières est une grande chauve-souris, ou renard volant — *Pteropus gouldii.* Durant la journée, elle se cache près des fleuves dans les hautes branches des mangroves. Elle vit en fortes colonies. Au crépuscule, elle part en troupes à la recherche de fruits. Elle quitte souvent son habitat pour aller dans les jardins situés à une douzaine de kilomètres de son gîte. La roussette sans queue — *Pteropus scapulatus* — vit en colonies près du fleuve King. Elle habite les mangroves sur les deux côtés de ce fleuve, sur une étendue de 23 à 25 km en amont de l'embouchure. Il y a presque un million de ces chauves-souris qui habitent le littoral sur 2 km. Les cimes des mangroves — gîte préféré de cette colonie — sont complètement dépouillées par leurs déjections. Cette colonie de chauves-souris est la plus nombreuse d'Australie du Nord. Les chauves-souris insectivores peuplent le continent depuis des millions d'années probablement. Parmi elles, *Eptesicus pumilus* vit de préférence à proximité de l'eau. Les environs du King et des autres fleuves australiens sont couverts de forêts d'eucalyptus clairsemées et d'herbes hautes. *Eucalyptus miniata* et *E. tetradonta* sont de faible taille.

Parmi les *Rhizophora* qui poussent dans les mangroves des deltas sur une distance de 2,5 km, *Rhizophora stylosa* domine avec une hauteur de 8 m. Lui succèdent des peuplements de *Bruguiera parviflora* et *B. exaristata* qui n'atteignent qu'une hauteur de 2,50 m. Leurs troncs sont très minces et ils sont soutenus à la base par plusieurs racines-échasses. Les arbres sont caractérisés par leurs racines arquées qui, lors des marées, sont mises à nu. Une autre espèce de mangrove, *Ceriops tagal,* peut atteindre, comme *Ceriops decandra,* une hauteur de 4,50 m. Sur une ceinture de 1,5 à 17,5 km en amont prédomine *Sonneratia alba.* De ses racines horizontales poussent perpendiculairement des racines aériennes, les pneumatophores, en forme de fuseau, qui atteignent une hauteur de 1 m. Un intéressant poisson de la famille des gobiers, *Boleopthalmus boddarti,* habite les rivages marécageux de l'Australie du Nord. Il aime se chauffer dans les endroits vaseux peu profonds, et sort de l'eau pour venir sur les rivages humides. Ce petit poisson, aux yeux saillants et élevés au-dessus de la tête, chasse sur le rivage des petits crocodiles marins *(Crocodylus porosus).* Le crocodile marin est un habitant des deltas du Territoire du Nord. Mais on a trouvé, à l'intérieur du continent, à 43 km de l'embouchure, des nids remplis d'œufs. Les mangroves des côtes et des deltas sont également habitées par le varan de Mertens — *Varanus mertensi* — espèce fréquente qui aime dénicher les nids de crocodiles. Il enlève les œufs, les apporte dans sa cachette et les mange tranquillement. Les tortues vertes *Chelonia mydas* ont leurs lieux de ponte sur les côtes. Pour les petites tortues sortant de l'œuf, le chemin de la mer est très dangereux car elles sont les proies préférées des petits crocodiles et des oiseaux marins. Les rivages marécageux des fleuves sont bordés de *Typha domingensis* et d'opulentes plantes des marais du genre *Eleocharis.* Le crocodile australien *Crocodylus johnsoni,* qui est rare, vit dans les fleuves du Territoire du Nord. Les ennemis naturels de ce crocodile d'eau douce sont les dingos et le varan. Ce dernier déterre les œufs et attaque les jeunes crocodiles sortant de l'œuf.

Les mangroves côtières sont suivies de forêts avec une végétation de niaoulis *Melaleuca leucadendron* et de buissons *Melaleuca acaciodes.* Cette région n'est humide et marécageuse qu'en période pluviale. Durant la sécheresse, la terre se dessèche et se fissure profondément. Dans l'extrême nord-est du Territoire du Nord, on trouve fréquemment sur les rivages sableux de hautes mangroves et des peuplements de callitriche *Callitris intratropica.* Cet arbre atteignant une grande hauteur a un bois dur, résistant et odorant. En général, les marécages n'existent qu'en période pluviale. Après les averses tropicales, les inondations dans les zones attenantes des fleuves ne sont pas rares, surtout dans le nord du continent. En période de sécheresse, les marécages disparaissent à nouveau. C'est seulement dans le nord du Queensland, où les précipitations sont plus abondantes, qu'ils durent plus longtemps. L'Australie est connue pour ses rivières et ruisseaux, les «creeks», qui disparaissent dans le désert. Ils ne se remplissent d'eau qu'après les chutes de pluie. Lorsqu'ils s'élargissent et deviennent mares, on les appelle «billabongas».

Zálabský '84

Ornithorynque

Ornithorhynchus anatinus

L'ornithorynque (40 cm) fait partie des rares mammifères ovipares qu'on appelle monotrèmes. Il habite les eaux de l'Australie de l'Est et du Sud-Est. Il existe aussi en Tasmanie. Son museau est identique à celui d'un canard : c'est un bec plat, corné, avec deux narines au bout. Ce bec est un organe tactile utilisé pour découvrir la nourriture dans l'eau trouble, là où les animaux ne voient presque rien. L'ornithorynque est très bien adapté à la vie aquatique. Les larges palmures de ses doigts lui permettent de nager avec agilité. Il peut barboter, et filtre dans le limon du fond des larves d'insectes, des mollusques, des petits crustacés et d'autres invertébrés. Il écrase son butin et le mange. L'ornithorynque est jour et nuit à la recherche de sa nourriture, car il doit manger quotidiennement l'équivalent de son poids, soit à peu près 750 g. Il peut rester sous l'eau plusieurs minutes.

L'ornithorynque habite les lacs, les fleuves et les grands ruisseaux. Avec ses griffes puissantes, il creuse des tunnels dans les rives. Les différentes entrées débouchent sous les racines d'un arbre. A la fin du tunnel qui, exceptionnellement, peut atteindre 20 m de long, se trouve une chambre bien rembourrée de feuilles. Après l'accouplement, la femelle creuse en général une galerie de 5 m de long débouchant souvent au-dessus de la surface de l'eau, entre les racines d'un arbre. Elle en recouvre le fond avec des feuilles d'eucalyptus et avec des herbes. Avant la ponte, elle le bouche en plusieurs endroits pour couper le chemin aux ennemis. L'incubation de ses œufs (1 à 3) peut durer une semaine. En sortant de l'œuf, les jeunes sont nus et aveugles. Au bout de 18 jours, ils peuvent voir, et c'est seulement après 4 mois qu'ils acquièrent leur fourrure. Pour l'allaitement, la femelle se met sur le dos pour que les petits puissent lécher le lait qui sort des glandes mammaires et s'amasse dans un pli de la peau abdominale. La mère ne quitte ses petits que le temps de se rassasier et les rejoint vite. A l'âge de 4 mois, les jeunes quittent le terrier et ont déjà 35 cm de long. La femelle de l'ornithorynque utilise plusieurs années son terrier. L'ornithorynque a des dents de lait, à sa sortie de l'œuf (4 se trouvent dans la mandibule supérieure et 6 dans l'inférieure). Il les perd juste avant de quitter le terrier. Des plaques cornées les remplacent. L'ornithorynque fait partie des quelques rares mammifères venimeux. Le mâle possède sur chaque patte postérieure un éperon corné, creux, dans lequel débouchent des glandes à venin. Le venin n'est pas très actif, mais suffit pour tuer de petits êtres vivants. A cause de sa fourrure douce, l'ornithorynque faisait partie des animaux australiens impitoyablement chassés et exterminés dans beaucoup de régions. Heureusement, aujourd'hui il est sévèrement protégé et on peut espérer qu'il peuplera longtemps encore les sites protégés d'Australie.

L'ornithorynque est l'un des animaux les plus curieux vivant sur notre planète. Bien qu'appartenant à la classe des mammifères, la femelle pond des œufs qu'elle couve à la manière des oiseaux et allaite ses petits. Ces animaux sont très difficiles à élever dans les zoos, car il faut donner à chaque ornithorynque plus de 1 200 vers de terre par jour.

Wallaby bicolore

Wallabia bicolor

Les marais d'Australie sont habités par le wallaby bicolore. On le trouve également dans l'État de Victoria, dans les ravins des montagnes, riches en cascades, en Nouvelle-Galles du Sud et au Queensland. Il préfère la végétation marécageuse dense, où il peut se cacher de son plus grand ennemi, le dingo. Pendant la journée, il se repose. Le soir et au petit matin il va pâturer. Il se nourrit d'herbes, de graminées et de rameaux. Le wallaby bicolore, d'un poids de 15 kg, peut atteindre une longueur de 60 cm. Sa queue mesure 50 cm. Sa biologie ne diffère pas de celle des autres kangourous.

Wallaby bicolore

Quokka

Setonix brachyurus

Jadis, les quokkas vivaient dans les marais et dans les fourrés des forêts humides, tout au long de la côte occidentale de l'Australie. Aujourd'hui ils sont rares et n'existent plus que çà et là. Localement ils furent évincés par les lapins de garenne et chassés par l'homme ; sur les îles Rottnest et Bald, par exemple, les habitants rasèrent les acacias et les remplacèrent par des cultures. Les animaux furent ainsi privés de leur nourriture de base et durent manger l'herbe et les feuilles d'autres arbres. D'autre part, ces petites îles sont pauvres en eau et ce petit kangourou ne peut vivre que le long des marais et au bord des lacs salés. La femelle met au monde son jeune en été, saison de disette. Le petit échappe à cette sécheresse dans la poche ventrale de sa mère. Six mois plus tard, donc en hiver, il la quitte bien développé et indépendant et trouve assez de nourriture et d'eau. Quand la mère n'est pas en bonne santé durant la période estivale sèche, beaucoup de jeunes meurent. Les kangourous vivant à l'intérieur du continent n'ont pas ces problèmes car ils trouvent suffisamment de nourriture et d'eau, et les femelles mettent bas en toute saison. Les quokkas sont actifs la nuit et passent la journée bien cachés dans les fourrés d'acacias.

Renard volant

Pteropus poliocephalus

Le renard volant (30 cm de long, 1,40 m d'envergure) habite les régions côtières du Queensland et de la Nouvelle-Galles du Sud. Il vit dans les mangroves, le long des rivages. Il est sociable et forme des colonies de milliers d'individus qui passent la journée aux sommets des mangroves, endroit choisi comme lieu de repos habituel ; ils se reposent en s'entourant de leurs ailes, accrochés la tête en bas. Quand il fait très chaud, ils ouvrent leur «manteau» et s'aèrent avec une aile. En se réveillant au crépuscule, ils font beaucoup de vacarme. En criant, ils grimpent sur les arbres. Enfin, toute la colonie se lève, comme un très grand nuage noir, et s'envole à la recherche de nourriture dans les forêts. Ces chauves-souris se nourrissent de fruits mûrs. Elles viennent souvent dans les jardins et les plantations où elles causent beaucoup de dé-

Le quokka appartient aux petites espèces de marsupiaux. Aujourd'hui on ne le trouve que dans un territoire restreint de la côte occidentale de l'Australie. Des marins hollandais mentionnent dès 1658 dans leurs notes cet intéressant kangourou.

Renard volant

Le gorfou de Victoria ▶
(Eudyptes pachyrhynchus)
niche sur les îles situées face à la Nouvelle-Zélande. Lorsqu'il ne niche pas, il se rend régulièrement sur toute la côte sud australienne.

gâts. Durant leurs expéditions à la recherche de nourriture, on les a même vues à Melbourne. Le matin, toute la troupe revient aux lieux de repos. Après une gestation de 180 jours, la femelle met 1 seul petit au monde. Celui-ci se cramponne avec ses griffes à la fourrure de sa mère. Au bout de 4 mois, il est capable de voler.

Rat d'eau australien

Rat d'eau australien

Hydromys chrysogaster

Le rat d'eau australien fait partie des petits rongeurs qui ont émigré seuls d'Asie du Sud-Est il y a très longtemps. Il vit également en Tasmanie et en Nouvelle-Galles du Sud, sur les îles Aru et les îles environnantes. Le rat d'eau est un robuste rongeur, d'une longueur de 35 cm, d'un poids de 1,3 kg, avec une grande queue de 35 cm. A cause de sa fourrure dense, de grande valeur, il a été tellement chassé qu'on l'a exterminé dans plusieurs endroits. Dans les réserves, il est aujourd'hui protégé. Il vit dans les endroits marécageux et bourbeux, dans les lagunes, et au bord des cours d'eau. Il creuse de longs tunnels dans les berges et y reste toute la journée. Il dort aussi dans les cavités des arbres et des rochers. La nuit, il part à la recherche de ses proies. Il plonge et nage habilement sous l'eau et capture des mollusques, des crustacés, des poissons et des grenouilles. De temps en temps, il prend des jeunes oiseaux aquatiques au nid ou vide les œufs qui s'y trouvent. Les plantes font partie de sa nourriture quotidienne. La femelle met au monde 1 à 7 jeunes dans un nid bien rembourré.

OISEAUX

Petit grèbe d'Australie

Poliocephalus poliocephalus

Le petit grèbe d'Australie, d'une longueur de 27 cm, habite les plans d'eau de l'Australie et de la Tasmanie. On le trouve souvent en Nouvelle-Zélande. Le mâle et la femelle ont la même coloration, cependant le mâle a un bec remarquablement plus fort et plus long. Le petit grèbe d'Australie vit de préférence sur des lacs étendus et peu profonds, aux rives couvertes d'une végétation dense. Il vit dans les fourrés de plantes palustres. La femelle construit seule un nid plat avec des morceaux de plantes aquatiques apportés par le mâle. Le petit grèbe d'Australie est très sociable, et niche en grandes colonies. Celles-ci peuvent être composées de 400 nids, séparés l'un de l'autre par moins d'un mètre. Souvent entre novembre et janvier, après les chutes

Gorfou de Victoria

Petit grèbe d'Australie

de pluie, mais aussi en toute autre saison, la femelle pond 3 à 6 œufs brun clair. Durant l'incubation (19 à 23 jours) ils deviennent plus foncés. Les deux partenaires s'en occupent à tour de rôle. Les petits se cachent dans le plumage dorsal des parents. Quelques semaines après, ils sont capables de plonger. Le petit grèbe d'Australie se nourrit d'insectes et de leurs larves, de petits mollusques et crustacés, de têtards et de petits poissons. Il attrape ses proies dans l'eau, souvent à une profondeur de 2 m.

◄ Gorfou de Victoria

Gorfou de Victoria

Eudyptes pachyrhynchus

Le gorfou de Victoria, d'une taille de 56 à 71 cm, visite régulièrement, entre octobre et mai, les eaux territoriales australiennes du Sud-Est et du Sud-Ouest. Les jeunes, encore incapables de se reproduire, y restent toute l'année. On le trouve en grand nombre entre janvier et février. Fin mai, les gorfous regagnent leur habitat sur la côte occidentale de l'île du Sud de la Nouvelle-Zélande, sur l'île Stewart, sur les îles Snares et Auckland, Campbell, etc. La femelle pond ses œufs en juillet. Les jeunes éclosent en août. Durant l'incubation, femelle et mâle s'occupent à tour de rôle des œufs — 2 en général. Le couple construit son nid dans une petite cavité de rocher ou entre les racines d'arbres des forêts côtières. Il est fait de petits cailloux, de rondins et de plumes. En général, ce manchot forme de petites colonies. Dans l'île Big Solander uniquement on en connaît de plus grandes sociétés. Aussitôt que les jeunes sont indépendants, les gorfous partent pour la haute mer. Ils se nourrissent de poissons, de mollusques et de crustacés.

Petit manchot bleu

Eudyptula minor

Le petit manchot bleu atteint la grandeur d'un pigeon. Avec ses 40 cm, c'est le plus petit de tous les manchots. Il occupe le sud de l'Australie, la Tasmanie, l'île Phillip dans la Western Port Bay sur la côte sud de l'État de Victoria, les îles proches de la Nouvelle-Zélande et les îles Chatham. Comme il trouve sa nourriture en mer, il vit uniquement sur les côtes. C'est un excellent nageur qui chasse de petits poissons, des crustacés et des mollusques. Ce beau manchot passe toute sa journée en mer, loin de la côte. C'est seulement après le coucher du soleil qu'il rentre en troupe dans son terrier. Il vit dans des cavités et en hiver, quand il fait grand vent, reste plusieurs journées à l'intérieur de son abri. La plus grande colonie de petits manchots bleus se trouve à Summerlands Beach, sur l'île Phillip, qu'elle rendit célèbre dans le monde entier. Tous les ans, des dizaines de milliers de touristes viennent d'Australie ou d'outre-mer pour voir cette «attraction». Chaque soir, les oiseaux reviennent précipitamment par centaines, sur des sentiers régulièrement fréquentés. Les touristes en sont séparés par une clôture métallique. Ils regardent les manchots sous l'éclairage de projecteurs. Les oiseaux, habitués à l'homme et à cet éclairage, se comportent sans crainte et ne sont plus impressionnés. Depuis 1955, cette colonie est protégée et il est formellement interdit de parcourir les lieux de nidification. Même au bord des routes côtières, il y a des pancartes pour les conducteurs qui signalent les sentiers empruntés par les manchots.

Le petit manchot bleu niche sur les pentes jusqu'à une hauteur de 300 m, mais de préférence au bord de la mer. Sur l'île Chatham, ses colonies se trouvent dans une forêt située à plus de 1 500 m de la mer. Le petit manchot bleu fait son nid dans un terrier, quelquefois dans une cavité de rocher ou même sur une pente au-dessous d'une pierre saillante, ou encore sous de grandes touffes d'herbes. La cuvette du nid est revêtue d'herbes et d'algues marines. La femelle construit le nid avec les matériaux apportés par le mâle. En Australie, les couples construisent leur nid entre août et septembre. C'est uniquement entre la mi-septembre et octobre que la femelle pond 2 œufs blancs. Durant 38 jours, le mâle et la femelle s'occupent de l'incubation. Pendant cette période, les adultes perdent beaucoup de poids. Au crépuscule, dès qu'ils rentrent de la mer, les parents font manger leurs petits. A l'âge de 51 à 58 jours, les jeunes manchots quittent le nid. Ils sont entièrement emplumés et apprennent à pêcher. Dès que les jeunes ont quitté le nid, les parents reviennent à la mer et y restent pour 6 semaines. Ils reprennent leur poids normal et regagnent la côte avec des réserves de graisse pour les 2 à 3 semaines de mue. Durant les parades nuptiales, ce manchot émet des cris plaintifs.

Petit manchot bleu

Pétrel de providence

Pterodroma solandri

Le pétrel de providence vit dans l'océan Pacifique, et surtout dans les régions du Sud. Il arrive qu'il s'égare vers le nord jusqu'au Japon. Actuellement on ne connaît qu'un seul lieu de reproduction — l'île Lord Howe — qui se trouve à 575 km à l'est de l'Australie. Jadis, ce pétrel nichait aussi sur l'île Norfolk, mais les habitants l'y ont exterminé. Ils enlevèrent les oiseaux de leurs nids, les tuèrent et les mangèrent. Bien qu'ils les aient appelés «oiseaux de providence», les colons en tuèrent 171 362 dans la seule année 1790. Jusqu'en 1796 on importa 15 000 cochons qui achevèrent ce que l'homme n'avait pu faire,

Pétrel de providence

Puffin du Pacifique

et le pétrel de providence disparut de l'île Norfolk. Le pétrel de providence est sociable. La colonie de l'île Lord Howe comprend plusieurs milliers de couples. Mâle et femelle ont la même coloration. Tous deux creusent un tunnel de 1 m et l'élargissent au bout pour faire une chambre d'incubation. Ils recueillent des herbes sèches pour le rembourrage du nid. La femelle pond souvent en mai 1 seul œuf blanc. Durant 55 jours, elle et son partenaire s'occupent de l'incubation. Le nid assure une bonne protection contre le froid et les ennemis. Les premiers jours, il y a toujours un parent auprès de l'oisillon. Le petit quitte le nid à l'âge de 3 mois et demi. Durant ce temps, il se fait nourrir par ses parents. C'est généralement en novembre que les petits pétrels peuvent voler. Le pétrel de providence vit de petits mollusques céphalopodes, de crustacés et de poissons.

Pélican à lunettes

Puffin du Pacifique

Puffinus pacificus

Le puffin du Pacifique est un habitant des océans Pacifique et Indien. Ses colonies se trouvent dans les îles des zones tropicales et subtropicales. Il est très fréquent devant les côtes occidentales et orientales de l'Australie. Il atteint une longueur de 45 cm. Les deux sexes ont la même couleur. Dans la région australienne, la période d'incubation se situe entre septembre et avril. Le puffin du Pacifique niche en colonies. Il fait son nid dans une crevasse, un trou dans la terre, sur quelques îles tropicales, sous un buisson. La période de ponte correspond souvent à novembre ou à début décembre. Durant les 55 jours d'incubation, le couple s'occupe à tour de rôle de l'unique œuf blanc et ensuite de l'élevage du jeune. Les poissons, les mollusques et les crustacés constituent sa nourriture.

Pélican à lunettes

Pelecanus conspicillatus

Le pélican à lunettes (1,80 m de long) est un oiseau aquatique de belle taille, avec un bec de 36 à 45,5 cm. Les deux sexes ont la même coloration mais la femelle est souvent plus petite. Il habite partout en Australie, dans le sud de la Nouvelle-Guinée et la Nouvelle-Zélande. Il vit sur les lacs et les rivières, mais il se plaît aussi au bord des lagunes. La nidification du pélican à lunettes dépend du niveau d'eau et de la quantité de poisson existant dans son habitat. Le couple fait de préférence son grand nid sur une petite île, dans les buissons, ou à proximité de l'eau. Les nids sont faits de branchettes de plantes différentes et notamment de plantes aquatiques. La ponte de 2 à 4 œufs est couvée à tour de rôle par les deux partenaires. Les petits sortent de l'œuf après 32 à 35 jours. Les parents les nourrissent dans le nid durant 100 jours. Au bout de 12 semaines, les petits s'envolent et à 15 semaines, ils sont complètement indépendants. Le pélican à lunettes est sociable et niche en colonie.

Anhinga ou Oiseau-serpent

Anhinga melanogaster (= A. rufa)

L'anhinga australien vit sur les lacs, les rivières, les marais et les lagunes de l'Australie et de la Nouvelle-Guinée. Quelques ornithologues considèrent qu'il s'agit d'une sous-espèce d'*Anhinga rufa.* Il atteint une longueur de 90 cm. Le mâle a un plumage noir rayé de blanc. La femelle, par contre, a la partie supérieure gris-brunâtre et la partie inférieure brun clair ou blanchâtre. L'anhinga se nourrit avant tout de poissons qu'il attrape sous l'eau. Il se sert souvent de son bec aigu comme d'un harpon. Il ne poursuit pas ses proies mais les guette et attend qu'elles passent devant lui. Puis il s'envole et se perche sur un arbrc pour mangcr. Il aimc s'emparer de tortues d'eau douce sortant de l'œuf et capture également des insectes aquatiques. De temps en temps, il pêche avec des pélicans, des ibis et des hérons. Il ne peut pas rester plus de 3 minutes sous l'eau. Assez souvent, les oiseaux-serpents se prennent dans les filets de pêche et se noient. L'anhinga vit en petits groupes et niche en colonie, parfois au voisinage des cormorans et des hérons. En Australie, il niche au printemps et en été, mais dans les tropiques, en toute saison. Le couple fait son nid de branches et de feuilles, dans un arbre au-dessus de l'eau. Il s'en sert plusieurs années, mais l'agrandit progressivement. Les 4 œufs sont blancs et teintés de vert. Après une incubation de 26 à 30 jours, les parents s'occupent ensemble de la nourriture des petits, composée de petits poissons.

Anhinga

Cormoran varié

Phalacrocorax varius

Le cormoran varié habite toutes les régions côtières de l'Australie. Il vit aussi dans l'est du continent près des lacs d'eau douce et sur la côte de Nouvelle-Zélande. Il atteint une longueur de 75 cm. Les deux sexes ont la même coloration. Il vit en société nombreuse, mais vole en petites troupes pour chercher sa nourriture. Ces groupes adoptent une formation en V, comme les oies. Les cormorans pêchent dans les baies, les lagunes, les lacs intérieurs et les rivières. Le cormoran

Cormoran varié

Le fou brun est un excellent voilier et un très bon plongeur.

varié plonge jusqu'à une profondeur de 10 m. Il peut rester 2 minutes sous l'eau. Sa nourriture principale est le poisson, mais les crustacés et d'autres petits animaux marins font partie de son menu. Quand il a bien mangé, il aime se reposer sur les branches d'un arbre mort ou sur les ancres des bateaux où il sèche son plumage. Selon les régions, il niche à différentes saisons. Dans le Sud, c'est normalement en automne. Le cormoran varié niche en colonies. Il construit son nid sur de hautes mangroves et des rochers. Il niche très rarement au sol et construit son nid avec des branches. Les colonies de cormorans variés font périr les arbres car les fientes des oiseaux en détruisent le feuillage. La ponte comporte généralement 3 à 5 œufs teintés de vert. Les adultes les couvent durant 28 jours. Les petits cormorans restent dans le nid durant 2 mois.

Fou brun

Sula leucogaster

Cet habitant des mers tropicales niche sur les îles de la côte nord de l'Australie et sur les atolls de la mer de Corail. Les deux sexes atteignent une longueur de 75 cm. A l'exception des joues, ils ont une couleur uniforme. Alors que le mâle a les anneaux oculaires et la gorge bleus, ceux de la femelle sont jaune-vert. Le fou brun est un excellent voilier et plongeur. Pour pêcher, il va à des centaines de kilomètres au large. Il se précipite, la tête la première, dans l'eau, plonge à plusieurs mètres de profondeur et saisit sa proie. Une fois revenu sur terre, il aime se reposer sur les arbres, les hauts buissons et les installations portuaires. Le fou brun niche en toute saison. Il fait son nid dans les rochers et même, dans la mer de Corail, sur les petits atolls plats, entre les buissons. Le nid se compose de petits rameaux de feuilles et de restes d'algues marines. Ces matériaux sont en général apportés par le mâle. Le couple couve la ponte de 2 œufs vert pâle. Après 42 jours d'incubation les petits sont nourris jour et nuit par les parents. A 3 mois, les jeunes fous bruns sont capables de voler.

Frégate du Pacifique

Fregata minor

La frégate du Pacifique vit dans les régions tropicales de l'Australie du Nord et dans les îles de la mer de Corail. On la trouve aussi dans les mers tropicales voisines d'autres continents. Elle a une envergure de 2,20 m. Elle atteint une longueur de 95 cm. La gorge nue du mâle est rouge et celle de la femelle blanche. C'est un excellent voilier qui survole longuement les vagues des océans. Elle capture sa nourriture en volant. Elle attrape habilement à la surface de l'eau des poissons, des crustacés et des mollusques. Elle poursuit parfois d'autres oiseaux aquatiques, avant tout des fous et des hirondelles de mer (sternes) qui, pour échapper à leur poursuivant, vomissent leur nourriture. En volant, elle attrape les aliments rejetés. De temps en temps, elle prend des œufs et des jeunes dans les nids d'autres espèces d'oiseaux. Elle revient le soir vers la côte, où elle passe la nuit dans les hauts buissons des îles. Durant les parades nuptiales, le mâle gonfle son sac gulaire comme un grand ballon rouge et attire une femelle. En Australie, la frégate du Pacifique niche entre janvier et octobre. Le nid, fait de petits rameaux et d'herbes, se trouve dans les branches d'un arbre ou d'un buisson. La femelle ne pond qu'un seul œuf blanc que mâle et femelle couvent. Le petit oiseau

La frégate du Pacifique ▶ *(Fregata minor)* gonfle, au cours de la parade, sa poche située sous la gorge comme un ballon rouge.

Frégate du Pacifique

Le phaéton à brins rouges ne vient sur les îles rocheuses bordant les côtes australiennes que pendant la période de reproduction. Le reste du temps il vole au-dessus de l'océan. Il guette ses proies tout en volant et les attrape en rasant l'eau.

sort de l'œuf après 45 jours. Il est nourri par ses parents durant les 5 premiers mois dans le nid et les 2 à 6 mois qui suivent son envol.

Phaéton à brins rouges

Phaeton rubricauda

Le phaéton à brins rouges est un habitant des grands océans, qui ne vient à terre qu'en période de reproduction et pour passer la nuit. Les colonies se trouvent sur les côtes nord-ouest et sud-ouest de l'Australie. Cet oiseau tropical niche en plus grand nombre au nord. Le phaéton à brins rouges atteint une longueur de 45 cm. En période de nidification, le mâle a deux pennes rouges qui se trouvent au milieu de la queue et qui ont une longueur de 30 à 35 cm. Outre leur bec rouge, les deux sexes ont un plumage blanc. Ce phaéton est un voilier parfait. En volant, il guette ses proies sur lesquelles il se précipite dans l'eau, la tête la première. Sa nourriture est composée de poissons, de mollusques et de petits céphalopodes. Dans les régions subtropicales australiennes, il niche surtout en été ; par contre, en hiver, il niche dans les régions tropicales du Nord. Il ne fait pas de nid, mais pond un seul œuf à l'ombre d'un buisson ou sur les écueils dans une petite cavité du sol. L'œuf est rose, avec des taches gris brunâtre. Durant 6 semaines, le mâle et la femelle s'occupent à tour de rôle de l'incubation et de l'élevage du petit. Le jeune phaéton à brins rouges ne quitte le nid qu'entre 56 et 100 jours et nage dans l'eau. Lorsqu'il y a beaucoup de vent, il s'envole des récifs. Après l'élevage du jeune, le couple se sépare.

Héron pie d'Australie

Héron pie d'Australie

Notophoyx picata (= Egretta picata)

Le héron pie, qui atteint seulement 48 cm de long, fait partie des petites espèces d'ardéidés largement répandues. Les deux sexes ont la même coloration. Il habite les eaux douces, les marais des côtes et les lagunes de l'Australie du Nord. Cependant il niche aussi en Nouvelle-Guinée et à l'est de l'Indonésie. Après la période de reproduction, les populations du Nord s'envolent vers le sud-est de l'Australie en formant des troupes d'environ 100 oiseaux. Ce héron va en groupe dans les lagunes peu profondes. A marée basse, quand il peut trouver dans les flaques d'eau suffisamment de petits animaux aquatiques, il va à leur recherche sur les plages. A proximité des troupeaux, il chasse des insectes. Le héron pie niche souvent en compagnie d'autres hérons. De septembre à novembre, les couples font leur nid dans les mangroves. Les grands arbres accueillent parfois 20 nids faits de petites branches et de brins d'herbes. Les deux oiseaux s'occupent à tour de rôle, durant 24 jours, de l'incubation des 3 ou 4 œufs vert pâle. Au début, les parents apportent la nourriture dans leur poche gulaire et les petits y plongent leur bec. Plus tard, ils déversent les aliments sur le nid. Les petits hérons pies ne sont capables de voler qu'à 6 semaines.

Aigrette des récifs

Egretta sacra

On trouve sur presque toute la côte australienne des colonies d'aigrettes des récifs. La Nouvelle-Zélande et tout le Nord jusqu'au Japon font également partie du domaine de cette espèce. Cette aigrette (60 à 70 cm de long) a deux colorations : blanc et gris-bleu. Les deux sexes ont la même couleur. Les aigrettes des récifs blanches sont plus fréquentes sous les tropiques, tandis que la forme foncée est prépondérante dans les zones subtropicales. Les deux formes s'accouplent et élèvent des oisillons blancs et gris. L'aigrette des récifs fréquente les récifs coralliens, les rochers des côtes et les lagunes. Elle chasse aussi bien la nuit que le jour, dans l'eau peu profonde, dans les récifs coralliens et avant tout quand la marée descend. Elle cherche des animaux marins, par exemple des poissons, des crabes et d'autres invertébrés. De temps à autre, elle envahit des colonies d'hirondelles de mer et vole des poissons qui étaient destinés à la nourriture des jeunes. L'aigrette des récifs n'a pas une période de nidification bien précise et se reproduit n'importe quand, mais le plus souvent de septembre à janvier. Dans la colonie, chaque couple se construit un nid de branches situé de préférence dans des mangroves ; sur les atolls, il le fait directement sur le sol. La femelle et le mâle couvent alternativement les 2 à 5 œufs vert clair. Les jeunes sortis de l'œuf après 24 jours sont nourris par les deux parents.

Aigrette des récifs

Butor australien

Botaurus poiciloptilus

Le butor australien mesure 70 cm de long. Son aire de répartition comprend le sud-ouest et le sud-est de l'Australie, la Tasmanie, la Nouvelle-Zélande et la Nouvelle-Calédonie. La coloration de la femelle et du mâle est identique. Le butor australien mène une vie nocturne et très secrète, aussi ne peut-on l'observer que rarement. Mais, dans les marais, on peut souvent entendre son ap-

Butor australien

Ibis d'Australie

pel sourd, tel un grondement. Ce butor se nourrit de petits vertébrés (poissons, batraciens, oiseaux et mammifères). Il recherche également des mollusques, des araignées et des insectes. Le butor australien construit un nid plat dans les roseaux, aux endroits peu profonds, avec différentes plantes de marais. Il arrive que 7 couples s'installent les uns à côté des autres, sans pour autant constituer une colonie. La femelle couve seule les 6 œufs brun olive pendant 25 à 27 jours ; c'est également elle qui s'occupe seule des jeunes. Au début, elle régurgite la nourriture sur le nid ; 8 semaines après, les petits butors sont déjà capables de voler et commencent leur vie indépendante.

Ibis d'Australie

Threskiornis spinicollis

Les marais et les bords des lacs de presque toute l'Australie représentent l'habitat de cet ibis. Quand il ne niche pas, il quitte des régions devenues sèches pour le sud de la Tasmanie et le nord de la Nouvelle-Guinée. Après les importantes chutes de pluie, il revient sur les lieux de reproduction et commence à nicher. Dans les régions où il y a des lacs permanents, il est sédentaire. L'ibis d'Australie (70 cm de long) est la plus grande des 3 espèces d'ibis répandues en Australie. Le plumage des deux sexes est identique, le mâle se distinguant par son bec plus fort. Il vit de préférence en groupe et en colonies (de plusieurs dizaines à 10 000 couples). Par nuées gigantesques, il gagne les endroits où il trouve sa nourriture, c'est-à-dire les eaux peu profondes, ou les lieux secs dans les savanes. Sa nourriture se compose d'insectes, de mollusques, de grenouilles et de petits serpents. Dans l'herbe des savanes, il aime chasser les criquets. Pour nicher, les couples cherchent des arbres et des buissons. Des petites branches et parfois des feuilles vertes sont apportées par le mâle d'une distance de plusieurs kilomètres. Tous ces matériaux sont utilisés par la femelle pour faire le nid. Le couple couve pendant 23 jours la ponte de 2 à 5 œufs blancs. A l'âge de 3 semaines les jeunes ibis sortent du nid ; mais ils ne sont capables de voler qu'à 5 semaines.

Spatule d'Australie

Spatule d'Australie

Platalea regia

Cette spatule vit surtout près des eaux douces de l'Australie, mais également dans les lagunes d'eau salée. L'aire de répartition de cette espèce (de 75 cm de long) couvre également la Nouvelle-Guinée, la Nouvelle-Zélande et l'Indonésie. La coloration du mâle et de la femelle est identique. La spatule d'Australie habite en société souvent avec d'autres spatules et ibis, au bord des lacs entourés de végétation, dans les marais, les deltas et les lagunes. Elle niche surtout d'octobre à mai et choisit des arbres et des buissons, dont les branches affleurent au-dessus de l'eau. La femelle construit un nid à 9 m de haut, avec des petites branches, qui sont apportées par le mâle. Les 2 à 4 œufs blancs tachetés de brun sont couvés en alternance pendant 25 jours par le couple de spatules. Les deux adultes s'occupent également de l'élevage des jeunes qui vont chercher la nourriture directement dans le gosier des parents. Au bout de 6 semaines, les jeunes sortent du nid et peu après sont capables de voler. Dans l'eau peu profonde, la spatule d'Australie chasse des poissons, des crustacés, des insectes. Elle complète de temps à autre son alimentation avec des plantes.

Oie semi-palmée

Anseranas semipalmata

L'oie semi-palmée, qui vit en Australie, présente une particularité par rapport aux autres espèces d'anatidés car ses doigts sont réunis par des palmures atrophiées. Cet oiseau n'est ni un canard, ni une oie (malgré son nom) et habite dans des marais et des eaux peu profondes, où il se déplace comme un échassier. Il préfère vivre dans les souchets du genre *Eleocharis* et se repose sur des plantes couchées. L'oie semi-palmée niche dans les régions tropicales au nord du continent. Il est rare de trouver des nids éloignés de plus de 80 km de la côte. Pendant la saison sèche, elle va dans le sud de l'Australie et en Nouvelle-Guinée. L'oie semi-palmée mesure environ 90 cm de long. Le plumage des deux sexes est identique, mais le mâle est un peu plus fort. En dehors de la reproduction, elle vit en groupe mais forme des couples pour nicher. Le mâle a souvent deux femelles. Ce trio construit ensemble, le plus souvent de décembre à février, un nid de 1,50 m de large constitué d'herbes des marais et situé à environ 50 cm au-dessus du niveau de l'eau. Cela dure un mois. Ensuite, les deux femelles pondent d'avril à février 16 œufs crème et les couvent ensemble pendant 24 à 25 jours. Le lendemain de l'éclosion, les poussins suivent déjà leurs parents, qui les protègent et les guident vers la nourriture. L'oie semi-palmée se nourrit de différentes graines, de baies, d'herbes des marais, des genres *Panicum* et *Paspalum,* de riz sauvage et d'autres plantes. A l'âge de 11 semaines, les jeunes commencent à voler et les familles se groupent en grandes nuées. L'oie semi-palmée mue après avoir niché, quand les marais sont à sec. Toutes les plumes des ailes ne tombent pas en même temps, comme chez les autres anatidés, mais l'une après l'autre, de sorte que les oiseaux sont toujours capables de voler. Les jeunes qui ne peuvent encore voler deviennent très souvent la proie

Lorsque l'oie semi-palmée commence à nicher, la végétation dans les régions tropicales du nord de l'Australie est tellement haute qu'elle se referme au-dessus de l'oie couvant ses œufs.

Dendrocyne d'Eyton

du dingo. Dans le nord de l'Australie, l'oie semi-palmée est toujours très répandue. En 1967, on a observé une troupe gigantesque de 80 000 oiseaux.

Dendrocyne d'Eyton

Dendrocygna eytoni

Le dendrocyne d'Eyton est répandu dans tout le nord et l'est de l'Australie. Il habite le long des rivières, mais aussi dans les lagunes. Il est commun dans le Queensland. Il vole très souvent à une distance de plus de 30 km dans les savanes pour chercher des graines et des herbes car il ne mange que de temps à autre des plantes aquatiques. Il vit plutôt au sol et se repose rarement sur les arbres. Le mâle atteint une longueur de 61,5 cm et la femelle seulement 52 cm. Leur coloration est identique. Le dendrocyne d'Eyton niche de février à la fin de juin. Le plus souvent la nidification a lieu entre février et mars, quand les régions tropicales australiennes sont très humides. Une fois formé, le couple de dendrocynes reste uni. Pour nicher, les deux oiseaux creusent le sol sous des buissons épais et rembourrent le nid avec un peu d'herbe. On a observé que la femelle et le mâle couvent en alternance les 8 à 14 œufs blanchâtres. Les deux parents s'occupent de l'élevage des poussins. Les jeunes sont nidifuges ; dès qu'ils sont secs, ils sont emmenés par les parents, loin de la savane (souvent à 2 km) jusqu'à des points d'eau, et parcourent cette longue distance à pied.

Cygne noir

Cygnus atratus

Le cygne noir fait partie des oiseaux australiens les plus connus. Il niche dans les régions du sud, du sud-ouest, du sud-est et de l'est du continent et en Tasmanie. Il a été aussi introduit en Nouvelle-Zélande. Le mâle atteint une longueur de 1,30 m, la femelle seulement 1,20 m. La femelle ne se distingue du mâle que par ses yeux plus clairs et son cou plus mince. En dehors de la période de reproduction, le cygne noir vit en compagnie de plusieurs milliers de ses semblables sur les grands lacs du nord de l'Australie. Il cherche sa nourriture principalement dans l'eau. Il se nourrit de différentes plantes aquatiques mais également d'herbes qui

Cygne noir

poussent près de l'eau. Le couple de cygnes noirs reste toujours uni. Dans le Queensland, il niche le plus souvent de février à mai et dans le Sud, de mai à septembre, mais il arrive qu'il ponde en n'importe quelle saison. Le nid, de 35 cm de haut et de 2 m de large, est construit par le couple sur une petite île ou sur des roseaux couchés. Le couple niche plusieurs fois par an et utilise alors le même nid. La ponte contient 3 à 9 œufs vert-bleu. Les deux partenaires couvent en alternance de 39 à 43 jours et élèvent ensuite les poussins ensemble. Les petits cygnes sont capables de voler à l'âge de 113 à 160 jours. A 18 mois, ils peuvent déjà se reproduire, mais le plus souvent ils le font après avoir atteint 2 ans. Le cri du cygne noir ressemble à un coup de trompette. Il est plus grave chez le mâle.

Tadorne d'Australie

Tadorne d'Australie

Tadorna tadornoides

Le tadorne d'Australie appartient à la tribu des tadornini et est répandu dans le sud de l'Australie et également dans l'ouest de l'État de Victoria, le sud de la Nouvelle-Galles du Sud et en Tasmanie. Il habite les lacs profonds et les vastes lagunes. Pour boire, il vole régulièrement en grandes nuées, souvent sur des dizaines de kilomètres, des lagunes côtières vers les lacs d'eau douce à l'intérieur du pays. En dehors de la saison de reproduction, ses troupes peuvent dépasser 1 000 oiseaux. Le mâle atteint une longueur de 72 cm et la femelle, 67,5 cm. Le plumage des deux sexes est identique, mais la femelle a une poitrine marron et des taches blanches autour des yeux et à la racine du bec. Le tadorne d'Australie se nourrit d'herbes et de pousses vertes, de plantes aquatiques, de graines et de temps à autre d'insectes et de mollusques. Pendant la journée, il se repose en groupe au bord de l'eau et vole à la fin de l'après-midi vers les savanes pour chercher sa nourriture. Le couple reste uni et revient en général chaque année sur le même nid, que la femelle construit dans un trou d'arbre situé de 2 à 25 m au-dessus du sol. La période de nidification commence en juin et se termine en septembre, la saison principale ayant lieu en juillet et août. La ponte comprend 5 à 14 œufs de couleur crème. Pendant les 30 à 35 jours où la femelle couve seule, le mâle défend le territoire, qui couvre très souvent plus de 2 km autour du nid. Dès que les poussins sont secs, ils sautent tout seuls du nid, sans se faire mal même s'il se trouve assez haut. Le plus souvent, ils tombent dans l'herbe et leur duvet épais les protège. La mère amène les petits sur le territoire du père, où la famille vit jusqu'à ce que les jeunes soient capables de voler. Ils se groupent ensuite avec d'autres familles.

Souchet d'Australie

Anas rhynchotis

Les lieux de reproduction du souchet d'Australie se situent près des eaux du sud-ouest et de l'est du continent. Il habite surtout les ri-

Souchet d'Australie

Canard à oreillons roses

vières et les lacs des régions côtières, mais dans l'Ouest s'enfonce jusqu'à 300 km vers l'intérieur. Le mâle atteint une longueur de 53 cm et la femelle seulement 49 cm. Elle est plus foncée que le mâle, et n'a pas de plumes vert-bleu, ni de taches blanches sur la tête. En dehors de la reproduction, le souchet d'Australie forme des troupes de plusieurs centaines d'oiseaux. Pour nicher, il vit en couple. Dans les régions côtières, la nidification a lieu d'août à décembre et dans les autres contrées, elle dépend du niveau des rivières et des lacs. Sur une petite île, la femelle creuse un nid sous des buissons épais. Le nid peut également être installé sur une couche de plantes palustres ou sur une souche d'arbre qui dépasse de 1 à 2 m la surface de l'eau. Comme rembourrage, l'oiseau utilise des herbes et des duvets. La femelle pond 9 à 11 œufs verdâtres et les couve seule pendant 27 jours. Très vite, les jeunes sont guidés vers l'eau par la mère. La nourriture du souchet d'Australie se compose à 75 % d'insectes (surtout des larves de coléoptères aquatiques), de crustacés et de mollusques. Le reste comprend des graines et les parties vertes des végétaux.

Canard à oreillons roses

Malacorhynchus membranaceus

Le canard musqué *(Biziura lobata)* ressemble, dans l'eau, à un bateau à vapeur miniature. ▶

Le canard à oreillons roses, qu'on appelle également canard à joues roses, à cause d'une tache rose à l'oreille, habite sur toutes les eaux douces et saumâtres de l'Australie et de la Tasmanie. Son bec est en forme de spatule. La coloration du mâle (42 cm de long) est la même que celle de la femelle (39 cm). En dehors de la saison de reproduction, ce canard vit en groupes importants et très souvent en compagnie d'autres espèces de canards. La plupart du temps, il vit sur l'eau. Au repos, il reste le plus près possible de l'eau où il trouve sa nourriture. Il mange surtout des petits invertébrés (insectes, mollusques, crustacés). Les 94 % de sa nourriture sont d'origine animale et le reste se compose d'algues, d'herbes et de graines.

Le canard à oreillons roses n'a pas une période de reproduction fixe. Il niche quand les conditions sont bonnes, c'est-à-dire s'il y a suffisamment d'eau. La femelle construit le nid avec des herbes, des plantes aquatiques et de la mousse, qu'elle met sur des branches de buisson ou sur un tronc d'arbre situés à quelques centimètres de la surface de l'eau. Mais elle pond également dans les nids d'autres oiseaux, par exemple dans les nids d'ibis. On a même trouvé des nids de ce canard dans des trous d'arbres situés à 10 m au-dessus du niveau de l'eau. La hauteur du nid est d'environ 15 cm et le diamètre de 25 cm. Les nids ne sont rembourrés que de duvets. La femelle pond 5 à 8 œufs blancs ou crème. Dans les trous d'arbre, elle en pond davantage : on a trouvé des couvées de 60 œufs superposés. Très souvent, une mère surveille jusqu'à 20 poussins. Le père prend aussi part à leur élevage. Les jeunes canards plongent souvent, mais les oiseaux adultes jamais.

Canard musqué

Biziura lobata

Le canard musqué habite les grands marais humides de l'ouest, du sud-ouest et du sud-est de l'Australie et en Tasmanie. En hiver, il vient aussi dans les eaux saumâtres des deltas fluviaux, mais rarement dans les baies. Le mâle atteint une longueur de 62,5 cm, et il a sous le bec un énorme lobe corné. La femelle, qui mesure au maximum 59,5 cm, possède un lobe de 10 mm de large à peine. La coloration des deux sexes est identique. Pendant la parade, le lobe du mâle atteint 10

Canard musqué

Pygargue à ventre blanc

à 15 cm de large. En même temps, l'oiseau émet une substance secrétée par la glande du croupion, qui sent le musc. Cette glande fonctionne également en dehors de la saison de couvaison, mais moins activement. Le canard musqué est adapté à la vie aquatique et est totalement désemparé à terre. Il vole peu, mais assez vite et adroitement. Il a besoin d'une grande surface d'eau pour l'envol. Il cherche des insectes, des larves, des mollusques, des crustacés et des têtards. Il mange seulement de temps à autre des graines et des plantes aquatiques. Chez le mâle, l'instinct sexuel se manifeste dès le mois de mars, mais les couples ne nichent qu'en août. La plupart du temps, l'incubation a lieu de septembre à octobre. La femelle construit un nid en forme de coupe, fait de plantes et situé dans les massifs de *Typha.* Elle le couvre d'un «toit» de tiges couchées. De temps en temps, elle choisit également pour nicher des branches de buisson ou d'arbre, situées près du niveau de l'eau, ou plus rarement sur une petite île. Elle rembourre le nid de feuilles et de duvets et couve seule 1 à 3 œufs vert clair (dimensions: environ 80 × 53 mm). Elle s'occupe également seule de l'élevage des poussins. Quelques jours après la sortie de l'œuf, les jeunes sont déjà capables de plonger. La femelle cesse alors de leur apporter des larves aquatiques prises au fond de l'eau.

Pygargue à ventre blanc

Haliaeetus leucogaster

Le pygargue à ventre blanc est répandu sur toutes les côtes d'Australie et de Tasmanie, mais également le long du Murray et vers le nord en Nouvelle-Guinée, en Indonésie et même en Inde et dans le sud de la Chine. La coloration des deux sexes est identique. La femelle atteint une longueur de 84 cm, et le mâle seulement 76 cm. Ce magnifique pygargue a une envergure de 2,20 m. Le couple occupe un territoire permanent et le défend contre les intrus. Ses proies préférées sont des poissons et des serpents de mer, apportés par les vagues en eau peu profonde, mais il prend également des canards peu adroits, blessés ou malades, de jeunes cygnes noirs, d'autres espèces d'oiseaux et même des mammifères. Il mange aussi des animaux morts. Après avoir mangé, il aime se reposer, seul ou par couple, sur les branches sèches d'arbres élevés. La période principale de la reproduction a lieu de mai à octobre. Le couple construit une grande aire de branches sèches, à la cime d'un arbre de plus de 30 m, mais aussi sur un petit arbre, dans les marais ou sur une saillie rocheuse d'une île. La femelle couve la plupart du temps seule les 2 œufs blancs : le mâle la remplace seulement de temps en temps pendant la journée. Les deux parents nourrissent les jeunes qui sortent des œufs après 35 jours. A l'âge de 50 à 70 jours, les jeunes pygargues quittent le nid, mais restent encore plusieurs semaines avec leurs parents avant d'être tout à fait indépendants.

Râle de Lewin

Rallus pectoralis

Le râle de Lewin est un habitant des régions côtières de l'est, du sud-est et du sud-ouest de l'Australie et de la Tasmanie. Mais on le trouve également de temps à autre sur les berges des rivières à l'intérieur du pays. Il est très répandu en Nouvelle-Guinée et sur l'île de Flores. On voit rarement cet oiseau de 22 cm de long, car il est très peureux et reste de préférence dans la végétation épaisse des marais et des lagunes. Quand il se sent en sécurité, il nage également à découvert sur l'eau, mais plonge tout de suite et revient dans la végétation s'il est dérangé. Il vole très mal et au maximum sur 20 m, quand il y est contraint, puis il se cache tout de suite dans les fourrés. Les deux sexes ont la même coloration. La nourriture se compose d'insectes, de petits crustacés, de mollusques et d'araignées. D'août à décembre le couple de râles de Lewin construit au milieu des plantes palustres denses et entourées d'eau, un nid d'herbes bien caché ; il couve pendant 20 jours en alternance 4 à 6 œufs de couleur crème, tachetés de marron foncé et de gris-pourpre. Les petits suivent leurs parents quelques heures après l'éclosion. Au cours des premiers jours, ils prennent la nourriture du bec de leurs parents, mais très tôt, ils la trouvent eux-mêmes.

Grue antigone d'Australie ou Brolga

Grus rubicunda

La grue antigone d'Australie fait partie des oiseaux danseurs légendaires de la faune australienne. Elle habite les régions est et nord du continent et on la rencontre plus particulièrement sur la ceinture côtière. Elle se montre aussi dans le sud de l'Australie occidentale, sur les îles de la mer de Corail et en Nouvelle-Zélande. On la trouve également en Nouvelle-Guinée. Elle préfère les paysages marécageux couverts de souchets, de l'espèce *Eleocharis dulcis*. La grue mâle atteint une hauteur de 1,25 m et la femelle 1,15 m. Toutes deux sont de la même couleur. L'envergure de cette grue peut atteindre 2,20 m. Pendant la période de reproduction, la grue a un comportement remarquable et est très bruyante. Les deux oiseaux lancent des coups de trompette, sautent à cloche-pied, en alternance sur chaque patte, courent en rond et font une sorte de danse. Souvent, ils ramassent avec le bec de petits morceaux de bois et les lancent en

Râle de Lewin

l'air. La grue antigone d'Australie niche de septembre à avril, en général pendant la saison des pluies. Chaque couple défend un vaste territoire dans les marécages ou les prairies humides. Comme lieu de ponte, la grue choisit une petite île et construit un nid de 1,50 m de large, fait de bouts de bois et de roseaux. Aux endroits secs, le nid est plat, et aux endroits humides, il est plus élevé. La femelle couve 28 à 31 jours, en alternance avec le mâle, en général 2 œufs de couleur crème tachetés de brun et de pourpre. Les petits sont nidifuges et se mettent tout de suite à nager. Après leur élevage, la famille reste unie et en rejoint d'autres pour former des troupes atteignant parfois 12 000 oiseaux. La grue antigone d'Australie se nourrit d'insectes et d'autres invertébrés, de graines et de plantes.

Jacana d'Australasie

Irediparra gallinacea

On trouve le jacana d'Australasie dans la zone côtière de l'Est jusqu'au Nord australien, mais également en Nouvelle-Guinée, en Indonésie et jusqu'aux Philippines. Cet oiseau, dont les deux sexes ont la même couleur, mesure jusqu'à 24 cm. La femelle est plus grande que le mâle. Le jacana d'Australasie habite de vastes marécages, des terrains

Grue antigone d'Australie ▶

Grue antigone d'Australie

bourbeux et des lacs et étangs, riches en végétation. Il a des doigts extrêmement longs et c'est pourquoi il est capable de courir facilement sur les feuilles des plantes aquatiques, qui couvrent la surface de l'eau. Il ramasse des graines, des insectes, les parties vertes des plantes aquatiques et des petits mollusques. Bien qu'il nage remarquablement, il s'expose rarement sur des étendues d'eau à découvert. En général, il reste constamment dans la végétation aquatique dense. Il vole bien mais lentement. Pendant la période de reproduction, il devient assez agressif ; chaque couple défend son territoire. Le jacana d'Australasie niche en principe de septembre à janvier, mais dans le Nord, de janvier à mai. Le couple fait un nid avec des plantes aquatiques, des herbes et des roseaux. La femelle pond 3 ou 4 œufs jaune-brun rayés et tachetés intensivement de marron et de violet, puis abandonne au mâle l'incubation. Après environ 24 jours, lorsque les poussins sont sortis de l'œuf, elle participe à leur élevage.

Huîtrier noir

Haematopus unicolor

Toutes les côtes australiennes et les îles côtières ainsi que les côtes de Tasmanie sont l'habitat de l'huîtrier noir (environ 48 cm). En général, la femelle est un peu plus grande que le mâle ; on ne peut les distinguer, l'un de l'autre, par la couleur. L'huîtrier noir séjourne de préférence sur les côtes rocheuses. La coloration de son plumage se confond avec celle des pierres et il échappe ainsi à l'attention de ses ennemis. C'est un oiseau sédentaire qui ne quitte ses lieux de reproduction que pour chercher de la nourriture à une courte distance, par exemple sur une île voisine. L'huîtrier noir trottine dans l'eau peu profonde ou, à marée descendante, sur la plage, pour y chercher des coquillages. Il les ouvre très adroitement avec son bec et en tire l'animal, ou bien écrase sur une pierre les coquilles trop dures et solidement fermées, pour attraper le mollusque. L'huîtrier noir défend son territoire pendant la période de nidification d'août à janvier. Une cuvette plate, rembourrée de petites coquilles, entre les pierres ou simplement sur le sable, sert de nid. La ponte complète est composée de 2 ou 3 œufs de couleur gris-olive foncé, tachetés de marron foncé et de pourpre. Les deux partenaires couvent en alternance. Les poussins, qui éclosent au bout de 26 à 28 jours, sont brun foncé, sauf sur la tête qui est noire. Ils restent environ 2 semaines dans le nid et se cachent ensuite à proximité entre les pierres et les roches. Au cours des premiers

Jacana d'Australasie

◀ La grue antigone d'Australie *(Grus rubicunda)* déploie largement ses grandes ailes au cours de la parade.

Huîtrier noir

jours, les parents leur apportent de la nourriture dans le bec, mais bientôt, ils attrapent eux-mêmes leurs proies.

Vanneau armé d'Australie
Vanellus miles

Le vanneau armé d'Australie est répandu sur tout le nord et l'est de l'Australie, les régions du sud du continent et en Tasmanie, en Nouvelle-Guinée, en Nouvelle-Zélande, et jusqu'en Indonésie de l'Est.

Il atteint une longueur de 33 cm et se distingue par un gros éperon corné au poignet de l'aile. Le plumage des deux sexes est identique. On distingue 2 sous-espèces qui se différencient par la coloration. Quelques ornithologues les considèrent comme des espèces indépendantes. Le vanneau armé d'Australie habite les prairies humides proches des marais, fleuves et lacs, et fait partie des oiseaux qui fréquentent le plus souvent le voisinage de l'eau. En dehors de la période de reproduction, il mène une vie de nomade par groupe de parfois 100 oiseaux. Pour dormir la nuit il cherche des petites îles plates sur lesquelles il se sent en sécurité. Le vanneau armé d'Australie se nourrit d'insectes, de vers de terre, de mollusques et d'autres petits invertébrés. Pendant la saison sèche, il se contente aussi de graines. La période de nidification s'étend sur toute l'année et dépend des précipitations atmosphériques. Le couple construit son nid dans le sable ou dans l'herbe rase et le rembourre de brins d'herbe, de petites feuilles et parfois également de petites pierres. La ponte, composée le plus souvent de 4 œufs jaune-vert ou brun-olive, tachetés de marron foncé, est couvée par le couple pendant 24 à 28 jours en alternance. Les poussins sortent du nid dès le deuxième jour et, 5 semaines plus tard, sont capables de voler pour se joindre aux parents et aux autres familles des environs.

Vanneau tricolore
Vanellus tricolor

Le vanneau tricolore niche dans toute la partie sud du continent, dans les régions du nord-est et en Tasmanie de l'Est. En dehors de la période de reproduction, il migre dans le nord de l'Australie. Il atteint une longueur de 25 cm ; la coloration du mâle et de la femelle est identique. Dans les régions riches de l'intérieur, il habite près des points d'eau. Dès que les plans d'eau s'assèchent, il s'envole en groupe vers des endroits plus humides. Il préfère les lieux couverts d'herbes rases, près de l'eau. La nidification, indépendante des saisons, est déterminée par les précipitations atmosphériques. Le couple fait un creux entre des pierres, dans une touffe d'herbe ou dans le sable, le rembourre de brins d'herbe secs et de feuilles de buissons. De temps à autre, plusieurs couples se groupent en colonie. La femelle, en alternance avec le mâle, couve pendant environ 27 jours la ponte de 4 œufs marron clair, tachetés de marron foncé. Deux jours après l'éclosion, les petits sortent du nid et restent dans les environs. Le vanneau tricolore se nourrit

Vanneau armé d'Australie

Vanneau tricolore

surtout d'insectes et d'autres petits invertébrés. A la saison sèche, il se contente de graines et de plantes.

Gravelot à collier interrompu

Charadrius alexandrinus

Le gravelot à collier interrompu (15 cm de long) est très répandu sur toute la région côtière australienne, mais également dans l'intérieur du nord-est et du nord-ouest de l'Australie. La femelle n'a aucune bande noire sur la tête et elle est plus claire dessus que le mâle. Pendant la saison sèche, les populations de l'intérieur du pays vont vers les côtes. Ce gravelot court vite dans l'eau peu profonde ou au bord de l'eau et attrape des insectes, des larves, des araignées, des mollusques et des petits crustacés. Il cherche sa nourriture de préférence dans la vase. En trépignant dans la vase, il effraie ses proies. La période de reproduction va le plus souvent de septembre à février. Pendant ce temps, les couples vivent seuls. Un petit creux formé par le corps du gravelot fait office de nid. Il choisit un endroit de préférence proche de plantes hautes, dans le sable sur une dune, ou entre des pierres. Pour le rembourrer, il utilise des petits coquillages ou des morceaux de coquilles, des petites feuilles et des pierres. La femelle pond généralement 2 œufs verdâtre clair, tachetés de brun foncé et de violet. Elle couve en alternance avec son partenaire environ 25 jours. Les poussins sont nidifuges et sont capables de voler 3 semaines plus tard.

Avocette à cou roux

Recurvirostra novaehollandiae

L'avocette à cou roux est répandue sur de petites îles marines, près des eaux saumâtres, mais également au bord des lacs de toute l'Australie, à l'exception des régions du Sud et du Nord. Elle fréquente les endroits où les eaux sont stagnantes et quitte les régions sèches pour les régions côtières. L'avocette à cou roux atteint une longueur de 44 cm, dont un bec de 9 cm long et fin, courbé vers le haut. On ne peut pas distinguer le mâle de la femelle par la coloration. Ce récurvirostridé vit en petits groupes et niche en colonie d'août à décembre. Il creuse son nid dans le sol et le rembourre d'herbes sèches, de petites feuilles et de petits rameaux. Pour nicher, le couple cherche une petite île, des plages de sable ou le bord d'un marais calme. Les 4 œufs, brun-olive clair, très tachetés de marron foncé et de gris, sont couvés pendant 24 jours par les deux parents. Dès qu'ils sont secs, les poussins quittent le nid. L'avocette à cou roux cherche sa nourriture dans l'eau salée peu profonde. En agitant son bec, recourbé d'une manière caractéristique, dans l'eau peu profonde, à gauche et à droite, elle effraie des crustacés, des larves et autres invertébrés. De temps à autre, elle se nourrit aussi de plantes.

Sterne huppée

Sterna bergii

La sterne huppée habite les eaux côtières et les eaux douces près des côtes de l'Australie et de la Tasmanie. Le monde insulaire de l'océan Indien et la partie ouest et centrale du Pacifique sont également inclus dans son aire de répartition. La sterne huppée atteint une longueur de 46 cm et a une envergure

Gravelot à collier interrompu

Avocette à cou roux

Sterne huppée

de plus de 1 m. La coloration du mâle et de la femelle est presque identique. Elle vit pendant toute l'année en groupes importants et pour nicher se réunit en colonie de plusieurs milliers de couples. La reproduction dépend des conditions ambiantes. A l'est et au sud, elle niche de septembre à décembre, au nord, de mars à juin. Les populations de l'ouest se reproduisent pendant les deux périodes. Elle creuse son nid dans le sable entouré de végétation rase, et le rembourre de quelques brins d'herbe secs ou de petits coquillages et de coquilles d'escargot. Très souvent, la ponte ne contient qu'un seul œuf, parfois 2 au sud. Ils sont grisâtres et tachetés de brun-roux et noir. Les deux oiseaux couvent environ 22 jours et nourrissent les jeunes de petits poissons et de différents invertébrés aquatiques. A l'âge d'un mois, les petites sternes sont capables de voler et se nourrissent elles-mêmes. La nourriture principale de cette sterne se compose de poissons. Elle les attrape à la surface de l'eau, mais les pêche aussi en plongeant.

Noddi noir

Anous minutus

Le noddi noir (36 cm de long) vit sur de petites îles et des atolls coralliens situés au-delà de la côte nord de l'Australie et dans toute la zone tropicale des océans Pacifique et Atlantique. Il a une envergure de 65 cm. Les mâles et les femelles sont colorés identiquement. Le noddi noir vit en groupe et niche en colonie. Pendant la période de reproduction, d'août à janvier, il construit un nid de 15 cm de large en forme de coupe, sur une branche d'arbre. Il est fait de varech, d'herbes, de feuilles fines, de petites racines et de fibres de plantes. La femelle pond 1 seul œuf, de couleur crème et tacheté de rougeâtre et de mauve-gris. Elle le couve pendant 35 jours en alternance avec son partenaire. Ils s'occupent également ensemble du jeune. Au matin, les parents s'envolent au large et ne rentrent à la colonie qu'au crépuscule. Durant ce temps, le poussin sort du nid, se cache dans les buissons épais et ne retourne au nid qu'au moment de la becquée. On peut l'entendre «mendier» bruyamment à une distance de 2 km. La nourriture principale des noddis noirs se compose de poissons qu'ils ramènent à leur poussin, en les tenant transversalement dans leur bec. Ils portent, la plupart du temps, plusieurs poissons en même temps. Des mollusques font également partie de la nourriture. En général, le noddi noir chasse à la surface de l'eau, mais on l'a observé aussi plongeant. A l'âge de 1 mois, les jeunes sont capables de voler.

Le noddi noir *(Anous minutus)* construit son nid sur des arbres, contrairement aux espèces proches. ▶

Martin-pêcheur à dos bleu

Ceyx azurea

Près des côtes de l'Australie du Nord, de l'Est et du Sud, sur toute la Tasmanie, dans les terres basses de la Nouvelle-Guinée et dans les régions côtières des Moluques, vit un martin-pêcheur aux couleurs magnifiques — le martin-pêcheur à dos bleu. Il atteint une longueur de 19 cm, dont un bec de 5 cm. On ne peut pas distinguer les deux sexes par leur coloration. Cet oiseau fréquente les rives boisées des embouchures et les bois de mangroves. Il choisit comme affût une branche en surplomb, de laquelle il plonge pour attraper de petits poissons, de petits crustacés et des insectes. Pour les populations de l'Est et du Sud-Est, la saison de reproduction a lieu de septembre à janvier, et pour celles du Nord, d'octobre à avril. Il élève souvent deux couvées par an. Les deux partenaires construisent leur nid au bout d'un tunnel de 20 à 50 cm de long, qui se trouve près de la rive au-dessus de la surface de l'eau. Pour le rembourrer, ils utilisent des arêtes de pois-

Noddi noir

Le martin-pêcheur à dos bleu est l'un des plus beaux habitants des régions côtières tropicales d'Australie.

son, des écailles et des élytres de coléoptères aquatiques. La ponte contient 6 œufs blancs, qui sont couvés en alternance par le couple, pendant 20 à 22 jours. A l'âge de 3 ou 4 semaines, les jeunes martins-pêcheurs sont capables de voler et sont nourris par leurs deux parents.

REPTILES

Crocodile marin

Crocodylus porosus

Ce crocodile est un habitant de la côte septentrionale australienne, mais son habitat s'étend de la Nouvelle-Guinée, de l'Indonésie et de la Malaisie à l'Inde du Sud, aux Philippines et aux îles Fidji. C'est un excellent nageur, capable de traverser facilement les détroits ; c'est pourquoi il se répand aussi sur d'autres îles. En Australie, il vit dans les deltas fluviaux, les lagunes et les mangroves de la côte. En général, un crocodile adulte atteint une longueur d'environ 3,60 m à 4,30 m, mais on a également trouvé des spécimens de 8 m de long.

Le plus grand animal capturé en Australie mesurait 7,95 m de long et pesait 2 t, mais le plus grand de tous aurait été capturé en 1840 au Bengale. Il mesurait, dit-on, 10,50 m et pesait plus de 3 t. Ce «champion» serait le plus lourd et le plus long reptile de notre époque. Dès que le crocodile marin mesure environ 2,50 m, il devient capable de se reproduire. La femelle pond 25 à 60 œufs à coque dure. Elle les enterre dans la vase à environ 50 cm de profondeur. Elle entasse pardessus, sur 90 cm de haut et jusqu'à 9 m de large, des branches, des feuilles et de la vase. Elle surveille ce nid gigantesque jusqu'à ce que les jeunes sortent, en général après 2 mois, parfois 5. Ils mesurent alors déjà 25 cm, et sont encore gardés quelques jours par leur mère. Les jeunes crocodiles se cachent entre les plantes dans l'eau peu profonde. Au début, ils se nourrissent d'insectes, de mollusques, de têtards et de petits poissons. Les plus grands chassent des poissons, des batraciens, des tortues et des petits mammifères. Les adultes mangent tout ce qui vit, y compris quelquefois les hommes. Aux embouchures, même les requins de plus de 3 m de long, comme par exemple le «marteau» *(Sphyrna lewini)* ou le petit requin marron *(Carcharhinus spallanzani)* peuvent être attaqués. Un crocodile de 4,50 m a même tué un requin de 5 m. Les attaques envers l'homme sont plutôt connues sur les côtes septentrionales de l'Australie. On déplore environ 3 morts par an ; c'est pourquoi on a installé des tours d'observation sur les plages afin que les surveillants puissent avertir les nageurs des requins et des reptiles qui s'appro-

Crocodile marin

chent. Ces dernières années, des rapports constatant une propagation des crocodiles sur les côtes occidentales de l'Australie se sont accumulés. En Australie du Nord, les crocodiles viennent de temps en temps durant la nuit dans les banlieues ou à Darwin même et visitent les jardins près des maisons.

Depuis 1972, une loi protégeant les reptiles leur a permis de se multiplier ; auparavant leur population avait fortement diminué.

Crocodile australien

Crocodylus johnsoni

Le crocodile australien habite dans les régions côtières du nord de l'Australie. Il vit toujours en eau douce. Il mesure jusqu'à 2,50 m de long. Le plus grand spécimen capturé mesurait 3,20 m. Il vit dans les rivières aux bords sableux. En août et septembre, la femelle enterre sa portée de 20 à 40 œufs mesurant 7 cm de long.

Elle ne s'éloigne pas du nid pour pouvoir bien l'observer. Après 8 semaines, c'est-à-dire le plus souvent en novembre ou décembre, les jeunes d'environ 25 cm sortent des œufs. Les petits crocodiles australiens se cachent dans la végétation des marais, dans l'eau peu profonde, et attrapent des têtards, de petites grenouilles et des insectes.

Les grands crocodiles australiens se nourrissent de grenouilles, de crabes, de poissons, de temps à autre de tortues, d'oiseaux et de petits mammifères. Parfois, ils chassent aussi des varans sur les rives.

Tortue à cou de serpent

Chelodina longicollis

Au Queensland, en Nouvelle-Galles du Sud, dans l'État de Victoria, on trouve l'espèce la plus connue de chélidés, la tortue à cou de serpent. Elle atteint une longueur de 50 cm, mais sa cuirasse ne mesure que 30 cm.

Elle se distingue par son long cou et une queue très courte. Elle vit dans les rivières, et se nourrit de poissons. En projetant brusquement sa tête vers l'avant, comme un serpent, elle capture facilement sa proie ainsi surprise. Les sujets de plus faible taille vivent aussi d'insectes aquatiques et de têtards.

Le crocodile australien est un petit crocodile, nullement dangereux pour l'homme. Pourtant, il est souvent pourchassé. Dès que les cours d'eau et les marais sèchent, les crocodiles qui ne peuvent plus se cacher se laissent tuer par les indigènes.

Tortue à cou de serpent

Agame de Lesueur

Varan de Mertens

En janvier, la femelle pond environ 20 œufs dans des trous au bord de la rivière. Les jeunes sortent des œufs environ 2 mois plus tard. Les indigènes australiens chassent ces tortues surtout pendant la saison sèche, quand les rivières ne contiennent plus beaucoup d'eau et que l'on peut attraper facilement les animaux.

Varan de Mertens

Varanus mertensi

Le varan de Mertens habite sur les bords sablonneux et rocheux des rivières en Australie du Nord, dans les régions septentrionales de l'Australie occidentale et à l'intérieur du Queensland. Il mesure jusqu'à 1,30 m et a une queue très plate. Son habitat est l'eau. Il sait très bien nager et plonger, et chasse des grenouilles et des poissons. Il mange parfois aussi de petits mammifères. En général, il reste sous l'eau environ 10 minutes mais peut y demeurer une demi-heure. Ce lézard se déplace vite et bien sur terre. Comme les crocodiles, il aime se reposer et se réchauffer près de l'eau. Dès qu'il se sent dérangé, il saute dans l'eau, plonge et s'éloigne. La femelle pond environ 20 œufs sur les berges. Elle les enterre dans du sable ou des feuillages. Les jeunes varans sortent de l'œuf au bout de quelques mois.

Agame de Lesueur

Physignathus lesueuri

L'agame de Lesueur fait partie de la famille des agamidés et habite depuis le nord de la Nouvelle-Galles du Sud jusqu'au Queensland, à la péninsule d'York et en Nouvelle-Guinée. Il atteint une longueur totale de 50 à 90 cm ; la femelle n'est pas aussi colorée que le mâle. Il est adapté à la vie dans l'eau, grâce à sa queue très plate. Même s'il nage très bien, il préfère rester dans les branchages des buissons et des arbres au-dessus de la surface de l'eau. Il esquive les dangers en plongeant. Il se déplace très vite même au sol, dressé sur les pattes arrière, le corps bien droit.

Il se nourrit de différents fruits, de pousses pleines de sève et aussi de nombreux insectes, ainsi que de larves et d'autres invertébrés. Les animaux les plus grands chassent aussi de petits lézards, les geckos par exemple. La femelle pond plusieurs œufs entre des racines d'arbre ou dans des trous du sol près de la rivière. Les jeunes sortent des œufs 3 mois plus tard.

BATRACIENS

Grenouille corroborée

Grenouille corroborée

Pseudophryne corroboree

Dans les montagnes de l'Australie du Sud-Est vit la grenouille corroborée, la plus intéressante dans son genre. Elle mesure environ 3 cm et habite près des lacs et des cours d'eau sous des pierres, des troncs d'arbres tombés ou dans des fentes de rocher. Au crépuscule, elle quitte sa cachette et chasse des insectes, des larves, des vers de terre, des araignées et d'autres invertébrés. Pendant la période de reproduction, le mâle fait entendre un coassement strident.

La femelle pond environ une douzaine de petits œufs dans une espèce de nid, trou du sol humide. Les têtards ne sortent qu'après les chutes de pluie, quand il y a des flaques dans lesquelles ils peuvent se développer.

Grenouille réservoir

Grenouille réservoir

Cyclorana platycephalus

La grenouille réservoir mesure de 6 à 7 cm de long ; elle habite dans les lacs, les mares et les marais des régions centrales de l'Australie.

Elle se nourrit d'insectes, de larves, d'araignées, de vers de terre et de mollusques. Quand les eaux dans lesquelles elle vit s'évaporent, elle s'enterre dans la vase ou sur le bord des rives. Elle se ménage une petite chambre. Même si la terre au-dessus est complètement asséchée, il lui reste suffisamment de réserves d'eau grâce à de grands espaces sous la peau qui sont remplis de liquide. A ce moment-là, elle a l'air d'une outre pleine d'eau. Grâce à cette adaptation, elle survit facilement à la saison sèche. Dès que la pluie revient et que le sol dur au-dessus de sa logette s'imprègne d'eau, la grenouille réservoir sort et retourne dans la mare. Ses têtards se développent également après la saison des pluies. Les indigènes australiens déterrent les grenouilles en cas de grande sécheresse et boivent l'eau qu'elles ont accumulée.

POISSONS

Poisson juif australien

Promicrops lanceolatus

Aux embouchures et dans les criques le long de la côte du Queensland habite l'un des plus grands téléostéens de notre planète : le poisson juif australien. En général, cette perche mesure 1,80 m et pèse entre 100 et 150 kg, mais le plus gros spécimen mesurait 3,70 m et pesait 700 kg.

Le poisson juif australien vit au fond de l'eau et guette différents animaux. Il se cache souvent dans des cavernes d'où il se jette sur sa proie. Il est très agressif et les plongeurs le craignent.

Dipneuste australien

Neoceratodus forsteri

Le dipneuste australien est un poisson primitif de 1,75 m de long.

Il appartient à l'ordre des dipneustes et est certainement l'espèce la plus primitive de son groupe. Il est capable de respirer de deux manières différentes, au moyen de branchies ou d'un poumon, mais contrairement aux autres dipneustes, le dipneuste australien ne possède qu'un poumon. Le dipneuste australien était très répandu à l'ère paléozoïque, c'est-à-dire il y a 200 à 350 millions d'années, mais en 1870, année de sa découverte, il ne vivait plus qu'en deux en-

Dipneuste australien

Poisson juif australien

droits, les rivières Burnette et Sainte Mary. Ces dernières années il a été introduit dans toutes les rivières de cette région et est maintenant à l'abri de la disparition.
Ce poisson atteint un poids de 10 kg. Autrefois, il était souvent capturé à cause de sa chair délicieuse et rosée.
Aujourd'hui, ce poisson particulier, «fossile vivant», est heureusement protégé. Le dipneuste australien vit dans les eaux marécageuses. Durant la saison sèche, quand il ne reste qu'un peu d'eau bourbeuse et saumâtre ne contenant qu'un minimum d'oxygène dans les rivières, il respire avec son poumon. Presque toutes les demi-heures, il remonte à la surface et respire bruyamment l'air par ses narines. Pendant l'époque du frai, d'avril à novembre, la femelle pond de petits œufs dans une masse gélatineuse, qui ressemble au frai de grenouille, sur le sol bourbeux. Les jeunes, qui ne respirent que par les branchies, sortent 10 jours plus tard.
Le dipneuste australien a de fortes nageoires écailleuses, qui lui servent également à «marcher» sur la vase. Sa nourriture se compose de plantes aquatiques, de mollusques et de crabes. Il casse les proies très dures, comme les coquilles d'escargot ou les coquillages, entre les grandes plaques de ses mâchoires supérieure et inférieure.

IV. MER DE CORAIL
LA GRANDE BARRIÈRE

La mer de Corail : un monde de couleurs brillantes allant du blanc neigeux au rouge flamboyant en passant par le jaune soufre et l'orange, du bleu ciel au vert malachite. Et de plus, un monde de formes tel que maints sculpteurs en rêvent. Un monde de fantaisie proche, mais le plus souvent à quelques dizaines de mètres sous la surface de la mer. Sa beauté, mais également son nom, la mer de Corail les doit à de nombreux petits polypes — les coraux. Les polypes des récifs coralliens édifient à partir de carbonate de calcium un squelette externe à forme multiple et d'une telle solidité qu'il survit longtemps à son bâtisseur. Les jeunes polypes bâtissent sur les constructions de leurs prédécesseurs leurs propres squelettes, meurent et créent la base qui servira aux bâtisseurs infatigables des nouvelles générations. Avec le temps, les colonies de corail atteignent une taille inimaginable. Au cours de millions d'années, des récifs entiers, des îles et des atolls de corail, sur lesquels poussent aujourd'hui des palmiers et vivent des hommes ont surgi de cette façon. Des récifs et des îles coralliens, particulièrement grands, existent devant les côtes de Cuba, du Kenya, du sud de Ceylan, devant la côte méridionale vietnamienne, du nord et de l'est de la Nouvelle-Guinée, en Polynésie et devant la moitié nord de la côte orientale de l'Australie.

Au large de l'Australie se trouve la plus grande formation de récifs et d'atolls de corail du monde : la Grande Barrière. Elle mesure 2 010 km de long et par endroits jusqu'à 60 km de large. La distance de la côte du Queensland varie entre 16 et 400 km. Plusieurs milliers de petites îles en font partie. Le récif est par endroits protégé. Le parc national du «Great Barier Reef» couvre 30 800 km^2 et englobe 60 îles et récifs. L'île d'Hichinbrook, de 39 378 ha de superficie, est la plus grande. A certains endroits, elle s'élève à 1 112 m au-dessus du niveau de la mer. Ses forêts pluviales, composées de *Pandanus*, *Nothofagus* et *Eucalyptus* hébergent plusieurs espèces d'oiseaux qui se nourrissent de poissons : des pélicans, des hérons, des cormorans, des mouettes, des frégates et des pygargues. Dans les eaux entourant l'île vit un grand mammifère de mer : le dugong.

Dans la mer de Corail devant la côte australienne on trouve environ 300 espèces de coraux, qui n'existent que dans la ceinture tropicale, car il leur faut des eaux à plus de 20 °C. Il est intéressant de constater que les coraux préfèrent les côtes orientales des continents et des îles. La température de l'eau n'est pas la seule condition de vie importante : ils ont besoin de lumière et c'est pourquoi ils ne vivent généralement pas en dessous de 50 m de la surface.

Jamais ils ne construisent leurs colonies devant les embouchures, car ils ont besoin de grandes quantités de sel. Les coraux ne supportent pas les eaux saumâtres ; dans l'eau douce ils meurent très vite. En 1918, un cyclone déversa du continent une énorme quantité d'eau douce dans la mer et tous les coraux moururent. Des dizaines d'années se passèrent avant que les populations ne se reproduisent.

Les colonies de corail sont composées de milliards de polypes. Ils poussent dans la zone des vagues déferlantes, parce que les courants réguliers leur apportent suffisamment de nourriture. Le plancton animal, nourriture des polypes, est déposé par le courant entre les tentacules de ces animaux immobiles. Les polypes vivent en symbiose avec des algues unicellulaires, qui sont très souvent présentes en grande quantité dans leur cavité digestive. Ces algues ne donnent pas seulement au polype sa couleur, mais mettent également à sa disposition des hydrates de carbone qu'elles produisent elles-mêmes à partir du gaz carbonique. Ces matières, qu'on peut comparer aux vitamines et aux hormones, sont nécessaires à la vie des hôtes. Les coraux sont hermaphrodites, donc bisexués, ou unisexués, donc masculins ou féminins. De l'œuf fécondé sort une larve appelée *Planula*, qui d'abord tourbillonne dans l'eau, mais bientôt cherche un fond stable sur une colonie de corail et devient un polype. On distingue deux groupes de coraux selon le nombre de cloisons gastriques : les uns en ont 8 *(Octocorallia)*, les autres 6 *(Hexacorallia)*. Ce sont surtout les espèces suivantes qui prennent part à la construction des récifs coralliens géants des eaux chaudes de l'océan Indien : les orgues de mer *(Tubiporidae)*, les madrépores *(Madreporaria)*, les coraux blancs *(Madreporidae)*, les coraux mous *(Sarcophyton)*, les mains de mer *(Alcyonaria)*, et aussi les coraux appelés méandrines ; le cerveau de Neptune *(Diploria)*, les coraux jaunes *(Dendrophyllia)*, etc. L'éventail de Vénus, qui fait partie des gorgones *(Gorgonaria)* a un squelette magnifique, large et en forme d'éventail, dont la coloration va du jaune au rouge-orange. Les anémones de mer *(Alcyonaria)*, et aussi les coraux appelés méandrines ; le cerveau de Nephexacoralliaires. Ces polypes vivent isolés et sont capables de se déplacer, mais lentement. L'anémone de mer a un corps solide de forme cylindrique avec un large pied en forme de disque, qui lui permet de s'agripper aux rochers, pierres et coquilles d'escargots, mais également aux crustacés et même aux baleines. Les anémones de mer se distinguent par leurs nombreux tentacules qui se trouvent très souvent par centaines autour de leur bouche. Ils sont couverts de cellules urticantes, qui aident l'anémone à chasser et à se défendre. L'anémone de mer se nourrit de petits animaux aquatiques et même de petits poissons. Quelques espèces d'actinies vivent en symbiose avec des bernard-l'ermite.

Les récifs coralliens ne sont pas seulement des communautés d'animaux coralliens ; beaucoup d'autres êtres vivants y trouvent aussi leur habitat. En dehors des coraux, on a dénombré 1 400 espèces d'animaux dans les eaux de la Grande Barrière. Beaucoup sont plus ou moins dépendants les uns des autres. Quelques-uns se placent sous la protection des tentacules urticants des anémones, d'autres se sont adaptés d'une autre façon et chassent leurs proies entre les coraux ou se nourrissent directement à leurs dépens. Il y a des espèces de poissons, par exemple les poissons perroquets, qui peuvent facilement casser le squelette calcaire des coraux, grâce à la force de leurs mâchoires en forme de pince, pour arriver au corps mou des polypes. Au cours de ce repas, il y a toujours des restes pour les nombreux petits poissons nageant autour. Pendant que les petits poissons se jettent sur les coraux sans protection, eux-mêmes sont pris par de plus grands. Dans la diversité du monde animal du récif corallien, on trouve également des espèces qui cherchent protection entre les longs piquants des oursins du genre *Diadema,* ou des poissons qui prennent la couleur de leur environnement. Les échinodermes font partie des habitants les plus typiques de la mer de Corail. Ce sont des animaux dont le corps comprend 5 branches (ou plus) symétriquement radiales qui se distinguent par la forme de leur squelette calcaire. Les crinoïdes sont fixés par leur tige, durablement ou seulement au stade de leur jeunesse, les ophiures rampent à l'aide de leurs fins tentacules, qui se trouvent sous leur corps. Les crinoïdes vivent de plancton qu'ils attrapent avec leurs tentacules en forme de plumes et atteignant une longueur de 30 cm. Parmi les échinodermes les plus connus des mers de corail, on compte les étoiles de mer *(Asteroidea),* véritable symbole sur les côtes des mers du sud. Elles ont au moins 5 tentacules et leur bouche se trouve sous leur corps. Les étoiles de mer sont de véritables rapaces ; elles attaquent pour la plupart des mollusques mais quelques espèces, surtout l'étoile de mer épineuse *Acanthaster planci,* se nourrissent de coraux. Si ces mangeurs de polypes deviennent trop nombreux, ils font d'énormes dégâts dans les colonies de corail. Ils mangent systématiquement les polypes et transforment les récifs coralliens en paysages morts. Il y a plusieurs années, dans la Grande Barrière, une invasion d'étoiles de mer épineuses a endommagé 10 % de ce récif de 2 000 km. Les oursins *(Echinoidea)* avec leurs plaques calcaires reliées entre elles formant un «test», font également partie des échinodermes. Les oursins peuvent atteindre un diamètre de 5 à 20 cm et leurs piquants, à l'aide desquels ils se déplacent, 20 cm. Les piquants de certaines espèces secrètent un poison qui peut être dangereux, même pour l'homme, si dans l'eau il marche dessus. Le genre *Diadema* comprend des oursins venimeux. Les holothuries *(Holothurioidea)* sont des échinodermes étranges. Elles font partie, entre autres, du genre *Cucumaria.* Les habitants de la côte orientale australienne les pêchent et en font une soupe et d'autres mets. Les holothuries vivent avant tout dans les bancs de corail où elles se nourrissent de débris de plantes et d'animaux restés accrochés dans les squelettes coralliens brisés. Une seule holothurie transforme 20 à 85 kg de matériel par an en sable calcaire, qu'elle entasse autour des bancs de corail.

Environ 500 animaux vivent sur 1 000 m^2 et «produisent» par an une moyenne de 20 t de sable.

Les crustacés et les mollusques ne manquent pas dans la faune des mers de corail. Dans cette partie des mers du sud, les mollusques gastéropodes avec leurs coquilles magnifiquement colorées ou les bivalves sont remarquables. Les peignes *(Pectinidae)* avec leurs jolies couleurs, par exemple *Annachlamys leopardus,* ou le plus grand coquillage du monde, le bénitier géant *Tridacna gigas,* font partie des espèces les plus répandues dans les mers australiennes. Les conidés du genre *Conus* sont pour beaucoup dans la diversité et la coloration des mers du sud. Ils ont de belles couleurs, une coquille de 4 à 15 cm de long, mais sont venimeux ; un plongeur imprudent peut mourir en se faisant piquer. Ce n'est pas le seul danger qui guette les visiteurs du monde fantastique de la Grande Barrière. Les grandes espèces de méduses avec leurs longs bras, recouverts d'innombrables cellules urticantes, peuvent être fatales aux nageurs. *Chiropsalmus quadrigatus* par exemple, peut occasionner de graves brûlures, qui dans certains cas ont entraîné en quelques minutes la mort d'un adulte. Dans les eaux tropicales, autour de l'Australie et dans les eaux claires des bancs de corail, on trouve des requins de différentes espèces, dont certaines attaquent les nageurs imprudents. Ces requins, rôdant souvent dans les eaux peu profondes, sont encore plus dangereux. Un certain nombre de baigneurs ont péri ou payé leur imprudence par la perte d'un bras ou d'une jambe, d'autres s'en sont sortis avec seulement de profondes blessures dues aux dents acérées de ces requins. Peu d'autres êtres vivants sont autant haïs par l'homme. Pourtant, sur 320 espèces vivant dans les mers et les océans, 8 seulement attaquent l'homme, et les espèces les plus grandes, comme le requin baleine, sont absolument inoffensives. On compte environ 50 cas par an d'attaques de requins sur l'homme. La plupart du temps, cet animal dangereux ne mord qu'une seule fois et s'éloigne tout de suite. Cela paraît incompréhensible. Les observations les plus récentes prouvent que dans 75 % de cas, les espèces dangereuses ne font que menacer l'homme. Le requin ne veut qu'effrayer l'inconnu, en le mordant de temps à autre, puis s'éloigne rapidement, mais les conséquences de cette morsure sont très souvent de graves blessures ou des chocs nerveux. Si on considère les accidents mortels dus aux animaux, les requins arrivent loin derrière les guêpes et les frelons. Des filets sous l'eau, sur les côtes, sont une protection efficace contre les requins : sur les côtes septentrionales d'Australie, plus de 1 200 requins par an sont attrapés dans ces filets. En genéral, ils sont inoffensifs. Depuis quelques années, on essaie les barrières électromagnétiques ou des moyens chimiques pour empêcher les requins de s'approcher des côtes. Un tiers seulement des requins se reproduisent en pondant, deux tiers sont ovovivipares, donc donnent naissance à des petits vivants. Les petits requins se développent longtemps, environ 18 à 24 mois, dans le corps de la mère, et sont tout de suite indépendants après leur naissance. Dans les eaux proches de l'Australie, on trouve des requins dangereux pour l'homme: le grand requin blanc *Carcharodon carcharias, Triaenodon apicalis,* qui atteint 10 m de long, et le grand requin marteau *Sphyrna mokaran,* qui mesure jusqu'à 6 m de long.

L'espèce la plus répandue dans les mers australiennes est le petit requin brun ou requin des récifs *Carcharhinus spallanzani,* d'une longueur de 1,50 m seulement. De temps en temps, on observe également le requin baleine *Rhincodon typus.* Ce requin, d'une longueur de 13 à 20 m, est le plus grand requin du monde et se nourrit seulement de plancton.

Les tortues de mer sont également très répandues dans les mers coralliennes tropicales ; elles trouvent dans les bancs de coraux leur nourriture et sur les plages de sable des îles de bons emplacements de ponte.

Tortue verte

Chelonia mydas

La tortue verte appartient au groupe des tortues marines les plus communes de la Grande Barrière. Son habitat s'étend des eaux tropicales de l'océan Atlantique aux eaux du Pacifique et de l'océan Indien et parfois même à la Méditerranée. Elle atteint une longueur totale de 1,50 m et pèse environ 250 kg. Ses lieux de ponte sont les plages sableuses des petites îles coralliennes. Pendant la nuit, la femelle vient à terre et rampe sur le sable pour pondre en dehors des limites de la marée haute. Afin de creuser un trou de 50 cm de profondeur avec ses pattes postérieures, totalement adaptées à la vie dans l'eau, elle doit fournir beaucoup d'efforts. Après avoir stabilisé les parois à l'aide d'une sécrétion, elle y pond plus de 100 œufs, qui ressemblent à des balles de tennis de table. Elle les recouvre soigneusement de sable et retourne en mer. Deux mois plus tard, les petites tortues sortent des œufs et se dépêchent de rejoindre l'eau. La tortue verte se nourrit avant tout de crabes, de mollusques et d'algues marines.

Le serpent marin qui est apparenté aux cobras est très venimeux, mais n'est pas dangereux pour l'homme. Il n'attaque pas et n'essaie souvent même pas de se défendre lorsqu'on le capture.

Tortue verte

Serpent marin

Laticauda laticauda

Le serpent marin est un reptile très répandu dans les mers tropicales du golfe du Bengale, sur la côte du Japon méridional et sur les côtes septentrionales et orientales de l'Australie et de la Tasmanie. Il atteint une longueur d'environ 1 m. Sur tout le corps, coloré de gris-bleu ou vert foncé, on trouve 26 à 55 anneaux noirs, espacés régulièrement. Ce serpent est tellement répandu qu'on trouve souvent tout un groupe qui s'est empêtré dans les filets de pêche. Le serpent marin est très venimeux, mais comme il n'est pas agressif, il n'est pas dangereux pour l'homme. Il ne mord que rarement. Sa nourriture principale se compose de petits poissons. Pour pondre, les femelles viennent à terre où elles enterrent à peu près 30 œufs oblongs dans le sable des plages. Les jeunes sortent de l'œuf au bout de 50 jours. Ils vont immédiatement dans la mer. Le serpent marin se déplace bien sur le sol.

POISSONS

Grand requin blanc

Carcharodon carcharias

Le grand requin blanc est le plus dangereux pour l'homme. Il peut atteindre une longueur de 13 m. Il appartient aux grandes espèces. Les pêcheurs le nomment «meurtrier des mers» ou «cannibale», et ils se racontent des histoires épouvantables et sanglantes à son sujet. Le grand requin blanc s'attaque en effet à l'homme, mais très rarement. C'est le requin le plus vorace. Il se nourrit avant tout de poissons, mais mange aussi des mammifères marins et avale les différentes choses qui sont rejetées par-dessus le bord des bateaux. La femelle met bas jusqu'à 30 jeunes vivants, qui se sont développés plus de 20 mois dans son corps. Le requin n'appartient pas au groupe des poissons osseux mais à celui des poissons cartilagineux.

Grand requin blanc

Murène blanche

Echidna nebulosa

La murène blanche est, grâce à son corps extrêmement allongé (plus de 200 vertèbres) une anguille qui ressemble beaucoup à un serpent. Elle mesure environ 75 cm et a un corps lisse, sans écailles. Sa nageoire dorsale est très longue. Les nageoires pectorales et ventrales sont absentes et les narines allongées en forme de tube. Ses quelques dents bien développées sont situées pour la plupart à l'avant de sa gueule et servent de crocs. La morsure de cet étrange poisson est très dangereuse, parce que la muqueuse du palais et des glandes venimeuses, situées près des dents, secrète du poison qui peut pénétrer dans la blessure. L'empoisonnement se traduit par une faiblesse générale, un pouls réduit et souvent aussi par une baisse de température. La murène blanche est très répandue dans les mers tropicales de la région Indo-Pacifique. Elle aime bien se cacher dans des petites cavernes des bancs de corail où elle attend sa proie. Elle chasse au crépuscule des petits poissons et des crustacés.

Rascasse volante

Pterois volitans

La rascasse volante est un poisson très curieux aux couleurs magnifiques. Ses longues nageoires pectorales prennent des formes bizarres et ressemblent à des ailes d'oiseaux. Cette rascasse, qui mesure environ 35 cm, nage «majestueusement». Elle est répandue dans les régions tropicales de l'océan Indien et de l'océan Pacifique, et également dans la mer Rouge. Elle est assez vorace et se nourrit de petits poissons. Les jeunes rascasses avalent d'autres poissons aussi gros qu'elles.

La rascasse volante fait partie des poissons venimeux. Dans les premiers rayons de la nageoire dorsale, qui servent à blesser la proie, se trouvent des glandes à venin. Elle peut aussi piquer l'homme. La piqûre n'est pas dangereuse mais très douloureuse.

Rascasse volante ►

Murène blanche

Trompette de mer orientale

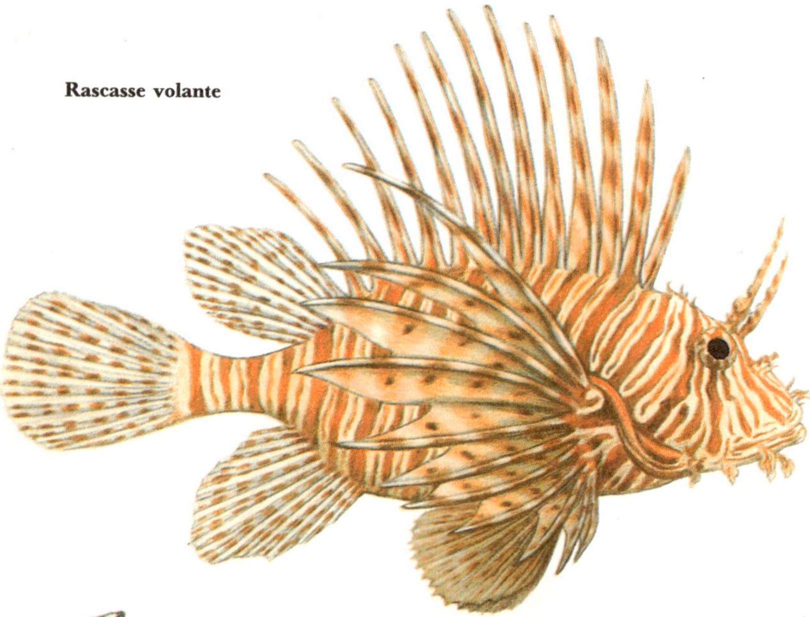

Rascasse volante

Hippocampe zébré

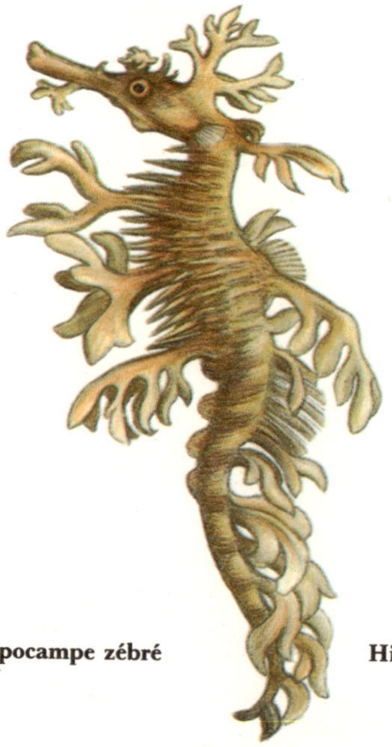

Hippocampe feuille

Trompette de mer orientale

Aulostomus chinensis

La trompette de mer orientale est un habitant des récifs coralliens de la région Indo-Pacifique. Elle ne vit pas à de grandes profondeurs. Elle a un corps mince et allongé, une bouche en forme de tube et de courtes nageoires. On la trouve partout dans les récifs, où de grands poissons qui mangent les polypes, comme par exemple les poissons perroquets, cassent avec leurs fortes dents les ramifications des coraux pour chercher les polypes mous. Beaucoup de petits poissons prennent part à ce repas en se nourrissant des restes. Et subitement, un poisson allongé avec une bouche en forme de tube apparaît près de ces derniers, non pas pour manger avec eux, mais pour se jeter sur eux. La trompette de mer orientale se meut rapidement pour avaler beaucoup de petits poissons, qu'elle aspire avec sa «trompe».

Hippocampe feuille

Phyllopteryx eques

L'hippocampe feuille est un habitant des récifs coralliens de la côte australienne. En général, il mesure environ 15 cm, mais il peut atteindre 30 cm. Ce poisson curieux fait partie des hippocampes (ou «chevaux de mer») et vit dans les touffes d'algues, dans lesquelles il se fond : la forme de son corps, qui a des appendices lobés, extrêmement allongés et aplatis, ressemble au varech déchiré par les vagues. Grâce à cette similitude, il échappe à l'attention des poissons carnivores et à celle de ses proies. Avec sa queue préhensile, il se fixe aux plantes aquatiques. Comme les autres hippocampes, il nage en position verticale et par à-coups. Sa nourriture se compose de petits invertébrés et surtout de crustacés, et de temps à autre de frai de poissons. Avec sa bouche allongée, il aspire sa proie à toute vitesse. Pour la fécondation des petits œufs, la femelle se fixe avec sa queue au mâle et lui met les œufs dans la poche ventrale. Le mâle les porte jusqu'au jour où les jeunes éclosent : en général, cette période dure environ 6 semaines. Les jeunes, une fois sortis, sont obligés de nager tout de suite à la surface de l'eau pour respirer.

Hippocampe zébré

Hippocampus zebra

L'hippocampe zébré (environ 10 cm de long) habite les bancs de corail des régions côtières de l'Australie. Il vit dans les fourrés de varech et les colonies de coraux et reste sans bouger, fixé avec sa queue préhensile sur une branche, attendant sa proie. Dès qu'un petit crustacé ou un petit poisson s'approche de ce joli cheval de mer, il est immédiatement aspiré et avalé par la bouche en forme de tube.

La femelle de l'hippocampe zébré met ses œufs dans la poche ventrale du mâle et les jeunes en sortent 10 jours après. L'incubation dure parfois 1 mois. Dans la région Indo-Pacifique on trouve plusieurs espèces d'hippocampes, dont quelques-unes peuvent dépasser 30 cm.

Baliste rayé

Baliste rayé

Ballistapus undulatus

Le baliste rayé mesure environ 30 cm. C'est un poisson de corail, magnifiquement coloré. Il est répandu dans les récifs coralliens de tout l'Indo-Pacifique, mais existe aussi dans la mer Rouge. Pour se cacher, il cherche des endroits calmes dans les colonies de coraux morts. Il sort des fentes et des trous pour attraper de petits invertébrés et des poissons. Il aime également les crustacés, avant tout les petits crabes, dont il casse la carapace avec ses fortes mâchoires. Avec ses dents, il enlève les polypes de leur squelette calcaire ou bien mange des oursins.

Poisson Picasso

Poisson Picasso

Rhinecanthus aculeatus

Le poisson Picasso est très répandu dans les récifs de coraux australiens. C'est à cause de sa coloration aux dessins abstraits que ce baliste porte le nom du célèbre peintre. Il mesure environ 30 cm. Il fait partie des plus beaux poissons de coraux. Il se nourrit de petits crustacés et mollusques dont il casse la carapace ou la coquille avec ses dents puissantes. Il se tient de préférence dans les cavernes des colonies coralliennes. La femelle fraye dans le sable et surveille les œufs.

Céphalopholis paon

Cephalopholis argus

Le céphalopholis paon (80 cm de long) vit dans les récifs coralliens tropicaux des océans Indien et Pacifique, et est très répandu près des côtes australiennes. Il est tacheté, mais grâce à ces marques, est presque invisible dans les cavernes des récifs coralliens où il se cache. Il y reste et ne sort que pour prendre des crustacés, des mollusques ou des petits poissons.

Céphalopholis paon

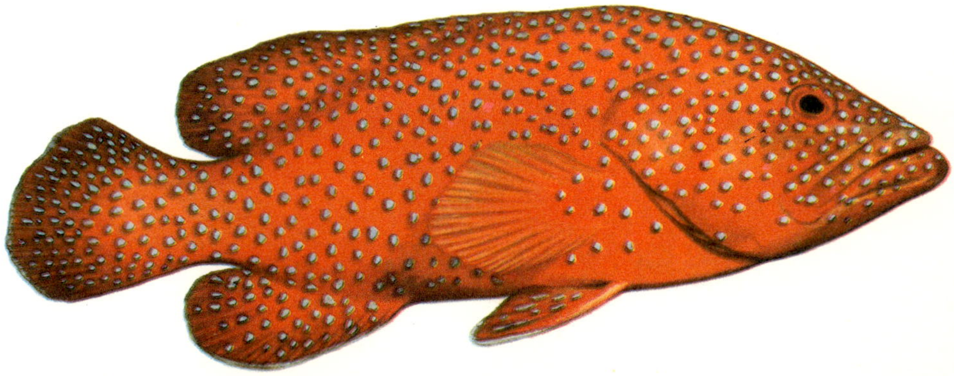

Poisson-ange royal

Poisson-ange empereur

Chétodon velouté

Chétodon à bec

Poisson-ange royal

Pygoplites diacanthus

Le poisson-ange royal, l'un des plus beaux poissons de corail, peut atteindre une longueur de 25 cm. Il est répandu dans les mers tropicales de la région Indo-Pacifique, mais aussi dans la mer Rouge. Il fait partie de la sous-famille des poissons-anges *(Pomacanthinae)* et habite dans les récifs de corail côtiers. Il se nourrit de différents petits êtres vivants et d'algues.

Poisson-ange empereur

Pomacanthus imperator

Le poisson-ange empereur, qui peut atteindre une longueur de 40 cm, est l'une «des perles» des région chaudes de l'océan Indien et du Pacifique. Il vit aussi dans la mer Rouge. Il se nourrit de petits crustacés, de coquillages et d'autres invertébrés dans les récifs de coraux. De temps à autre, il mange également du varech. Il est intéressant d'observer que les jeunes et les adultes de cette espèce sont colorés de façon tout à fait différente : on croyait autrefois qu'il s'agissait de deux espèces différentes. Mais la coloration varie au cours du développement. Les jeunes poissons sont rayés de blanc, de noir et de bleu. Parfois les rayures se ferment en cercle. Les poissons adultes, par contre, sont bleu-vert avec de longues rayures horizontales jaune vif. La nageoire caudale est jaune-orange.

Chétodon velouté

Chaetodon collare

Les chétodons, magnifiquement colorés, vivent dans les mers de corail tropicales et on en connaît plusieurs espèces. Le chétodon velouté, qui habite les parties tropicales de l'océan Indien et du Pacifique, est aussi très répandu dans les récifs de coraux australiens. Il atteint une longueur de 16 cm et vit en couple. En dehors de la saison du frai, il vit seul sur son territoire, duquel il chasse tout intrus. Il est actif pendant la journée et se nourrit de petits crustacés et de plantes aquatiques.

Chétodon à bec

Chelmon rostratus

Le chétodon à bec (18 cm de long) vit dans les régions tropicales de l'océan Indien et du Pacifique. Ses mâchoires ont la forme d'une pincette, de sorte que sa bouche semble être prolongée par un bec fin. Elles lui permettent de sortir ses proies des crevasses et des fentes des récifs coralliens, ou bien d'enlever les coraux de leurs squelettes, comme avec une pince. Il en retire également de petits mollusques. Le chétodon à bec est très agressif et défend un territoire relativement vaste contre tous les intrus.

Cocher

Heniochus acuminatus

Le cocher, long de 25 cm, est très répandu dans la région Indo-Pacifique mais aussi en mer Rouge. Il vit en petits bancs dans les couches supérieures des eaux côtières et surtout entre les récifs coralliens. Il se nourrit exclusivement d'animaux et pourchasse les petits crustacés et les mollusques.

Cocher

Cocher cornu

Zanclus cornutus

Le cocher cornu (25 cm de long) est un habitant très répandu des eaux tropicales de la région Indo-Pacifique. Il vit dans les récifs coralliens à une profondeur de 50 m, et se cache souvent dans les algues. Sa coloration voyante lui sert, malgré les apparences, de camouflage. Sa nourriture principale se compose de petits êtres vivants marins, avant tout de crustacés. De temps à autre, il mange des plantes, de préférence des algues. Les cochers cornus vivent en bancs.

Cocher cornu

Poisson chirurgien-porte drapeau

Paracanthurus hepatus

Le poisson chirurgien-porte drapeau est un «bijou» des mers de corail de la région Indo-Pacifique. Il atteint une longueur de 25 cm. La robe des poissons adultes est contrastée, avec des surfaces orange plus importantes. L'intensité de sa coloration change en fonction de son humeur et de l'heure du jour. A la racine de sa nageoire caudale il y a 2 aiguillons qu'il peut sortir comme des sortes

Poisson chirurgien-porte drapeau

Coffre cornu

Poisson chauve-souris cerclé

Le poisson anémone orange est l'un des poissons les plus connus des mers de corail. Il vit près des anémones de mer dont les tentacules urticants lui servent de cachette en cas de danger.

de scalpels. Il s'en sert comme d'une arme contre les rivaux et contre d'autres poissons. Chaque poisson défend son territoire où se trouve aussi sa cachette. Le poisson chirurgien-porte drapeau fraye en larges bancs. La laitance et les œufs sont rejetés à la surface de l'eau.

Coffre cornu
Lactoria cornuta

Le coffre cornu ou poisson-vache est un étrange habitant des mers coralliennes de l'océan Indien et du Pacifique. On l'y rencontre très souvent. Il a un squelette externe ossifié ayant l'aspect d'une cuirasse avec des ouvertures pour les nageoires, les yeux et les branchies. Le coffre cornu, de 50 cm de long, se distingue par les longues excroissances de sa tête, qui ressemblent à des cornes. Comme il ne se nourrit que de plancton de faible taille, sa bouche est petite.

Poisson chauve-souris cerclé
Platax pinnatus

Dans les eaux tropicales de la région Indo-Pacifique vit le remarquable poisson chauve-souris cerclé, qui atteint une longueur de 60 cm. Les jeunes se distinguent par leurs nageoires extrêmement allongées. Les nageoires dorsales et anales sont particulièrement développées. Leur longueur diffère chez chaque animal. Dès que ce poisson devient adulte, il se transforme et ressemble à un bouclier : ses nageoires deviennent plus courtes et ses couleurs s'estompent à mesure qu'il avance en âge. Le poisson chauve-souris cerclé vit le plus souvent dans les récifs coralliens, mais on le rencontre également dans les eaux saumâtres des mangroves. Il fait partie des nageurs rapides. Sa nourriture principale se compose de petits invertébrés, de préférence des crustacés. Mais en complément, il mange également des plantes. Chez les animaux adultes, la couleur brune prédomine.

Poisson anémone orange ou Poisson clown
Amphiprion percula

Le poisson anémone orange est un des plus connus parmi les pomacentridés. Remarquablement coloré, il habite les mers de corail de l'océan Pacifique et les régions occidentales de l'océan Indien. Il n'atteint qu'une

longueur de 10 cm. Il vit près d'anémones de mer *(Stoichactinidae)*, dont les tentacules urticants lui servent de cachette en cas de danger. Il est immunisé contre le poison mortel des cellules urticantes, qui tue en général immédiatement d'autres êtres vivants, plus grands que lui. Aujourd'hui encore, ce phénomène est loin d'être expliqué. Certains pensent que les «clowns» des genres *Amphiprion* et *Premnas* se protègent contre le poison des anémones de mer grâce à une sécrétion de leur peau. D'autres théories disent que les poissons, vivant près des anémones, leur laissent des restes de proie et nettoient leur corps. Une anémone accueille normalement un couple de poisson.
La femelle du poisson anémone orange ne pond que 100 à 400 œufs. Elle cherche une anémone qui donnera suffisamment de protection. Les alevins déjà bien développés et se nourrissant de plancton, sortent des œufs 10 jours plus tard.

Girelle

Girelle

Coris gaimard

Ce labre, également nommé girelle, atteint une longueur de 40 cm et habite les eaux chaudes de la région Indo-Pacifique. Il défend son territoire et se repose sous des colonies de corail où il ne se sent pas dérangé. Les jeunes poissons ne restent que rarement en groupe. La girelle cherche sa nourriture, composée principalement d'animaux, surtout sur des fonds de sable. Elle cherche de petits crustacés et des mollusques.
Il est intéressant de constater que la coloration des jeunes ressemble peu à celle des adultes. Le poisson acquiert sa livrée adulte lorsqu'il atteint une longueur de 9 à 10 cm. Ce changement dépend certainement de la nouriture.

Labre nettoyeur bleu et noir

Labroides dimidiatus

Le labre nettoyeur bleu et noir est un petit poisson qui habite les eaux chaudes de la région Indo-Pacifique. Ce labre, d'environ 8 cm de long (famille des *Labridae*), est avant tout très répandu dans les récifs coralliens de l'Australie. Remarquablement paré, il se nourrit comme «nettoyeur» de parasites de la peau d'autres poissons et les cherche même sous leurs branchies et dans leurs bouches, même s'il s'agit d'espèces très agressives.
Ces «clients» généralement peu accomodants, laissent non seulement le labre les épouiller, mais ils viennent eux-mêmes aux endroits où il vit. Le plus souvent, on trouve les «stations de nettoyage» près des colonies de corail. Les grands poissons s'y rendent pour se faire nettoyer la peau ainsi que d'autres parties de leur corps. L'instinct de capture est totalement aboli et les «nettoyeurs» peuvent pénétrer, sans danger, directement entre les grandes dents pointues. De plus, il est surprenant de voir que tous les spécimens, même les plus grands, attendent patiemment que le «client» précédent soit soigneusement nettoyé et que leur tour arrive.

Faux nettoyeur

Aspidontus taeniatus

Le faux nettoyeur (8 cm de long) habite les mers de corail de la région Indo-Pacifique. Il ressemble beaucoup au labre nettoyeur bleu

Labre nettoyeur bleu et noir

Faux nettoyeur

Bernard l'ermite

et noir *(Labroides dimidiatus)* mais appartient à une famille bien différente, celle des *Blenniidae*. Il ressemble au petit nettoyeur par la forme, mais également par la coloration. Sa nourriture, par contre, est totalement différente. En s'approchant des grands poissons carnivores, il se comporte comme celui qu'il imite, mais dès qu'il est très près, il arrache avec ses dents tranchantes, des parties de branchies ou la chair de la queue et se cache ensuite avec son butin dans les récifs. C'est vraiment une méthode efficace et un «déguisement» parfait pour obtenir sa nourriture.

Bernard l'ermite

Dardanus magistos

Le bernard l'ermite (20 cm de long) habite les récifs coralliens devant la côte australienne. Il a trois paires de pattes antérieures, bien développées : avec les deux paires de derrière, il se fixe dans une coquille de mollusque gastéropode. Il a besoin de cet abri pour protéger la partie postérieure de son corps, molle et sans carapace. Si, au cours de sa croissance, sa «demeure» devient trop petite, il en cherche une nouvelle.

Bénitier géant

Tridacna gigas

Les habitats du bénitier géant, le plus grand coquillage de notre planète, sont les mers de corail de la région Indo-Pacifique, mais surtout les eaux côtières de l'Australie. Sa coquille atteint une longueur de 1,30 m et le poids fantastique de plus de 250 kg. Les algues unicellulaires, vivant en colonie et en symbiose au bord de son manteau, lui donnent sa coloration. Le bénitier géant, avec ses valves ouvertes, est toujours tourné vers la lumière et donne ainsi aux algues d'excellentes conditions de vie. Il est immobile et le

Bénitier géant

plus souvent fixé entre des colonies de coraux. On raconte des histoires effrayantes sur ces coquillages des mers du sud. On affirme par exemple que si un nageur touche ses parties molles, il se referme très rapidement de telle sorte que les bras ou les jambes restent pris entre les valves comme dans un piège ; le malheureux piégé n'aurait aucune chance de survivre et se noierait ; ou bien que les bords de ces valves sont si tranchants qu'ils coupent des cordages comme une hachette. On trouve encore ces affirmations dans certains livres d'histoire naturelle et dans certains films ; mais on n'a jamais pu prouver jusqu'à présent aucun accident de ce genre. Même si cet animal pouvait capturer un homme, en théorie, grâce à sa force, ceci paraît invraisemblable : en effet, le bénitier géant est coloré et bien visible dans l'eau claire, et d'autre part il n'est pas capable de fermer ses valves rapidement car il a besoin de temps pour les rapprocher.

Cône

Conus textilis

On connaît environ 400 espèces de cônes, qui font partie des plus beaux mollusques des mers tropicales et de la région Indo-Pacifique. Ces mollusques ont une coquille magnifiquement colorée, brillante et épaisse, qui est très recherchée par les collectionneurs. Certains spécimens coûtent très cher. Les cônes adultes se cachent dans une coquille de 4 à 15 cm. Une des plus belles espèces vivant dans la région Indo-Pacifique est *Conus textilis.*

Les cônes sont venimeux, le poison de certaines espèces est tellement fort et efficace qu'il peut tuer un homme. *Conus geographus* (Indo-Pacifique) par exemple, appartient aux mollusques au venin mortel. *Conus textilis* est tout aussi dangereux. Une personne qui ne connaît pas bien sa manière de vivre se réjouirait de trouver un de ces magnifiques exemplaires et risquerait une piqûre en saisissant vite et sans précaution le cône dans la main. Après avoir été piqué, on s'expose en tout cas à des risques de paralysie. Les cônes font partie des animaux marins carnivores. Ils se nourrissent de poissons, de mollusques, de crustacés et également d'échinodermes.

Le cône est l'un des plus beaux mollusques des mers tropicales, mais il est très dangereux pour tous ceux qui, attirés par sa magnifique coquille, essaient de l'attraper. Une seule piqûre peut être mortelle.

Poulpe commun

Octopus vulgaris

Le poulpe commun, un des céphalopodes les plus connus, est très répandu dans toutes les mers du monde, mais surtout dans les mers chaudes. Il préfère les côtes et vit dans les récifs de coraux où il trouve suffisamment de cachettes dans des cavernes. Avec ses tentacules, il atteint 3 m et pèse jusqu'à 25 kg environ. Sa bouche contient des mâchoires très fortes, ressemblant au bec d'un perroquet. Les glandes salivaires secrètent un poison qui paralyse les proies et tue les petits êtres vivants. Si un poisson est étreint dans les tentacules et reçoit le poison dans ses branchies, il en meurt. Ce poison peut être dangereux pour l'homme, mais l'animal utilise cependant rarement cette arme. Le poulpe est souvent très confiant et se laisse caresser par le plongeur, auquel il s'est habitué, et le «prend doucement» dans ses tentacules. Le

Poulpe commun

Galère portugaise

poulpe commun a 8 tentacules forts et musclés. Ils sont munis de 2 rangées de ventouses sur leur face inférieure. Les ventouses sont nombreuses et le poulpe préfère perdre un tentacule que lâcher ce qu'il a capturé.
Le poulpe commun préfère les fonds rocheux et les bancs coralliens, qui lui donnent suffisamment de cachettes. Si l'entrée est trop grande, il emporte des pierres pour construire un mur de protection. S'il ne trouve pas un abri naturel, il se fait une habitation de branches coralliennes mortes, de coquillages et de coquilles d'escargot, d'où l'on voit surgir ses grands yeux, en haut. Le poulpe commun chasse seulement au crépuscule. Il aime les crabes, mais attrape également des coquillages et des poissons. Dès qu'il a paralysé ou tué sa proie, il la casse et laisse couler des sucs digestifs dans la blessure. Ils décomposent les parties du corps digestibles de sorte que l'animal puisse aspirer sa nourriture. Son habitation est facile à trouver, parce qu'on trouve devant des restes de proies : coquilles de toutes sortes, pinces, etc . . . Ce céphalopode a près de la bouche un grand entonnoir, par lequel il expulse l'eau de son corps. Si nécessaire, il utilise cette expulsion d'eau comme «propulseur» et nage en arrière. Les plus grands poulpes sont peu remuants, rampent et se déplacent sur leurs forts tentacules comme sur des échasses. Dès que le poulpe commun se sent en danger, il émet une substance de son sac à encre ; elle obscurcit l'eau et brouille la vue de son adversaire, de sorte qu'il peut s'enfuir. A cause de sa chair, le poulpe commun est pourchassé et vendu par les pêcheurs sur les marchés.

Galère portugaise
Physalia physalis

La galère portugaise fait partie de l'ordre des siphonophores. C'est une colonie de polypes unis les uns aux autres mais ayant des fonctions différentes. A chaque individu revient une tâche particulière dans cet ensemble. Un groupe doit maintenir la communauté à la surface de l'eau. Ce groupe forme une remarquable bulle colorée, remplie de gaz, afin que tout l'organisme puisse rester près de la surface. Au-dessous, cette bulle porte des tentacules, atteignant 30 m de long, couleur d'aigue-marine et bordés de cellules urticantes, extrêmement efficaces. Ces cellules venimeuses peuvent mettre en danger la vie de l'homme. «Brûlé» par la galère, il présente des signes de paralysie qui peuvent mener à la noyade et chez les cardiaques à l'arrêt du fonctionnement du cœur.
C. Doyle utilisa ces propriétés de la galère pour une nouvelle fantastique. Même un être humain en bonne santé peut souffrir pendant quelques jours d'une forte fièvre et de graves abcès sur les endroits atteints. D'après des

recherches scientifiques, le poison de la galère aurait la même efficacité que celui du cobra. Les tentacules de la galère portugaise ont des formes différentes, qui dépendent de leur fonction. Certains groupes sont spécialisés dans la chasse des proies ; d'autres mettent la nourriture dans la bouche des polypes nourriciers et d'autres encore s'occupent de la reproduction. Les larves flottantes, en poussant verticalement à partir des différents individus, créent une nouvelle colonie. Cette méduse doit son nom à son flotteur de 20 cm environ qui ressemble à une voile gonflée par le vent. Dans les eaux tropicales, ces méduses vivent en grands groupes. Beaucoup sont rejetées par les vagues sur les plages. Il faut faire attention, car au début il y a toujours des individus encore vivants.

Oursin

Heterocentrotus mammillatus

Cet oursin habite les eaux tropicales de la région Indo-Pacifique. Son corps atteint un diamètre de 20 cm et il est couvert de piquants denses, parfois extrêmement grands et forts. Ce revêtement épineux le protège contre les prédateurs, surtout contre les étoiles de mer. En même temps, il lui permet de se déplacer. Dans la bouche de l'oursin on trouve 5 fortes dents, actionnées par un organe complexe, appelé «lanterne d'Aristote». L'oursin se nourrit de petits êtres vivants et de plantes.

Étoile de mer bleue

Linckia laevigita

Un des plus beaux échinodermes, l'étoile de mer bleue, d'un diamètre de 30 cm, habite les océans tropicaux. On la trouve souvent dans les récifs coralliens australiens. Sa capacité de régénération est étonnante : il suffit d'un tout petit morceau, arraché de son corps, pour qu'un nouvel individu puisse se développer. L'étoile de mer bleue est carnivore. Elle attaque différents animaux marins, de préférence les mollusques, dont elle ouvre la coquille avec une patience incroyable. Cela dure souvent plusieurs heures, jusqu'à ce que les muscles du coquillage se relâchent et que le mollusque abandonne le combat. Une petite fente suffit pour que l'étoile de mer bleue introduise un lobe de son estomac antérieur dans le coquillage. Les sucs digestifs décomposent les tissus de la victime et avec sa bouche située au-dessous de son corps, l'étoile de mer aspire la nourriture digérée. Il ne reste du coquillage que la coquille vide. Elle prend également très souvent des crustacés. Au sol, cet échinoderme se déplace à l'aide de ses nombreuses «pattes», les tubes ambulacraires placés dans les sillons des bras.

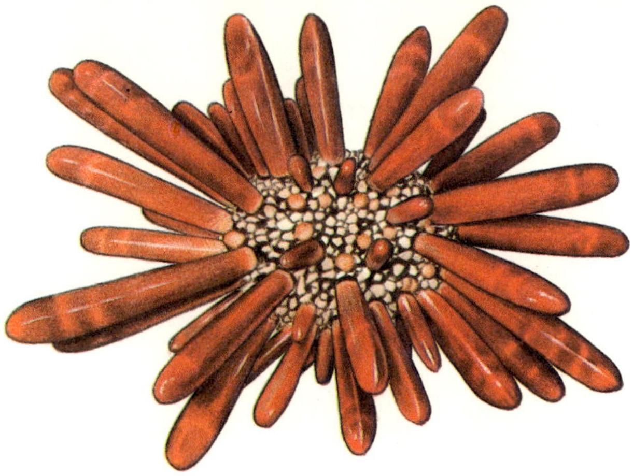

Oursin

Étoile de mer bleue

Étoile de mer
couronne d'épines

Orgue de mer

Étoile de mer couronne d'épines
Acanthaster planci

L'étoile de mer couronne d'épines a 11 à 21 bras courts, dotés à la surface de piquants très longs. Cette étoile de mer épineuse atteint un diamètre de 30 cm et a un régime très spécialisé, puisqu'elle se nourrit de coraux et habite les récifs de la région Indo-Pacifique. Si elle pullule, elle est capable de détruire intégralement des bancs de corail. L'étoile de mer couronne d'épines est très répandue dans la Grande Barrière et elle représente un énorme danger pour les colonies de coraux. Elle attaque sa victime et décompose à l'aide de ses sucs digestifs les polypes mous qu'elle avale. La couronne d'épines se reproduit en pondant des œufs, d'où sortent des larves, curieusement symétriques des deux côtés, nageant librement dans l'eau. Bientôt, elles s'établissent et leurs bras se développent symétriquement à partir du centre. Souvent, un nouvel individu se crée en peu de temps, à partir d'un fragment arraché du corps.

Orgue de mer
Tubipora musica

L'orgue de mer appartient aux espèces de coraux les plus répandues et les plus belles. Les grandes colonies se composent de tubes, magnifiquement colorés de rouge, longs, séparés à l'extrémité supérieure et reliés à la base par des cloisons transversales. Ces colonies de polypes ressemblent à des tuyaux d'orgue. Dans chaque tube vit un polype couleur émeraude. Quand on voit les polypes attrapant avec leurs 8 tentacules verts leur nourriture composée de petit plancton apporté par les vagues, le spectacle est inoubliable. Dès qu'il y a le moindre danger, les coraux se rétractent immédiatement dans leur squelette tubulaire et la couleur rouge de ce dernier apparaît tout à coup. Les orgues de mer, dont on connaît différentes espèces, participent en grande partie à la construction des récifs de coraux dans les mers du sud. Les polypes de corail rejettent leurs œufs par la bouche. Les larves sortant des œufs sont mobiles et tourbillonnent dans l'eau, mais elles s'établissent rapidement sur un fond stable, pour se métamorphoser en polypes.

V. NOUVELLE-GUINÉE

La Nouvelle-Guinée est avec ses 775 000 km^2 la deuxième grande île de notre planète. Elle appartient au groupe insulaire de la Mélanésie, qui s'étend de l'Indonésie à la Nouvelle-Zélande, face à la côte septentrionale et orientale du continent australien. La Mélanésie comprend également l'archipel Bismarck, au nord-est de la Nouvelle-Guinée, les îles Salomon à l'est de la grande île, l'archipel de la Louisiade, les Nouvelles-Hébrides, la Nouvelle Calédonie, les îles Fidji, les Tonga, les îles Kermadec et d'autres îles grandes et petites.

Au sud-ouest de la Nouvelle-Guinée se trouvent les îles Aru, sur lesquelles vivent une faune et une flore très intéressantes. Près des côtes de Nouvelle-Guinée — jusqu'à ces dernières années relativement mystérieuse et peu touchée par la civilisation — on trouve également des milliers d'îles et d'îlots. La plupart tirent leurs origines des bancs de corail, comme les atolls plats, ou d'un volcan. La Nouvelle-Guinée se situe dans la ceinture climatique tropicale de la Terre. Les montagnes forment le principal paysage de l'île. Comme une épine dorsale, une chaîne longue de plus de 2 500 km et large de 250 km s'étend sur toute l'île; de nombreuses ramifications s'en détachent.

A l'intérieur de l'île et dans les montagnes, jusqu'à une altitude de 1 200 m, s'étend la forêt pluviale tropicale; la forêt qui la prolonge va jusqu'à la limite de la zone boisée à environ 3 600 m. Beaucoup de sommets des montagnes centrales atteignent 4 000 et 5 000 m. Le mont Carstensz, le plus élevé, atteint 5 030 m. L'importance des montagnes explique la diversité des climats. Alors qu'on souffre sous la chaleur tropicale dans les terres basses, le climat des montagnes moyennes est tempéré, et sur les sommets les plus hauts il y a des neiges éternelles. Chaque zone climatique a son propre type de végétation. Au-dessus des forêts de la jungle tropicale, on trouve des bois de chênes *(Castanopsis)* et de hêtres *(Nothofagus)*. Certaines parties de la côte sont couvertes de marais de mangroves. Sur les côtes et dans les montagnes il y a de vastes savanes et des alpages. En haute montagne on trouve des marais. Au-dessus de 1 500 m il pleut pratiquement sans arrêt. Souvent, des ruisseaux et de petits torrents, transformés en magnifiques cascades, tombent sur des rochers en descendant vers les vallées.

Dans d'autres régions montagneuses, avant tout au sud, le sol très calcaire et poreux est sec, car l'eau pénètre tout de suite. Les terres les plus hautes sont cachées par les nuages pendant presque toute l'année.

Dans les régions chaudes et humides, le bambou pousse très bien, et par endroits on en trouve des massifs denses. Les arbres y deviennent très hauts. *Araucaria hunstenii* par exemple atteint environ 80 m, mais le record est de 89 m. La limite de la zone forestière va jusqu'à 3 600 m. A 3 000 m d'altitude on trouve encore des peuplements denses d'arbres nains. Entre 2 700 et 3 000 m s'étend la zone des brouillards, région toujours couverte par des nuages. Les conifères, envahis par les mousses, les lichens et les orchidées y sont prédominants. Très souvent on y trouve des myrtes. Dans les montagnes, les rhododendrons poussent très bien ; ainsi, le «rhododendron» malabar *(Melastoma malabaricum)* couvre de vastes surfaces. Cette plante de la famille des melastomacées n'a de rhododendron que le nom.

De grands espaces de la Nouvelle-Guinée, surtout les terres basses et les collines, sont couverts d'une épaisse forêt pluviale. Des arbres géants y atteignent une hauteur de 80 m. Le toit principal de la jungle est composé d'arbres de 35 à 45 m de haut; le niveau suivant est constitué par des arbres de 25 m. Viennent ensuite une strate d'arbustes de 10 à 15 m de hauteur, et enfin les buissons du sous-bois qui ne mesurent que 5 à 6 m de haut. Le sol est couvert de différentes plantes sylvestres, fougères, mousses, etc. Des lianes et différentes plantes grimpantes escaladent tous ces arbres ; il s'agit par exemple du palmier grimpant *Calamus,* ou rotang. Dans les clairières, les bambous prédominent. Jusqu'à présent, on a décrit environ 12 000 espèces de plantes à fleurs en Nouvelle-Guinée ; mais les richesses botaniques de cette île sont loin d'être entièrement connues et certains botanistes sont persuadés qu'on peut découvrir encore environ 5 000 à 8 000 plantes à fleurs.

En ce qui concerne les orchidées de Nouvelle-Guinée, on en dénombre jusqu'à nos jours quelque 2 500 espèces. Les plus courantes font partie du genre *Vandopsis.* Leurs feuilles étroites peuvent atteindre 1 m de long et leurs inflorescences une longueur de 3 m. En Nouvelle-Guinée, des orchidées poussent des plaines jusque vers 3 000 m. On les trouve sur les cimes des arbres vivant en épiphytes sur les branches et les troncs ou sur le sol des marais et des sommets montagneux.

Alors que la flore de la Nouvelle-Guinée ressemble beaucoup à la végétation du Sud-Est asiatique, la faune par contre, montre une ressemblance avec celle de l'Australie. Ainsi, sur les 180 espèces de mammifères vivant en Nouvelle-Guinée, un tiers sont des marsupiaux. Comme les kangourous, les échidnés ovipares font partie de la faune de Nouvelle-Guinée. Les mammifères les plus nombreux sont les chauves-souris, avec 70 espèces, et les rongeurs, avec 56 espèces. Dans les eaux de la Nouvelle-Guinée et autour de l'île, la richesse en poissons est remarquable, non seulement à cause de leur abondance, mais également par la diversité des espèces. On a déjà décrit plus de 1 000 espèces de poissons vivant dans cette région.

Les oiseaux les plus célèbres dans le monde entier, les magnifiques paradisiers, font partie des espèces les plus typiques parmi les 650 vivant en Nouvelle-Guinée. A l'époque des parades nuptiales, les mâles portent des plumes ornementales d'une beauté et d'un éclat étonnants. En Nouvelle-Guinée vivent 43 espèces de paradisier. Ils ont dû payer le tribut de leur renommée mondiale; quelques espèces sont presque exterminées, d'autres n'existent probablement plus. Depuis que le monde a découvert ces magnifiques oiseaux, des milliers et des milliers de peaux ont été exportées en Europe et en Amérique, car leurs plumes faisaient partie des bijoux à la mode pour les dames riches et élégantes. Un rapport fait mesurer l'ampleur de cette hécatombe: chaque année entre 1880 et 1890, 50 000 oiseaux furent importés à Paris, centre commercial mondial de cette marchandise. Cela représente 500 000 oiseaux en 10 ans, pour Paris uniquement. Personne ne connaît actuellement le nombre exact d'oiseaux tués. Les conséquences de ces massacres furent catastrophiques. En 1920, il fallut décréter l'interdiction de la chasse pour protéger les dernières populations. Malgré cela, beaucoup d'oiseaux sont encore exportés illégalement en Europe. Aujourd'hui, cette mode est dépassée et les paradisiers sont protégés. Mais la plupart appartiennent aux espèces les plus rares et les perspectives d'avenir pour certains sont douteuses. Bien avant que les femmes d'Europe et d'Amérique ne commencent à se parer des magnifiques plumes de paradisier, les indigènes les utilisaient comme décoration et la situation n'a pas encore changé. Un chef de tribu porte à lui seul sur son nez des raretés qui valent plusieurs centaines de dollars ; ses compagnons se parent également et ornent leurs armes et d'autres objets.

Mais les indigènes n'ont jamais été et ne sont pas un véritable danger pour l'existence de ces oiseaux. Ils les prennent à la glu, tendent des collets ou les tuent avec des flèches tridentées. Dans certaines régions où vivent les paradisiers les plus rares, seuls les indigènes ont le droit de les chasser à des fins rituelles. On estime souvent la parure de plumes utilisées lors de fêtes chez les indigènes de Nouvelle-Guinée à plusieurs millions de dollars. Il ne faut pas oublier que ces bijoux sont conservés depuis des dizaines d'années, et on peut dire que les indigènes font partie des ennemis naturels des paradisiers.

D'autres oiseaux sont typiques de la Nouvelle-Guinée : ce sont les oiseaux à berceau dont quelques espèces vivent également sur le continent australien. Ils sont parmi les représentants les plus curieux du monde des volatiles. Pour les parades nuptiales, les mâles préparent une place particulière avec une tonnelle, un «mât de cocagne», une allée ou simplement, chez certaines espèces, une surface dégagée. On distingue 4 groupes selon l'aspect de la place de la parade. Les oiseaux-chats ne construisent ni aire ni tonnelle ou seulement de temps à autre. Les constructeurs d'aires constituent le deuxième groupe. Ils entassent régulièrement des feuilles sur une surface nettoyée. A l'aide de deux murs situés l'un en face de l'autre, les espèces du troisième groupe fabriquent des allées. Le quatrième groupe construit des tonnelles en mât de cocagne. Les mâles ont besoin de cette place de parade bien décorée pour attirer les femelles avec lesquelles ils ne vivent ni avant, ni après l'accouplement. Ces oiseaux sont presque tous polygames, c'est-à-dire qu'ils ont plusieurs femelles. Dès qu'un mâle, couronné de succès, s'est accouplé avec une femelle et que celle-ci est partie faire le nid, le mâle en attire une autre. Les femelles construisent les nids dans des arbres, couvent les œufs et s'occupent seules de l'élevage des oisillons. Elles sont colorées plus modestement que les mâles et n'ont pas de plumes ornementales.

La place de parade est l'endroit le plus important du territoire du mâle, qui y passe 4 ou 5 mois de l'année. Chaque année, il y revient, la restaure un peu ou l'agrandit. Quand les Européens arrivèrent pour la première fois en Nouvelle-Guinée et qu'ils virent une place de parade d'oiseau jardinier, ils crurent qu'il s'agissait d'un emplacement réservé aux jeux pour les enfants des indigènes.

Les tonnelles sont bien arrangées et l'espace situé devant est aussi décoré de différentes choses, plumes et fruits. En général, les couleurs choisies sont caractéristiques de l'espèce, de sorte que les femelles y réagissent. Il y a des espèces qui peignent les murs intérieurs de l'allée d'un mélange de salive et de jus de fruits coloré. Quelques-uns de ces oiseaux et leurs habitudes sont décrits dans ce chapitre.

Un autre grand groupe d'oiseaux, également très répandu en Nouvelle-Guinée, est celui des perroquets, aux couleurs vives. La Nouvelle-Guinée, avec sa végétation très variée et ses zones climatiques, est très riche en insectes, mais beaucoup d'espèces attendent encore celui qui les découvrira.

De magnifiques papillons diurnes planent au-dessus de la cime des arbres. Parmi les plus répandus et en même temps les plus beaux papillons de la terre, citons les espèces diurnes du genre *Ornithoptera.* Des cérambycides gigantesques courent le long des troncs d'arbres. Aux endroits ensoleillés, la surface de leurs ailes brille comme des diamants.

Le monde des araignées est très particulier. Elles appartiennent, avec environ 3 000 espèces, aux groupes d'animaux les plus riches en espèces de cette île magnifique. *Nephila maculata* attire l'attention car la femelle accroche sa toile, qui atteint 1 m de diamètre, entre les arbres, et la fixe avec des fils de 6 m de long. Cette toile est tellement solide que même un petit oiseau peut y rester bloqué. Les indigènes l'utilisent pour la pêche des petits poissons. Quelques espèces d'araignées vivent en colonie et construisent ensemble une toile d'une longueur de 10 m entre des troncs d'arbres. En réalité, elle est faite de plusieurs centaines de milliers de toiles isolées. D'autres espèces, les salticides, chassent leur proie en sautant, et d'autres encore sont tellement bien camouflées qu'elles ne se distinguent pas de l'écorce sur laquelle elles s'installent.

Les mille-pattes sont également très répandus dans la jungle de cette île, et des spécimens de 20 cm de long ne sont pas rares. Dans les forêts pluviales humides vivent de nombreuses grenouilles et rainettes. On rencontre souvent aussi des serpents.

La Nouvelle-Guinée séduit par sa faune et sa flore particulières, mais également par son activité volcanique continuelle. Plusieurs centaines de volcans sont en activité et de forts tremblements de terre sont des phénomènes courants en Nouvelle-Guinée et sur les îles environnantes. Au sud-est de la grande île s'étend la Papouasie, vaste région dans laquelle vivent les indigènes de l'île : les Papous. Il y a peu de temps, ces derniers faisaient encore partie des cannibales. Ils construisent des maisons communes, d'environ 75 m de long et de 20 m de large, faites de bambou, de troncs d'arbres et de palmes. Pour couvrir le toit, ils utilisent surtout les feuilles d'un palmier du genre *Metroxylon.* L'intérieur de la maison est partagé en pièces séparées, utilisées pour préparer la nourriture, pour manger ou pour dormir. Les hommes et les femmes dorment séparément. Au fond de la maison se trouve une pièce particulière pour les initiés — les chefs de tribu et les sorciers. Ces domaines mystérieux sont décorés dc crânes et d'os de kangourous ou d'autres animaux. Il y a encore peu de temps, les crânes et les os humains servaient d'objets rituels et servent certainement dans bien des cas également aujourd'hui. Les villages d'indigènes comptent jusqu'à 1 000 habitants. Les Papous s'habillent légèrement de feuilles et d'herbes. Ils n'enterrent ni ne brûlent leurs morts, mais les embaument, les attachent à une sorte d'échelle de bambou qu'ils accrochent aux arbres ; là, ils se dessèchent en momies. Parfois, les échelles restent directement dans la maison. Les Papous couvrent le crâne des morts d'une sorte de masque et remplissent les orbites avec des coquillages. En Nouvelle-Guinée, on connaît environ un millier de tribus ; elles parlent à peu près 700 dialectes très différents. Jusqu'à nos jours, quelques tribus sont restées tellement isolées qu'elles vivent encore aujourd'hui comme les hommes de l'âge de pierre. Beaucoup de tribus pratiquent l'agriculture, mais les récoltes sont si maigres qu'elles suffisent à peine à maintenir les familles en autarcie.

Zalab

Échidné à bec

Zaglossus bartoni

L'échidné à bec, d'environ 56 cm de long et de plus de 10 kg, est endémique en Nouvelle-Guinée. Il se distingue par son museau extrêmement long qui se termine par un bec en forme de tube. Son odorat est bien développé et lui est très utile pour chercher ses proies. Avec ses griffes longues et pointues, il détruit les fourmilières et termitières, et ramasse avec sa longue langue poisseuse leurs habitants débusqués. Il est actif la nuit et dort pendant la journée dans la forêt, dans des trous, sous des troncs ou dans des fentes de rochers. Il peut également s'enterrer dans un sol meuble. L'échidné à bec est couvert d'un pelage constitué de piquants courts et blancs, principalement sur les deux côtés. Environ 1 mois après l'accouplement, la femelle pond dans sa propre poche marsupiale un œuf de 17 mm. Huit jours après, le jeune sort de l'œuf et reste encore 10 jours dans la poche de la mère. Pendant cette période, il se nourrit du lait secrété par les glandes mammaires. Le jeune est ensuite placé dans le nid et la mère s'occupe de lui encore plusieurs semaines.

Échidné à bec

Couscous tacheté

Phalanger maculatus

Un marsupial très intéressant, le couscous tacheté, vit dans les forêts pluviales tropicales de la Nouvelle-Guinée et sur la péninsule d'York (Australie). Il atteint une longueur de 1,10 m, dont environ 45 cm correspondent à la forte queue préhensile. Le pelage typiquement tacheté est porté le plus souvent par le mâle. Le couscous tacheté est un animal très lent et ressemble, en apparence et par sa manière de grimper, aux lémuriens, par exemple au potto de Calabar.

Pendant la journée, il se cache dans les branchages épais des cimes d'arbres ou dans les grands trous des troncs et des branches. Au crépuscule, il va à la recherche de sa nourriture. Il se déplace lentement dans les arbres et mange des pousses et des jeunes feuilles. S'il trouve en cherchant sa nourriture, des nids d'oiseaux, il se régale des oisillons. La femelle porte dans sa poche 1 à 4 jeunes jusqu'à ce qu'ils soient indépendants.

Couscous tacheté

Dendrolague de Matschie

Dendrolagus matschiei

On trouve 7 espèces de dendrolagues (kangourous arboricoles) en Nouvelle-Guinée. L'espèce la plus connue et la plus grande est le dendrolague de Matschie qui vit dans la partie nord-est de l'île. Il a un pelage roussâtre, son corps atteint une longueur de 80 cm et sa queue 60 cm. Il est très bien adapté à la vie sur les arbres. Les pattes postérieures sont terminées par de longues griffes courbées et les pattes antérieures sont grandes et fortes. Même pour dormir, le dendrolague de Matschie reste sur les arbres, laissant tomber sa longue queue forte et poilue. En général, elle lui sert de gouvernail quand il saute d'un arbre sur l'autre et pour garder son équilibre lorsqu'il se déplace lentement sur les branches. Il arrache des pousses, des feuilles, des baies et des fruits avec ses pattes antérieures. La reproduction est analogue à celle des kangourous australiens.

OISEAUX

Casoar de Bennett

Casuarius bennetti

Le casoar de Bennett est un oiseau coureur imposant de 50 kg et atteignant 80 cm de haut, au niveau du dos. La femelle est plus grande que le mâle. Ce casoar a un casque peu élevé et pas de lobe de peau. Pendant la parade, les taches du cou et de la tête, colorées de rouge et bleu, brillent intensément. Le casoar de Bennett, dont on distingue 7 sous-espèces, vit dans la jungle épaisse de la Nouvelle-Bretagne. Il se déplace très bien dans les buissons touffus. On le trouve rarement à découvert et il s'enfuit très vite dans

Le dendrolague de Matschie qui est originaire des forêts tropicales de Nouvelle-Guinée est parfaitement adapté à la vie dans les arbres. Son pelage long et épais le protège des pluies tropicales.

Casoar de Bennett

Héron de Sumatra

les fourrés denses. En cas de danger, il saute même dans l'eau et traverse aussi en nageant des rivières larges. Il cherche sa nourriture au sol. Il ramasse des fruits tombés, des graines et arrache des parties vertes de plantes. Il mange également des insectes, des mollusques et de temps à autre de petits vertébrés. Il cherche sa nourriture le soir ou au petit matin. La femelle pond 3 à 8 œufs vert foncé à coquille rugueuse dans un trou peu profond rembourré de feuilles et d'herbes. Elle laisse le soin de l'incubation et de l'élevage des jeunes au mâle. L'incubation dure 49 à 56 jours. Le mâle guide les poussins et les protège jusqu'à ce qu'ils soient indépendants.

Héron de Sumatra

Ardea sumatrana

L'aire de répartition du héron de Sumatra (1,05 m) comprend la Nouvelle-Guinée, les côtes de l'Australie du Nord, l'Indonésie et l'Asie du Sud-Est. La coloration des deux sexes est identique. Le héron de Sumatra va de préférence dans les lagunes côtières couvertes de fourrés d'épaisses mangroves. Il niche en colonie et très souvent en compagnie d'autres espèces de hérons. Le nid est construit par le couple avec de petites branches, des feuilles de roseaux et d'autres matériaux issus de plantes. Il est situé sur un arbre au-dessus de l'eau ou directement près d'un point d'eau. En Nouvelle-Guinée et en

Tadorne radjah

Australie du Nord, ces hérons nichent pendant toute l'année. La femelle couve, en alternance avec le mâle, 2 œufs vert-bleu clair. Les parents régurgitent la nourriture directement dans le bec des jeunes, éclos au bout de 26 jours, et plus tard sur le bord du nid. A l'âge de 8 à 9 semaines, les jeunes hérons sont capables de voler et sont indépendants. Le héron de Sumatra chasse différents animaux aquatiques, comme les poissons, les grenouilles et des crabes, mais également de petits oiseaux et des mammifères. Au bord de l'eau, il attrape des insectes.

L'oie naine verte vit dans les régions tropicales de Nouvelle-Guinée, ainsi que sur les îles bordant les côtes. On la rencontre également dans les lagunes de la côte australienne.

Tadorne radjah

Tadorna radjah

L'aire de répartition du tadorne radjah s'étend sur la Nouvelle-Guinée, les Moluques et toute la région tropicale de l'Australie du Nord. Ce tadorne atteint une longueur d'environ 55 cm et les deux sexes ont une coloration semblable. L'habitat du tadorne radjah correspond aux lagunes côtières, couvertes de mangroves épaisses, au cours des rivières aux berges boisées et aux forêts marécageuses. Quand il ne niche pas, c'est-à-dire pendant la saison sèche, il vit en petits groupes familiaux, mais se réunit également en troupes regroupant jusqu'à 200 oiseaux. Aux endroits où il trouve de l'eau pendant toute l'année, il vit en couple, et comme oiseau sédentaire, défend un territoire. Une fois accouplés, les tadornes radjah restent toute leur vie ensemble. Pour nicher, le couple cherche un trou dans un arbre, qui doit pousser dans l'eau, le marais ou la forêt. La femelle couve seule pendant 30 jours 6 à 12 œufs de couleur crème. Le mâle veille sur elle près du nid. Devenus secs, les poussins sortent du trou et sont tout de suite conduits sur l'eau par leurs parents. Le tadorne radjah trouve sa nourriture surtout dans l'eau. Il se nourrit de mollusques, d'algues et de plantes aquatiques. Pendant la saison sèche, il mange ce qu'il trouve par terre.

Oie naine verte

Nettapus pulchellus

L'oie naine (ou sarcelle) verte (35 cm de long) vit en Nouvelle-Guinée, à Buru et à Seran, et également sur les côtes septentrionales de l'Australie. La femelle, qui est plus petite, a la tête moins colorée de vert et des rayures moins distinctes que le mâle. L'oie naine verte vit en couple, mais pendant la saison sèche, les familles forment des groupes de 50 à 100 sujets. Ces oiseaux vivent dans les lagunes côtières, où ils trouvent des plantes aquatiques, des graines et de temps à autre des insectes. Pendant la nidification, c'est-à-dire plutôt de janvier à mars, l'oie naine verte se fait remarquer par un sifflement fort. Le mâle choisit l'endroit convenable pour nicher — une petite île, avec une végétation épaisse ou un arbre creux, poussant dans l'eau — puis la femelle décide de l'emplacement exact. Elle couve seule pendant 28 jours, 8 à 12 œufs blanchâtres ou crème ; entre-temps le mâle défend le territoire. Les poussins sont nidifuges et sont élevés par les deux parents.

Autour à dos noir

Accipiter melanochlamys

L'autour à dos noir, magnifique rapace, vit dans les forêts de montagne à une altitude de 1 500 à 3 000 m en Nouvelle-Guinée. Le mâle atteint une longueur d'environ 34 cm et a une envergure de 60 cm. La femelle est un peu plus grande, elle atteint 40 cm et son envergure dépasse 80 cm. Oiseau sédentaire, ce rapace défend son territoire. L'aire est le plus souvent située à la cime d'un arbre, à plus de 20 m au-dessus du sol. L'autour utilise des petites branches comme matériau de construction et des feuilles et des poils de

Autour à dos noir

Autour gris-bleu

mammifères pour le rembourrage. En général, la ponte est composée de 4 œufs tachetés et est couvée pendant 33 jours par la femelle seule. Entre-temps, le mâle s'occupe du ravitaillement. L'autour à dos noir s'empare de petits oiseaux, de rainettes et d'insectes. Pendant les premiers jours de la vie des oisillons, le mâle s'occupe de la nourriture et la transmet à la femelle qui la distribue. Environ 1 semaine plus tard, elle va aussi à la chasse. A l'âge de 1 mois, les jeunes autours quittent le nid.

Autour gris-bleu

Accipiter luteoschistaceus

L'autour gris-bleu, petit rapace de 30 cm seulement, vit en Nouvelle-Bretagne, face à la côte orientale de la Nouvelle-Guinée. Le mâle est plus petit que la femelle. Il construit son aire sur un arbre, dans la jungle, avec des branches sèches et la rembourre de poils de mammifères, de feuilles vertes et de plumes. La femelle pond 2 à 5 œufs fortement tachetés. Le temps d'incubation s'élève à 32 jours. Pendant que la femelle couve, le mâle s'occupe de la nourriture et la transporte près du nid. Les proies principales de cet autour sont de petits oiseaux, des insectes et de petits reptiles arboricoles. Les deux adultes chassent pour les petits, mais seule la fe-

melle leur donne la becquée. Les jeunes sont capables de voler 1 mois plus tard.

Épervier à collier
Accipiter cirrhocephalus
La Nouvelle-Guinée, Céram, Buru et d'autres îles des mers du sud, ainsi que toute l'Australie et la Tasmanie, font partie de l'aire de répartition de l'épervier à collier. La coloration des deux sexes de ce joli rapace, dont on connaît plusieurs sous-espèces, est identique. La femelle atteint une longueur de 40 cm et le mâle seulement 33 cm. L'épervier à collier est relativement agressif. Sur son territoire il chasse même de grands rapaces et s'empare de proies plus grandes que lui, comme les perroquets, de grands cacatoès, des coucous et de petits mamifères. Il chasse également des serpents et de grands insectes. Le couple place son aire à la cime d'un arbre, à une hauteur de 8 à 31 m. Il utilise des petites branches comme matériau de construction et des feuilles vertes fraîches, renouvelées pendant toute la durée de l'incubation. L'épervier à collier occupe souvent un nid abandonné par d'autres oiseaux. La couvée comprend 2 à 4 œufs bleuâtres, tachetés de brun clair et de brun-rouge. Le temps d'incubation s'élève à 32 jours. Il semble peu réaliste que la femelle ne couve que 19 jours, comme on le dit dans certains ouvrages. Pendant que la femelle est sur les œufs, le mâle apporte les proies et, de temps en temps, il relaie aussi sa partenaire pour couver.

Râle tricolore
Rallina tricolor
Le râle tricolore est un oiseau aquatique de 28 cm de long, répandu en Nouvelle-Guinée, sur les îles Aru, les Moluques et dans les forêts pluviales côtières du nord-est du Queensland. Le plumage de la femelle et du mâle est identique. Le râle tricolore habite dans des endroits marécageux aux lisières des forêts et des lacs forestiers, entourés d'une végétation dense. De novembre à avril, le couple ramasse des feuillages pour la construction du nid ; celui-ci est situé environ 50 cm au-dessus du sol entre des racines d'arbres ou sur un palmier. La ponte comprend 3 à 5 œufs blancs, qui deviennent bruns pendant l'incubation. Pendant 20 jours, le mâle et la femelle couvent en alternance. Le râle tricolore cherche sa nourriture au crépuscule. Il se nourrit d'insectes et de larves, de mollusques et d'araignées. Il prend

L'épervier à collier est l'un des rapaces les plus répandus en Australie et en Nouvelle-Guinée. Pendant la période de reproduction, il occupe un vaste territoire dont il chasse même les grands rapaces.

Râle tricolore

aussi de jeunes plantes fraîches et vertes et de petites graines comme alimentation complémentaire.

Râle des Moluques

Amaurornis moluccanus

L'aire de répartition du râle des Moluques (26 cm de long) inclut la Nouvelle-Guinée, les Moluques, les Philippines et les régions côtières du nord-est du Queensland. Les deux sexes ne se distinguent pas par leur aspect extérieur. Le râle des Moluques habite en bordure des forêts pluviales marécageuses, des lacs envahis par la végétation et des rivières aux rives boisées. La saison de la nidification dépend de la région. En Nouvelle-Guinée, elle a lieu le plus souvent du mois d'octobre au mois d'avril. Le nid est tressé de brins d'herbes et de longues feuilles ; il a une profondeur de 12 cm et 23 cm de large. Le râle des Moluques le place sur des roseaux couchés ou sur d'autres plantes aquatiques, jusqu'à 70 cm au-dessus du niveau de l'eau ou du sol. Le couple couve en alternance pendant 3 semaines la ponte de 6 à 7 œufs blanchâtres, tachetés irrégulièrement de gris mauve. Les deux premiers jours qui suivent l'éclosion, les deux adultes mettent la nourriture dans le bec des poussins. Au troisième jour, les petits suivent leurs parents sur l'eau et se cachent dans les fourrés. Le râle des Moluques se nourrit d'insectes, de larves, d'araignées, de petits mollusques et de plantes vertes.

Râle des Moluques

Pigeon superbe

Ptilinopus superbus

Le pigeon superbe est un pigeon-perroquet très joliment coloré de la Nouvelle-Guinée, des Moluques et des îles Salomon, mais également de Célèbes et du nord-est du Queensland, en Australie. Il atteint une longueur de 24 cm. La tache du sommet de la tête de la femelle est plus petite que chez le mâle. La femelle a la poitrine gris-vert et le plumage ventral coloré de crème. Le pigeon superbe habite les forêts pluviales et se tient principalement à la cime des arbres, où il trouve sa nourriture — des baies et des fruits. Il préfère les figues mûres et entreprend souvent des déplacements pour chercher ses aliments en compagnie d'autres pigeons ou de perroquets frugivores. En Nouvelle-Guinée, le pigeon superbe niche le plus souvent de juillet à février. Le couple construit son nid entre 1 et 7 m de haut, parfois même jusqu'à 20 m de haut, avec des petites branches. Il est situé derrière une écorce décollée, sur une fourche d'arbre ou de buisson ou sur une feuille de palmier horizontale. Pendant 14 jours, les deux partenaires couvent en alternance 1 seul œuf blanc brillant, et ils élèvent ensemble l'unique oisillon.

Pigeon superbe

Carpophage impérial

Ducula spilorrhoa

Durant les mois d'été le carpophage impérial migre en groupes, de ses lieux de reproduction en Nouvelle-Guinée vers les côtes de l'Australie du Nord. Mais on a vu ce pigeon frugivore (43 cm) nicher également au Queensland. On ne peut pas distinguer le mâle de la femelle par leur coloration. On trouve le carpophage impérial partout où mûrissent des fruits, avant tout des figues. Dans le sud de la Nouvelle-Guinée, il se nourrit à 50 % de figues. Les carpophages viennent de loin en groupes, aux endroits où se trouve leur nourriture. La saison de la nidification, de septembre à janvier, correspond à la période où les fruits sont les plus abondants dans les forêts pluviales de plaine. Le couple de carpophages construit son nid avec des branches, souvent d'une longueur de 30 cm et d'un diamètre de 2 cm. Il est situé sur des arbres, de préférence sur la zone côtière de mangroves. Les deux partenaires couvent en alternance pendant 3 semaines

Carpophage impérial

Le goura victoria est, avec les deux autres espèces de pigeons couronnés vivant en Nouvelle-Guinée, l'un des plus grands pigeons de notre planète.

1 seul œuf blanc. L'oisillon est également nourri par les deux parents.

Goura victoria

Goura victoria

En Nouvelle-Guinée et sur les petites îles voisines, on trouve les plus grands pigeons de notre planète — les pigeons couronnés. Ils s'ornent d'une magnifique huppe dressée en forme d'éventail et dont les plumes élargies au bout en forme de spatule ressemblent à des dentelles très fines, car leurs barbes sont séparées. Dans les régions septentrionales de la Nouvelle-Guinée vit une des 3 espèces de pigeons couronnés, le goura victoria (80 cm), grand comme une dinde. La coloration du mâle et de la femelle est identique. Le goura victoria habite les forêts claires des plaines et on le rencontre la plupart du temps au sol. Il ramasse des baies, des fruits et des graines tombés, mais arrache également des bourgeons et mange des insectes et des escargots. Pendant la parade nuptiale, on entend la voix basse du goura victoria. Le nid, fait de brindilles sèches, est situé la plupart du temps sur une branche d'arbre ou de buisson à une hauteur de plus de 10 m. Il contient 1 seul œuf blanc. Les deux partenaires couvent 28 jours en alternance et s'occupent également de l'élevage de l'oisillon. Le jeune pigeon quitte le nid 1 mois plus tard, mais y revient encore la nuit pendant 10 jours pour dormir. Les adultes complètent sa nourriture jusqu'à l'âge de 2 mois.

Lori à calotte noire

A l'âge de 2 ans les jeunes gouras sont prêts à nicher. Ils peuvent atteindre un âge considérable : un goura peut vivre jusqu'à l'âge de 50 ans.

Lori à calotte noire

Domicella lory

En Nouvelle-Guinée, sur les îles Vaïgen, Batana, Salawati, Misol, Jobi et Biak, vit le lori à calotte noire. Ce perroquet, d'environ 31 cm de long, a 7 sous-espèces. On ne peut distinguer la femelle du mâle par la coloration. Ce lori vit en couple ou, en dehors de la nidification, en petit groupe. Il préfère vivre sur les arbres du genre *Pandanus* (monocotylédones). Sa nourriture se compose du nectar des fleurs, de fruits mous et également d'insectes et de temps à autre de graines. La femelle pond ses 2 œufs dans un trou de palmier. Elle les couve seule pendant 24 jours. Les jeunes sont nourris par les deux oiseaux adultes et ils quittent le nid à l'âge de 2 mois.

Loriquet guillemette

Charmosyna wilhelminae

Le loriquet guillemette des montagnes de la Nouvelle-Guinée fait partie d'un groupe de tout petits perroquets: il atteint une longueur de 13 cm seulement et habite les forêts à une altitude de 500 à 1 800 m. Ce perroquet trouve surtout sa nourriture à la cime des arbres. Il se nourrit du nectar des fleurs, de fruits mous et juteux et de temps à autre également de petits insectes. La femelle couve presque toute seule les 2 œufs, pendant à peu près 24 jours dans un trou. A l'âge d'environ 6 semaines, les jeunes loriquets sont capables de voler.

Loriquet à front jaune

Charmosyna placentis

L'aire de répartition du loriquet à front jaune (17 cm de long) comprend la Nouvelle-Guinée, les îles Aru, Kai, les Moluques, l'archipel Bismarck et l'île Bougainville (îles Salomon). Ce petit perroquet multicolore a été divisé en 5 sous-espèces. Il vit à la cime des arbres et se nourrit du pollen et du nectar des fleurs, de fruits juteux et de temps à autre de petits insectes. Le couple creuse

Loriquet guillemette

Loriquet à front jaune

Le loriquet papou fait partie de ces magnifiques perroquets qui, grâce à la forme spéciale de leur langue, peuvent sucer le nectar des fleurs.

dans une termitière arboricole assez grande un tunnel court, qui se termine par une chambre. La femelle couve seule pendant 23 jours les 2 œufs. Le mâle prend part à l'élevage des jeunes.

Loriquet magnifique

Charmosyna pulchella

Le loriquet magnifique (18 cm de long) est un habitant des forêts pluviales épaisses des montagnes de la Nouvelle-Guinée. On distingue 2 sous-espèces de loriquet magnifique. Il vit à la cime épaisse des arbres et se nourrit du pollen et du nectar des fleurs et du jus des fruits mûrs. La femelle choisit un trou d'arbre pour nicher et elle couve probablement seule l'œuf unique. A l'âge de 2 mois le jeune quitte le nid. Il est nourri par les deux parents.

Loriquet papou

Charmosyna papou

Le loriquet papou a été divisé en 4 sous-espèces et fait partie des perroquets répandus dans toute la Nouvelle-Guinée. Il atteint une longueur de 40 cm et vit à la cime des arbres des forêts de montagne à une altitude de 1 800 à 2 800 m. Sa nourriture se compose de pollen, de nectar, de fruits mous et également d'insectes et de larves. De temps en temps il mange aussi des graines. Le loriquet papou niche dans une cavité mais on sait encore peu de choses sur son mode de reproduction.

Le lori de montagne vit dans les forêts de haute montagne de Nouvelle-Guinée. Il ne se rencontre que rarement dans les zoos.

Lori de montagne

Oreopsittacus arfaki

Le lori de montagne, ou lori arfaki, habite les forêts de la Nouvelle-Guinée, à une altitude allant de 2 000 à 3 750 m. Trois sous-espèces sont connues. La femelle de ce perroquet de 15 cm de long se distingue du mâle par sa coloration ; en particulier, les nuances rouges lui manquent sur la tête. Le lori de montagne vit en couple ou, après avoir niché, en petit groupe familial à la cime das arbres. Il niche dans un trou et se nourrit surtout du nectar des fleurs, du pollen et du jus des fruits. Sa reproduction n'est pas encore très bien connue.

Lori à bec jaune

Neopsittacus musschenbroekii

On connaît 3 sous-espèces de ce petit lori, de 18 cm de long seulement, qui vit dans les forêts de montagne de la Nouvelle-Guinée. Le lori à bec jaune vit à une altitude de 1 250 à 1 450 m et se tient à la cime des arbres. Le plumage des deux sexes est identique. Sa nourriture se compose de fruits mûrs, de petites chenilles et, de temps à autre, de graines. Le plus souvent, la femelle pond 2 œufs dans un trou d'arbre et elle donne la becquée aux jeunes, avec son partenaire, jusqu'à l'âge de 3 semaines. Les jeunes sont alors capables de voler.

Lori à bec jaune ▶

Lori à bec jaune

Lori à ailes noires

Eos cyanogenia

Le lori à ailes noires est répandu sur les îles Biak, Numfor, Manim, Mios et Num, situées près de la Nouvelle-Guinée. La coloration de la femelle et du mâle de ce perroquet de 30 cm de long est identique. Le lori à ailes noires vit à la cime des arbres dans la jungle épaisse. Il mange des fleurs, du nectar, des insectes et des larves. La femelle couve 2 œufs dans un trou d'arbre et s'occupe pendant 7 semaines de l'élevage des poussins en alternance avec le mâle. Les jeunes éclosent après 25 jours d'incubation.

Microglosse noir

Probosciger aterrimus

Le microglosse noir (plus de 60 cm de long) appartient aux plus grands perroquets. Les détails les plus caractéristiques de cette espèce sont le très gros bec, les joues nues, colorées de rouge et une huppe très haute et dressée. Trois sous-espèces sont connues. Le microglosse noir habite les vastes forêts pluviales tropicales de son pays — la Nouvelle-Guinée — les îles Aru et la pointe nord de l'Australie. Il fréquente surtout les palmiers.

Lori à ailes noires

Après avoir niché, il traverse en petits groupes ou en couple les environs des lieux de reproduction. Il cherche sa nourriture dans les plus hautes cimes d'arbres. Il préfère les noix, qu'il casse facilement pour arriver à l'amande avec son long bec crochu. Mais les graines, les fruits, les baies et les pousses d'arbres juteuses font également partie de son menu. Pendant la saison de reproduction, le microglosse noir vit en couple. Pour nicher, il cherche des trous spacieux dans des arbres géants. Il pond 1 seul œuf directement sur la poussière de bois pourri au fond du trou. La femelle le couve seule, mais l'oisillon, qui sort de l'œuf 1 mois plus tard, est nourri par les deux adultes. A l'âge de 2 mois, le jeune microglosse quitte le nid et vagabonde avec ses parents.

Perroquet de Pesquet

Psittrichas fulgidus

Le perroquet de Pesquet est un oiseau d'étrange apparence. Il atteint une longueur de 46 cm et on le reconnaît à son bec allongé et à sa queue arrondie. La tache rouge située en arrière des yeux manque chez la femelle. L'habitat du perroquet de Pesquet est formé par les forêts pluviales de la Nouvelle-Guinée, à une altitude de 800 à 2 000 m. Il vit à la cime des arbres et se nourrit de différentes baies, de fruits et de pousses. Il vit en couple durable. Son mode de reproduction n'est pas connu.

Micropsitte à joues orange

Micropsitta pusio

Le micropsitte à joues orange (seulement 8,5 cm de long) a été divisé en 4 sous-espèces et habite l'archipel Bismarck, les régions du nord et du sud-est de la Nouvelle-Guinée et également les petites îles situées à proximité. La coloration de la femelle n'est pas aussi vive que celle du mâle. Ce perroquet nain vit dans les forêts pluviales de plaine, mais on peut le rencontrer aussi à une altitude de 800 m. C'est un oiseau actif et bruyant, qu'on entend sans cesse. En général, il vit en couple et on le trouve seulement de temps en temps en groupe de 3 à 6. Le micropsitte à joues orange se nourrit de lichens, de pe-

Le microglosse noir vit en Nouvelle-Guinée et dans le nord du Queensland. C'est le plus grand perroquet vivant sur ce continent et celui qui possède le bec le plus puissant. Il affectionne tout particulièrement les noix dont il casse facilement la coquille.

Perroquet de Pesquet

Micropsitte à joues orange

tites graines et de fruits mous. Pour nicher, le couple cherche une termitière dans laquelle il taille un petit trou. La femelle couve seule pendant 18 jours les 3 ou 4 œufs. Les jeunes sont nourris par les deux parents.

Micropsitte pygmée
Micropsitta keiensis

Le micropsitte pygmée (9,5 cm de long seulement) habite les régions ouest et sud de la Nouvelle-Guinée et les îles proches, surtout Kai et Aru. Le bec de la femelle se distingue de celui du mâle par sa coloration jaunâtre et grise au bout. Trois sous-espèces sont connues. *Micropsitta keiensis chloroxantha* a une grande tache rouge-orange sur le ventre. Le micropsitte pygmée habite les forêts pluviales de plaines et, en dehors de la reproduction, il parcourt en groupe les forêts. Pour nicher, il vit en couple. Les deux oiseaux creusent un trou, de 20 cm de long et de 15 cm de large, dans une termitière arboricole. Quelques plumes servent de matériau de rembourrage. La plupart du temps, la ponte contient 3 œufs, qui ne sont couvés que par la femelle. Les oisillons sortent de l'œuf après 18 jours d'incubation et les parents les nourrissent de petites graines, de fruits mous, de baies et de morceaux de fleurs.

Micropsitte pygmée

Perroquet de Brehm
Psittacella brehmi

Le perroquet de Brehm vit dans les régions montagneuses de la Nouvelle-Guinée. Les deux sexes de cet oiseau, mesurant 24 cm, se distinguent par leur coloration. Les rayures de la poitrine sont jaunes et noires chez la femelle et il lui manque des raies jaunes sur la tête. La nourriture de cette petite espèce — vivant la plupart du temps en couple — se compose de différents fruits mous et de petites graines. Sur sa façon de nicher, on sait seulement qu'il pond dans une cavité.

Perroquet des forêts
Psittacella picta

On connaît 3 sous-espèces du perroquet des forêts, mesurant environ 19 cm, qui est répandu en Nouvelle-Guinée et surtout dans l'ouest de l'Irian. La raie jaune de la gorge manque chez la femelle. Cette espèce habite

Perroquet de Brehm

Perroquet des forêts

les forêts pluviales, à une altitude de 2 500 à 4 000 m et y fait partie des oiseaux les plus répandus. Elle se nourrit de graines, de différentes baies et de fruits, et s'envole souvent vers des endroits herbeux pleins de graines. On sait peu de chose sur sa nidification.

Perroquet de Madaraz
Psittacella madaraszi

On rencontre le perroquet de Madaraz (4 sous-espèces) dans les forêts de montagne de la Nouvelle-Guinée centrale et orientale. Il fait partie des petites espèces de perroquet, avec une longueur de 13 cm seulement. Les deux sexes de cette espèce se distinguent par leur plumage. La femelle a le front bleu, des raies rougeâtres à la gorge arrière et un croupion barré de noir et de jaune-vert. Ce perroquet vit la plupart du temps en couple et se tient à la cime des forêts pluviales à une

Le perroquet de Madaraz qui vit dans les forêts de montagne de Nouvelle-Guinée est petit mais très joliment coloré.

Perroquet de Guillaume

Perroquet de Desmarest

Le perroquet de Salvadori a, sur les joues, de magnifiques plumes jaunes qui permettent de le reconnaître facilement.

altitude de 1 250 à 2 500 m. Il se nourrit de fruits mous, de pousses et de petites graines. Jusqu'à présent, on ne sait rien sur sa reproduction.

Perroquet de Guillaume

Opopsitta gulielmitertii

Le petit perroquet de Guillaume (environ 13 cm) est un habitant de la Nouvelle-Guinée, des îles Aru et Salawati. La femelle a des joues bleu-noir, une tache blanche sous les yeux et la poitrine vert-jaune. On connaît aujourd'hui 7 sous-espèces de ce perroquet, qui vit en couple ou en petits groupes après la nidification. Il se tient à la cime des arbres. Il vient parfois dans les jardins et les parcs. Il mange du nectar, le jus des fruits mûrs et, de temps à autre aussi, de petits insectes. Dans un trou d'arbre, la femelle couve seule pendant environ 3 semaines les 2 œufs. Le mâle prend part à l'élevage des jeunes.

Perroquet de Desmarest

Psittaculirostris desmarestii

Ce petit perroquet dont on connaît 6 sous-espèces, est répandu dans le sud-est et l'ouest de la Nouvelle-Guinée, et également dans les îles Salawati, Misol et Batana. Les plumes des joues allongées sont caractéristiques de cet oiseau, qui mesure 18 cm. Chez la sous-espèce *P. desmarestii cervicalis*, les joues sont colorées d'orange-rouge. Le perroquet de Desmarest vit à la cime des arbres et surtout dans les grands figuiers, car sa nourriture principale se compose de figues ; mais il mange aussi d'autres fruits mûrs et juteux et attrape même de petits insectes. Il fait son nid dans les trous d'arbre. C'est tout ce qu'on sait de ses habitudes de nidification.

Perroquet de Salvadori
Psittaculirostris salvadorii

Le perroquet de Salvadori a sur les joues de magnifiques plumes jaunes allongées. Il atteint une longueur d'environ 19 cm et fait partie de l'avifaune de la Nouvelle-Guinée. La femelle se distingue du mâle par sa poitrine bleue et ses joues jaune-vert. Le perroquet de Salvadori vit dans les forêts pluviales de plaine et se nourrit avant tout de figues. Il dépose ses œufs dans des trous d'arbres. Jusqu'à maintenant, on ne sait rien d'autre de sa reproduction.

Perroquet à joues rouges
Geoffroyus geoffroyi

L'habitat du perroquet à joues rouges (environ 21 cm) s'étend sur la Nouvelle-Guinée et les îles des alentours, la pénisule d'York australienne et également sur les petites îles de la Sonde et sur les Moluques. Les deux sexes se distinguent par leur coloration : la femelle a la tête brune et le bec gris-noir. Environ 16 sous-espèces sont connues. Ce perroquet vit en couple, mais après avoir niché il mène une vie de nomade en petits groupes bruyants. La femelle pond 3 ou 4 œufs dans un trou d'arbre et les couve seule pendant environ 25 jours. Les jeunes sont nourris de fruits par les parents. Ce perroquet vient souvent dans les vergers et les jardins.

Perruche de Papouasie
Alisterus chloropterus

La perruche de Papouasie (3 sous-espèces) habite en Nouvelle-Guinée. Elle mesure 36 cm. La femelle a la tête verte. L'habitat de cette perruche est formé par les forêts pluviales, à une altitude de 1 400 à 1 700 m. En dehors de la nidification, elle parcourt les forêts en petits groupes et séjourne dans les jardins et les parcs des villes. De temps à autre, elle vient dans les champs de maïs. Pendant la saison de reproduction, elle vit en couple. Pour nicher, elle préfère des trous situés dans la cime des arbres. La femelle couve seule la ponte de 2 à 6 œufs. Pendant l'incubation (20 à 22 jours) elle est régulièrement nourrie par le mâle. Les oisillons sont

Perroquet à joues rouges

Perruche de Papouasie

La perruche d'Amboine vit dans les régions montagneuses de Nouvelle-Guinée, jusqu'à 1 400 m d'altitude.

Coucou à queue en éventail

nourris par leurs deux parents — 5 semaines au nid et 10 jours après l'avoir quitté — de céréales, de graines, de différentes baies et fruits et de pousses vertes.

Perruche d'Amboine

Alisterus amboinensis

La répartition de cette perruche, qui mesure environ 35 cm, comprend les îles Peleng, Sula, Moluques, Waigen, Gemien, Batana, Salawati et également le nord-ouest de la Nouvelle-Guinée. La perruche d'Amboine habite les forêts pluviales, à une altitude de 1 400 m. En dehors de la reproduction, elle forme de petits groupes qui recherchent des lieux riches en nourriture. Elle aime les fruits et visite les plantations ; elle se nourrit également de différentes baies, de pousses et de graines. Pendant la période de nidification, elle vit en couple. La femelle couve seule pendant 21 jours 3 à 5 œufs dans un trou d'arbre, et se fait nourrir par son partenaire. Les jeunes perruches d'Amboine quittent le nid 5 semaines plus tard. Les deux adultes prennent part à leur élevage.

Coucou à queue en éventail

Cuculus pyrrhophanus

L'aire de répartition du coucou à queue en éventail comprend la Nouvelle-Guinée, les îles Aru, tout l'est et le sud-ouest de l'Australie et la Tasmanie. Cet oiseau atteint une longueur de 28,5 cm, dont 14,5 cm pour la queue. On ne peut distinguer les deux sexes par leur coloration. Le coucou à queue en éventail est répandu dans tous les types de forêts. Il se nourrit principalement de chenilles, de papillons et de temps à autre aussi d'araignées qu'il trouve dans le feuillage des arbres et des buissons. La femelle pond ses œufs quand les conditions climatiques de son habitat sont favorables pour la nidification des petits oiseaux qui sont choisis comme hôtes par ce parasite. Elle pond des œufs blancs, tachetés de brun, surtout dans les nids en forme de boule ; elle choisit rarement des nids ouverts. On connaît environ 50 espèces de petits oiseaux choisis comme parents adoptifs par le coucou à queue en éventail.

Chouette rousse

Ninox rufa

La répartition de la chouette rousse (44 à 55 cm de long) couvre la Nouvelle-Guinée, les îles Aru et les régions côtières de l'Australie du Nord. Le mâle est un peu plus fort que la femelle, mais la coloration des deux sexes est identique. Cette espèce vit au bord des forêts et sa place de repos permanente est un trou d'arbre ou bien les branchages des cimes. Elle va à la chasse au crépuscule, et attrape de petits oiseaux endormis et des mammifères, mais également des lézards arboricoles, surtout des geckos. De temps à autre, elle attrape en l'air aussi des insectes assez grands, de préférence des coléoptères. La femelle pond 2 ou 3 œufs directement dans un trou de branche ou dans le tronc d'un grand arbre et couve seule 28 jours. Pendant ce temps, et les premiers jours qui suivent l'éclosion, le mâle apporte la nourriture pour toute la famille. A l'âge de 1 mois, les jeunes sont capables de voler.

Chouette rousse

Podarge ocellé

Podargus ocellatus

Le podarge ocellé est répandu dans toute la Nouvelle-Guinée, les îles Salomon et les petites îles alentour. On le rencontre rarement dans les régions côtières du nord-est du Queensland. La coloration des deux sexes de cet oiseau de nuit, mesurant 33 à 38 cm, est identique. Il habite les vastes forêts pluviales tropicales et est très fréquent par endroits. La plupart du temps il échappe à l'attention de ses amis et de ses ennemis car, pendant la journée, il dort couché sur une branche, dans un buisson ou des rameaux épais. Grâce à sa coloration, il ne se distingue pas de sa place de repos. Il ne se réveille qu'au crépuscule pour aller à la chasse. Il marche le long des branches et attrape différents insectes. Mais le plus souvent, il capture des insectes volant lentement dans l'air. Le couple de podarges construit son nid sur des branches d'arbre ou de buissons de 3 à 10 m au-dessus du sol. Ce nid n'est fait que de quelques petites branches et de morceaux d'écorce, superposés en désordre. La femelle pond 1 à 3 œufs blancs et les couve 30 jours en alternance

Le podarge ocellé est un curieux oiseau de nuit dont le bec très large est crochu à l'extrémité.

Martin-pêcheur poucet

Martin-chasseur à longs brins

avec le mâle. Mais ce dernier donne la becquée aux jeunes presque toujours seul.

Martin-pêcheur poucet
Ceyx pusillus

Le martin-pêcheur poucet est répandu en Nouvelle Guinée et sur les côtes de l'Australie du Nord. Il ne mesure que 13 cm avec un bec de 3 cm. La femelle et le mâle ont un plumage identique irisé. Ce joli martin-pêcheur habite les rives boisées des fleuves et autres eaux courantes. Perché sur une branche, il plonge dès qu'il voit un petit poisson près de la surface. Des petits crustacés et des insectes aquatiques font également partie de ses proies. Il est un solitaire en dehors de la période de reproduction. La plupart du temps, les couples se forment du mois d'octobre au mois de mars ; les oiseaux creusent avec leur bec dans les berges sableuses, ou de temps en temps dans une termitière, un tunnel d'environ 15 cm de long qui se termine par le nid. La femelle couve le plus souvent seule les 3 à 6 petits œufs ronds et blancs, pendant environ 18 jours. Le mâle prend part à l'incubation pour peu de temps seulement. Par contre, il apporte régulièrement la nourriture à sa partenaire. Les parents élèvent les oisillons ensemble. A l'âge de 23 jours, les jeunes martins-pêcheurs poucets quittent le nid.

Martin-chasseur à longs brins
Tanysiptera galatea

Ce martin-chasseur habite les forêts pluviales de la Nouvelle-Guinée. Il atteint une longueur d'environ 30 cm, dont presque la moitié correspond aux longues plumes ornementales de la queue. On ne peut pas distinguer le mâle de la femelle de ce martin-chasseur par le plumage. Pour nicher, le couple cherche une termitière d'environ 50 cm de hauteur et creuse dedans, avec le bec, un tunnel de 15 cm de long et un nid de 13 cm de haut et 15 cm de large. Il est rembourré de morceaux d'écorce ; les 3 ou 4 œufs blancs se trouvent parfois directement sur la terre nue. La femelle s'occupe presque seule de l'incubation. Les jeunes sortent de l'œuf au bout d'environ 20 jours et sont capables de voler à l'âge de 24 jours. Ils sont nourris par leurs parents d'insectes, de petites grenouilles et de lézards. Les oiseaux adultes mangent la même chose. Ils trouvent leur nourriture principalement au sol, mais aussi dans les branchages.

Martin-chasseur torotoro

Halcyon torotoro

Le martin-chasseur torotoro (18 à 21 cm de long) est assez commun dans les plaines de la Nouvelle-Guinée et sur les îles alentour. Il est plus rare dans l'extrême nord-est du Queensland, au bord des forêts pluviales tropicales. La femelle se distingue du mâle par le bout de la huppe, coloré de noir. La nidification a lieu de novembre à janvier. Le martin-chasseur torotoro défend son territoire. Le couple creuse son nid dans une termitière arboricole ou niche dans une branche creuse, située de 3 à 18 m au-dessus du sol. Le tunnel mesure de 10 à 30 cm et s'élargit au bout par un nid. La ponte contient 3 ou 4 petits œufs blancs et brillants. On sait encore peu de choses sur la reproduction de cet oiseau. Le martin-chasseur torotoro capture sa nourriture — des insectes et des petits geckos — surtout dans les branchages des arbres.

Brève à poitrine rousse

Pitta erythrogaster

L'habitat de la brève à poitrine rousse s'étend de toute la Nouvelle-Guinée jusqu'aux Philippines, au nord, et jusqu'au nord-est de l'État australien du Queensland, au sud. Cette brève, très répandue et mesurant 18 cm, a été subdivisée en 26 sous-espèces. La femelle porte presque le même plumage que le mâle, car la partie supérieure de la gorge et les joues sont brunes. La brève à poitrine rousse se tient la plupart du temps par terre. Elle trouve sa nourriture — des mollusques — dans les fourrés ; les prenant avec son bec, elle frappe leur coquille sur une pierre jusqu'à ce qu'elle se casse. Elle ouvre ainsi les coquilles les plus dures pour attraper la chair molle. En dehors de la période de reproduction, la brève à poitrine rousse vit en solitaire ; cependant elle niche en couple et choisit un buisson, le pied d'un arbre ou une fourche jusqu'à 3 m du sol, comme site de nidification. La femelle pond 2 à 4 œufs, dans le nid, rembourré de fibres fines. Le fond des œufs est coloré de crème et tacheté densément de marron-violet ou gris-bleu. Le couple couve en alternance pendant 17 jours et nourrit les jeunes. Les jeunes brèves à poitrine rousse quittent le nid 2 semaines après l'éclosion.

Martin-chasseur torotoro

Brève à poitrine rousse

Échenilleur rayé

Échenilleur rayé

Coracina lineata

L'échenilleur rayé habite la Nouvelle-Guinée, l'archipel Bismarck, les îles Salomon et les régions côtières australiennes du Nord-Est et de l'Est. Le mâle et la femelle (29 cm) ont la même coloration. En dehors de la période de reproduction, cet oiseau parcourt les forêts pluviales, en groupes comptant parfois 50 oiseaux, et cherche à la cime des arbres des fruits et des graines. Il s'associe très souvent à des pigeons frugivores et à des perroquets pour explorer les arbres couverts de figues mûres. Les chenilles ne représentent qu'une partie de sa nourriture. Il en nourrit avant tout ses petits. Pendant la nidification, les échenilleurs rayés vivent en colonie. Chacun des couples construit un nid plat, fait de petites branches, de morceaux d'écorce, d'aiguilles de *Casuarina* et de toiles d'araignées, situé sur une branche horizontale, à la cime d'un arbre. Les nids sont proches les uns des autres. La plupart du temps, la femelle couve seule les 2 œufs ovales, bleu clair ou verdâtres, tachetés densément de gris, olive et brun, pendant environ 18 jours.

Timalie à couronne grise

Pomatostomus temporalis

La timalie à couronne grise vit en Nouvelle-Guinée, dans la partie nord et le sud-est de l'Australie. Le mâle et la femelle de ce remarquable passereau, mesurant environ 25 cm, dont une queue de 11 cm, ont le même aspect ; toutefois, la coloration de la femelle est beaucoup plus terne. Les timalies à couronne grise aiment la compagnie. Elles vivent non seulement en groupe en dehors de la nidification, mais nichent aussi en société de 5 à 12 oiseaux. Chaque membre du groupe prend part à la construction d'un seul nid, d'une largeur maximale de 50 cm, curieusement fait en forme de boule à l'aide de fortes branches. Chaque femelle pond 2 ou 3 œufs brunâtres, tachetés de brun foncé, dans le nid rembourré d'herbes fines et de poils de mammifères. Le nid collectif contient souvent jusqu'à 14 œufs, et toutes les femelles prennent part à l'incubation. Les oisillons éclosent au bout de 18 à 23 jours, et sont nourris par tous les membres du clan. La nourriture principale se compose d'insectes et de leurs larves.

Pachycéphale des mangroves

Pachycephala melanura

La partie est de la Nouvelle-Guinée et les forêts de mangroves sur les côtes australiennes sont habitées par ce pachycéphale qui atteint

Timalie à couronne grise

une longueur d'environ 15 cm ; la femelle se distingue du mâle par sa tête grise et son dos vert olive. Ce gobe-mouche est un oiseau sédentaire et reste toute sa vie dans son territoire. Il habite surtout la jungle dense de mangroves, située le long des lagunes et des embouchures. Il cherche sa nourriture — des insectes, des larves et de temps à autre de petites baies — dans les branchages. Pour nicher, le pachycéphale des mangroves choisit les *Rhizophores,* et rarement d'autres essences de la végétation côtière. Le nid, en forme de coupe, est tressé de tiges, de racines fines et de toiles d'araignées. Il est rembourré de racines fines. La femelle couve les 2 ou 3 petits œufs blancs ou jaunâtres, tachetés de marron, pendant 2 semaines.

Pachycéphale des mangroves

Sittelle papoue

Neositta papuensis

Les régions forestières de la Nouvelle-Guinée sont la patrie de la sitelle papoue, dont il existe deux formes : à tête blanche et à tête noire. Une autre espèce voisine *Neositta chrysoptera* — vit dans les forêts de toute l'Australie. Quelques ornithologues la considèrent comme une sous-espèce de la sittelle papoue. La sittelle papoue est un oiseau de 12 cm de long ; la coloration des deux sexes est identique. Elle a un comportement très sociable. En dehors de la période de nidification, mais également le reste de l'année, elle vit en groupes de 6 à 8 oiseaux, parfois même jusqu'à 30. Tous les membres du groupe prennent part à la construction du nid. Celui-ci, en forme de gobelet, est tressé de toiles et cocons d'araignée, de lichens et de morceaux d'écorce. Il est situé sur une fourche verticale jusqu'à 20 m au-dessus du sol. Il a un diamètre de 6 cm et une profondeur de 7,5 cm. Une seule femelle pond 2 ou 3 petits œufs blanc-gris et tachetés d'olive et de marron. Elle couve également seule pendant 12 ou 13 jours. Ensuite, tout le groupe se met à nouveau en action. Tous les membres donnent la becquée aux jeunes, des insectes, des larves et des araignées retirées des fissures d'écorce. En les cherchant, les sittelles grimpent le long des branches et des troncs et se tiennent souvent la tête en bas.

Sittelle papoue

Soui-manga à ventre jaune

Dicée huppé

Paramythia montium

En Nouvelle-Guinée le dicée huppé, qui atteint 25 cm de long, habite les forêts, mais également les parcs et les jardins des villes. Sa langue lui permet de boire le nectar des fleurs. Il ressemble en cela aux méliphages, mais se nourrit surtout de fruits juteux. Pour compléter son menu, il cherche aussi des insectes et des larves. La femelle accroche son nid, fait de fils d'araignées, de toiles de chenilles et de lichens, au bout d'une branche horizontale. Elle entremêle des chenilles sèches sur les murs. Le nid a une ouverture latérale et il est placé entre 1 et 13 m au-dessus du sol. Le couple couve en alternance pendant 13 jours 3 petits œufs blancs. Les deux parents prennent part à l'élevage des jeunes, qui quittent le nid 15 jours après leur éclosion.

Soui-manga à ventre jeune

Nectarinia jugularis

Le soui-manga à ventre jaune (12 cm de long) habite la Nouvelle-Guinée, l'archipel Bismarck et les régions côtières tropicales de l'Australie du Nord-Est. Son aire de répartition s'étend aussi jusqu'à l'Asie du Sud-Est. Les deux sexes portent le même plumage. Leur long bec, adapté pour boire le nectar des fleurs, est remarquable. Le menu du soui-manga comporte également de petits insectes et des araignées. Ses lieux de prédilection sont les bords de la jungle, mais il vit aussi dans les parcs et les jardins. Très souvent, on le voit en vol stationnaire devant une fleur ouverte. La présence de papillons ne le dérange pas. La période de reproduction dépend de la région. Dans le sud de la Nouvelle-Guinée, elle a lieu du mois de juin au mois de mars. La plupart du temps, c'est la femelle qui construit le nid toute seule ; le mâle y prend rarement part. Le nid est tressé de longs morceaux d'écorce, de fibres végétales, de feuilles sèches et d'herbes avec des fils d'araignées, des cocons et des toiles de chenilles. En forme de bourse, avec une ouverture sur le côté, il est rembourré de plumes et accroché sur une branche. La femelle couve également seule les 2 œufs ver-

Dicée huppé

dâtres ou grisâtres, tachetés de brun. Les jeunes éclosent au bout de 13 jours. La mère les nourrit seule, le mâle l'aidant seulement de temps à autre.

Oiseau à berceau à front jaune

Amblyornis flavifrons

L'oiseau à berceau à front jaune habite les sombres forêts côtières du sud de la Nouvelle-Guinée à une altitude d'environ 1 600 m. La femelle de cet oiseau-jardinier, d'environ 35 cm de long, est un peu plus petite et n'a aucune parure sur la tête. Pendant la parade nuptiale, le mâle peut dresser sa magnifique huppe, qui arrive jusqu'au dos. Comme les autres oiseaux à berceau, il prépare une grande place de parade avec une tonnelle, qui peut lui servir plusieurs années. Pour sa construction, cet oiseau choisit un endroit plat, avec deux petits arbres épais comme le pouce et proches l'un de l'autre. Il entasse autour d'eux de la mousse jusqu'à ce qu'elle forme deux colonnes. A l'extrémité de celles-ci, il place des tiges sèches, notamment celles d'orchidées du genre *Dendrobium.* Au-dessus du sol, un espace sert d'entrée dans la tonnelle. Cette construction de 1 m de haut a l'air d'une minuscule cabane avec une entrée. Dès qu'il a terminé sa tonnelle, l'oiseau commence à aménager le jardin. D'abord, il ramasse beaucoup de petites branches et construit devant sa «cabane» une sorte de mur semi-circulaire. Cet espace a un diamètre d'environ 90 à 120 cm. Il est couvert de mousse verte, comme un tapis. Des fleurs d'orchidées roses, des baies rouges et jaune foncé, des élytres ou des corps d'insectes servent à l'agrémenter.

Pour la décoration, il utilise les matériaux qu'il trouve dans les proches environs. Il y a des fleurs de *Dendrobium,* des fruits ressemblant à des pommes minuscules de couleur orange *(Garcinia)* et des fleurs roses de *Vaccinium.* La femelle est attirée par la décoration multicolore et vient dans la tonnelle du mâle. Après l'accouplement, elle construit elle-même un nid dans un arbre à l'aide de petites branches et le rembourre de feuilles. Elle couve seule la ponte de 2 œufs tachetés. Elle s'occupe également seule des oisillons.

Oiseau à berceau à front jaune

L'oiseau à berceau à front jaune se nourrit avant tout de petites baies, de fruits juteux, et complète sa nourriture avec des insectes. Le mâle imite souvent les cris d'autres oiseaux.

Oiseau-jardinier à huppe orange

Amblyornis subalaris

L'oiseau-jardinier à huppe orange (26 cm de long) vit dans les forêts du sud-est de la Nouvelle-Guinée, à une altitude de 2 000

Oiseau-jardinier à huppe orange

Oiseau-jardinier d'Adelbert

à 3 000 m. La coloration de la femelle ressemble beaucoup à celle du mâle, mais elle n'a pas de huppe. Le mâle fait partie des oiseaux-jardiniers les plus adroits. Il cherche un jeune arbre au tronc mince et enlève tout ce qui pousse aux alentours. Il décore le tronc comme un arbre de mai, et construit autour une tonnelle de 90 cm de large, en forme de tente, faite de minces tiges d'orchidées. La tonnelle a deux ouvertures ; un tunnel circulaire est aménagé derrière l'arbre de mai. L'oiseau trouve les matériaux de construction dans la cime des plus hauts arbres. Les tiges, d'une longueur de 40 cm, sont disposées par couches horizontales de telle façon que la construction a l'air d'un hérisson. Il utilise souvent de la mousse pour stabiliser le tout. Il aménage devant sa tonnelle un jardin rond avec un mur de mousse. Le sol de la tonnelle et celui du jardin sont couverts de mousse fine. Devant la tonnelle et dans le jardin, l'oiseau apporte beaucoup de brindilles noires, d'environ 10 cm de long, des baies et des ailes d'insectes noires. La couleur noire est caractéristique pour cette espèce et elle attire la femelle. Après l'accouplement, la femelle quitte le mâle et construit un nid dans les branchages de la jungle. Elle couve 2 œufs crème pendant environ 19 jours, puis élève les oisillons.

Oiseau-jardinier d'Adelbert

Sericulus bakeri

L'oiseau-jardinier d'Adelbert (environ 24 cm de long) habite les montagnes d'Adelbert dans le nord-est de la Nouvelle-Guinée. La femelle est un peu plus petite que le mâle et son plumage est brun foncé et gris fauve. Le plumage ventral est gris-blanc avec des rayures ondulées de couleur noire. Cet oiseau est un habitant des forêts pluviales touffues et luxuriantes. Pour la parade nuptiale, il cherche une petite clairière entre les troncs des petits arbres. Il construit sa tonnelle sur une aire de grosses branches sèches. Sur les deux côtés, il construit avec des rameaux un mur d'environ 15 cm de haut. Entre ces parois, il place une branche horizontale et décore l'intérieur avec des petits fruits vert foncé, entremêlés de petits morceaux de charbon de bois ; il bouche les fentes avec des feuilles vertes et enfin mélange un pigment foncé issu de fruits et de charbon de bois avec de la salive, et peint l'intérieur des murs. La femelle est attirée par cette allée. Après l'accouplement, elle construit sur un arbre proche un nid de petites branches rembourré de feuilles et s'occupe seule de l'incubation des 2 œufs et de l'élevage des jeunes. L'incubation dure 19 jours. L'oiseau-jardinier d'Adelbert se nourrit surtout de baies et de fruits juteux.

Prince d'Orange

Prince d'Orange
Sericulus aureus

Le prince d'Orange (environ 28 cm de long) a été divisé en plusieurs sous-espèces que certains ornithologues classent comme des espèces distinctes. Elles se distinguent par la coloration. Alors que les mâles ont un plumage magnifiquement coloré, les femelles sont brun-olive sur le dessus, jaunâtre sur la poitrine et le ventre, et jaune-blanc allant jusqu'au jaune-gris à la gorge. L'aire de répartition couvre le sud-ouest et le nord-ouest de la Nouvelle-Guinée. Cet oiseau habite les versants des montagnes à une altitude de 850 à 1 200 m. Le mâle du prince d'Orange a un vaste lieu de parade, avec une allée, et l'agrandit d'année en année, car il s'en sert plusieurs fois et n'arrête pas de l'améliorer. Il prépare une aire de branches, et l'entoure sur les côtés de petits rameaux fichés en terre. Après plusieurs années, ces murs peuvent atteindre une hauteur de 2 m. La couleur préférée de ce constructeur d'allées est le blanc. Entre les murs, il met une branche horizontale, entièrement entourée de lichens blancs, sur laquelle il parade et appelle la femelle. Il couvre la place devant l'entrée et le couloir avec des lichens blancs. Pour orner les murs, il utilise des fleurs blanches. Les oiseaux se quittent après l'accouplement. La femelle s'occupe de la construction du nid, de l'incubation et de l'élevage des 2 jeunes. Ceux-ci éclosent au bout de 19 jours. Le nid, situé dans un arbre, est fait de petites branches. La nourriture de cet oiseau se compose de baies et fruits mûrs. En dehors de la saison de parade et de la nidification, il parcourt les forêts en petits groupes et cherche des fruits sucrés et mûrs.

Oiseau à berceau de Lauterbach
Chlamydera lauterbachi

L'oiseau à berceau de Lauterbach (26 à 28,5 cm de long) vit dans le centre et le nord de la Nouvelle-Guinée. Les deux sexes ont le même aspect ; toutefois, le dessus de la femelle est plus pâle et le dessous plus jaune-marron. Le mâle fait une tonnelle le plus souvent en forme de croix irrégulière avec trois allées menant à la place de parade, qui se trouve entre des murs de 50 cm de haut et 75 cm de long. Ces murs sont faits de fines branches, de brins d'herbes et de longues feuilles, enfoncés dans le sol sablonneux ou glaiseux. Le mâle place sa construction plutôt sous un arbre situé près de l'eau. Il lui faut plusieurs semaines pour construire, décorer, embellir sa tonnelle. Devant l'entrée, il amasse beaucoup de fleurs jaunes, de morceaux de verre jaune, différents coquillages jaunes et rouge-rosé et des baies jaunes et jaune-vert. Cet oiseau donne donc sa préférence à la couleur jaune. Le mâle reste 4 ou 5 mois sur la place de parade ou à proximité. Quand les conditions climatiques sont bonnes, le plus souvent en septembre, l'instinct reproducteur se fait sentir chez la femelle. Devant sa tonnelle, le mâle exécute une sorte de danse, secoue les ailes, prend avec son bec des «bijoux» et les montre à la femelle. Dès qu'elle s'approche, le mâle court rapidement dans sa tonnelle et la femelle l'y suit. Au début d'octobre la femelle construit à moins de 100 m de la tonnelle un nid de petites branches et couve pendant 19 jours 2 œufs gris-vert, parfois tachetés de foncé. Elle élève également seule les jeunes. L'oiseau à berceau de Lauterbach se nourrit de petites baies et de fruits, surtout de figues sauvages mûres, mais également d'insectes et de larves.

L'oiseau à berceau de Lauterbach vit dans la jungle de Nouvelle-Guinée. Le mâle construit une sorte de tonnelle en forme de croix pourvue de trois entrées ; il la décore de fleurs, de fruits et de différents objets, tous de couleur jaune.

Paradisier de Loria

Paradisier de Loria

Loria loriae

Le paradisier de Loria (22 cm de long) habite la forêt vierge des montagnes d'Arfak à une altitude de 2 000 m, dans le sud-est de la Nouvelle-Guinée. Le dessus du corps de la femelle est jaune-vert foncé avec l'extrémité des plumes brune et les plumes de la queue rouge-marron. Ce paradisier séjourne dans la cime d'arbres touffus où il trouve suffisamment de baies et de fruits. En dehors de la période de reproduction, il vole en petits groupes vers les endroits où il trouve des fruits mûrs. Avant de commencer sa parade, le mâle arrache toutes les feuilles de sa branche de parade, présente à son élue son plumage multicolore et sautille. Après l'accouplement, il laisse le soin à la femelle de construire le nid, de couver et d'élever les jeunes. Le nid, fait de petites branches, est situé dans un arbre et rembourré de feuilles tendres et fines. Les 2 œufs sont tachetés et les jeunes éclosent au bout de 18 jours.

Paradisier apode

Paradisier apode

Paradisaea apoda

En 1522, le 6 septembre exactement, un bateau espagnol regagnait son port d'attache, après un voyage en Extrême-Orient. Il rapportait de rares spécimens dont une dizaine de paradisiers, présents du roi de l'île Batjan au roi d'Espagne. Les paradisiers venaient probablement des îles Aru. Longtemps avant que les Européens ne découvrent ce paradisier, il servait déjà de monnaie d'échange contre différentes marchandises en Asie du Sud-Est, mais plus certainement en Chine et en Inde.

Le paradisier apode habite les forêts tropicales des îles Aru, Misol et Jobi, à une altitude de 1 700 m. On connaît 8 sous-espèces dont la coloration se différencie un peu. Les mâles atteignent une longueur de 1 m, y compris deux plumes de queue longues d'environ 60 cm. Les plumes ornementales des côtés mesurent 55 cm. A la saison des parades, le plumage du mâle est superbe. Le dessus du corps de la femelle est marron-rouille avec une tache jaune sur la nuque ; la gorge et le cou sont marron foncé, la poitrine et le ventre marron-jaunâtre. Entre autres noms, les indigènes appellent ce paradisier «Fanaam». Après avoir niché, les paradisiers apodes migrent en groupes de 30 à 40 oiseaux, des îles Aru vers la Nouvelle-Guinée, distante de 30 km. En vol, ils sont très bruyants, et leurs cris font partie des bruits typiques de la forêt vierge des îles Aru. Ces cris ressemblent aux croassements des corbeaux. Le paradisier apode se tient à la cime touffue des plus hauts arbres dans les forêts vierges des îles Aru, et il y cherche des baies et des fruits. Il ne reste guère immobile, bouge sans cesse, vole et saute dans les branchages. A la saison des parades, les mâles vivant sur une certaine surface se rassemblent en un lieu précis. Le plus souvent, 12 à 20 de ces magnifiques oiseaux se réunissent sur un grand arbre peu feuillu. Sur des branches horizontales, sans feuilles, ils exécutent leurs danses, sautent en avant et reculent, battent des ailes, allongent le cou et déploient leur superbe plumage. Ils vont régulièrement dans cet arbre à une heure précise. La femelle, à qui manquent les plumes ornementales, observe les danses de loin et se laisse attirer par les évolutions et le plumage du plus beau mâle. Après l'accouplement, elle s'envole, et la parade recommence devant une autre femelle. Sur les îles Aru, la saison des parades a lieu en décembre ou en janvier. Chaque femelle construit un nid de petites branches et feuilles, situé la plupart du temps relativement bas, au-dessus du sol, dans un buisson ou un petit arbre. Parfois, le nid est situé sur une termitière arboricole. La ponte comprend 1 ou 2 œufs rayés et tachetés de brun foncé ou noir. Les jeunes qui éclosent au bout de 15 jours sont nourris d'insectes par leur mère. A l'âge de 28 jours, ils quittent le nid et traversent en petits groupes la forêt vierge. Le paradisier apode se nourrit de différentes baies, de fruits, d'insectes, de larves et de temps à autre de petits vertébrés, par exemple de geckos. Linné a sans doute donné le nom latin *apoda* («sans pied») à la famille des paradisiers parce que les corps des oiseaux importés en Europe n'avaient plus de pattes, les indigènes les ayant coupées.

Paradisier rouge

Paradisaea rubra

Le paradisier rouge vit sur de petites îles des mers du sud, Waigen, Batanta, Saouek et probablement aussi Ghemien, situées face à la côte occidentale de la Nouvelle-Guinée.

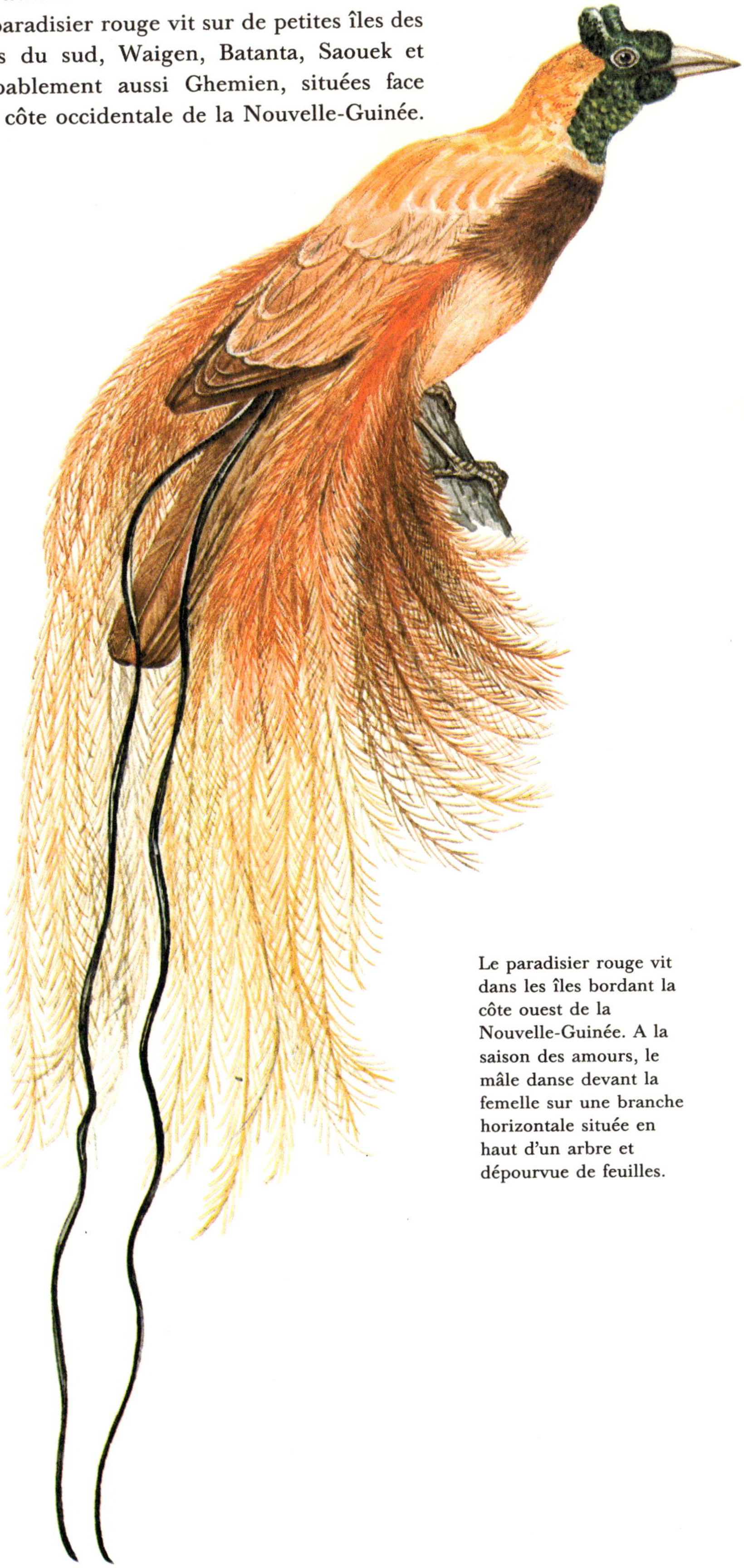

Le paradisier rouge vit dans les îles bordant la côte ouest de la Nouvelle-Guinée. A la saison des amours, le mâle danse devant la femelle sur une branche horizontale située en haut d'un arbre et dépourvue de feuilles.

Le paradisier bleu, l'un des plus beaux paradisiers, vit dans les forêts de Nouvelle-Guinée. Les mâles ont une magnifique livrée nuptiale et, au moment de la parade, se suspendent souvent la tête en bas.

Le mâle a une queue superbe de 70 cm de long et mesure en tout plus de 90 cm. La femelle, de 33 cm de long, est moins colorée et n'a pas de plumes ornementales. Le paradisier rouge habite dans la jungle à une altitude de 700 à 1 300 m. Quand il ne niche pas, il vole en petits groupes au-dessus de la cime des arbres et cherche des baies et des fruits mûrs. Le comportement de parade chez le mâle est le même que chez le paradisier apode. La femelle couve seule 1 ou 2 œufs brun rosé, tachetés de brun et gris, et élève également seule les jeunes.

Paradisier bleu

Paradisaea rudolphi

Le paradisier bleu, dont on connaît plusieurs sous-espèces, vit dans l'est et le sud-est de la Nouvelle-Guinée. Il habite les forêts des régions vallonnées et se tient principalement dans les plus hautes cimes des arbres. Il ne vient que rarement sur le sol. Le mâle mesure plus de 90 cm, les splendides plumes ornementales bleues et les deux plumes caudales allongées comprises. La femelle, d'environ 30 cm de long, nettement moins colorée, n'a pas les longues plumes ornementales. Elle a la tête brun-roux, une tâche blanchâtre autour des yeux, le dos brun foncé, les ailes et la queue bleues et la gorge marron foncé ; le plumage du poitrail et du ventre est brun-roux, parfois rayé de bandes transversales jaunes.

Chaque mâle possède un lieu de parade. Il s'agit la plupart du temps d'une mince branche, dont il ôte les feuilles à l'aide de son bec. A la saison des parades, il reste 10 à 12 heures par jour à cet endroit. De temps en temps, il interrompt sa danse et se repose, souvent à proximité de la branche. Ses démonstrations sont vraiment remarquables. Il se tient la tête en bas en se suspendant avec les pattes, et en même temps déploie largement ses plumes ornementales et ses ailes bleues chatoyantes, tout en produisant une sorte de miaulement mélodieux. Il attire ainsi la femelle. La biologie de la reproduction ressemble à celle du paradisier apode.

Épimaque à bec blanc

Epimachus bruijnii

L'épimaque à bec blanc, paradisier mesurant 33 cm de long, fait partie des habitants de la forêt vierge et vit sur les versants montagneux du nord de la Nouvelle-Guinée. La femelle est un peu plus petite et n'est pas aussi vivement colorée que le mâle. Les deux sexes ont cependant en commun le bec légèrement recourbé, atteignant 9 cm.

Au cours de la parade, le mâle déploie les plumes merveilleusement irisées qui poussent sur les côtés de son cou et en même temps entrouvre son bec. C'est de cette façon qu'il attire la femelle, qui reste seule après l'accouplement et installe un nid fait de petites branches sur un arbre ou un buisson. Afin de le rembourrer, elle utilise des feuilles tendres. Les jeunes éclosent après 18 jours d'incubation ; la femelle s'en occupe seule et les nourrit d'insectes et de fruits juteux.

Épimaque noir

Epimachus fastuosus

L'épimaque noir, dont on connaît plusieurs sous-espèces, vit dans les montagnes, surtout sur les versants boisés à 1 500 m d'altitude, dans le centre et l'ouest de la Nouvelle-Guinée. Il se tient à la cime des arbres, où il recherche des fruits mous, des baies, des insectes et leurs larves. A la saison des parades, les mâles acquièrent deux longues plumes caudales, atteignant 85 cm de long et 4,5 cm de large, qui dépassent largement les courtes rectrices externes (16 cm de long). La femelle est plus petite, de couleur brun-roux sur le dessus ; le plumage de la gorge et du menton est noir, et le dessous du corps d'une couleur blanchâtre rayée d'épaisses bandes transversales ondulées et brun foncé. La queue, pouvant atteindre 30 cm, a des plumes de longueurs différentes.

Pendant la parade, le mâle déploie de «fausses» ailes (habituellement cachées sous les vraies), qui surmontent la tête ; en même temps, il ouvre son long bec recourbé en forme de faucille et son gosier jaune verdâtre brille, retenant l'attention de la femelle qui l'observe. Elle s'envole tout de suite après l'accouplement et commence à construire le

Épimaque noir

Épimaque à bec blanc

Paradisier gorge d'acier

Paradisier du prince Albert

nid. Celui-ci, composé de brindilles et de feuilles, est placé relativement bas dans un épais fourré ou un arbre peu élevé. La ponte comprend 2 œufs jaunâtres, décorés de taches et de raies brun foncé. Au bout de 18 jours, les petits éclosent et seront nourris par la mère avec des fruits tendres et des insectes.

Paradisier gorge d'acier

Ptiloris magnificus

Les forêts pluviales tropicales de la Nouvelle-Guinée et la péninsule australienne d'York sont la patrie du paradisier gorge d'acier. Le mâle mesure 33 cm, la femelle rayée transversalement de fines bandes noires et dont le dessus du corps est brun-roux, atteint seulement 28 cm. Le mâle aménage son espace de parade sur une ou plusieurs branches horizontales, à la cime d'un arbre haut. Il dépouille les branches de leurs feuilles et des pousses, sur une longueur de plusieurs mètres, et exécute sa danse. Il place ses ailes largement déployées vers l'avant, penche la tête loin en arrière, et montre le merveilleux plumage de sa gorge, d'une cou-

leur métallique brillante. Simultanément, il se balance rythmiquement d'un côté puis de l'autre. Son bec entrouvert laisse voir un gosier vert clair brillant. Dès qu'une femelle est attirée par l'éclat des couleurs, le mâle vole vers elle et danse autour d'elle.
La période de reproduction va de septembre à janvier. Comme chez tous les paradisiers, l'incubation et l'élevage des petits reviennent à la femelle uniquement. A l'aide de feuillages et de morceaux de plantes grimpantes, elle construit un nid cupuliforme qu'elle rembourre avec des petites feuilles sèches et des fibres végétales. Le nid, haut de 15 cm et large de 20 cm, est placé de 3 à 15 m au-dessus du sol, sur une branche. Les 2 œufs de couleur crème à jaunâtre, décorés de longues rayures fines brunes, bleu-noir et gris clair, sont couvés pendant 15 ou 16 jours. Les petits sont prêts à s'envoler 4 semaines plus tard ; des groupes comprenant 2 à 5 oiseaux se constituent après la période de nidification et se dirigent vers les bois, à la recherche de petites baies, de fruits, d'insectes et autres invertébrés.

Le paradisier superbe vit dans les forêts tropicales des montagnes de Nouvelle-Guinée où il est encore très répandu. Lorsqu'il ne niche pas, il apparaît dans les vergers et les plantations.

Paradisier du prince Albert
Pteridophora alberti

Le paradisier du prince Albert vit dans les montagnes boisées de la Nouvelle-Guinée. Il habite les cimes touffues des arbres des versants situés à une altitude de 1 500 à 2 800 m. Avec ses 21 cm, il fait partie des plus petites espèces de paradisiers. A la saison des parades, deux longues plumes splendides de 45 cm de long poussent sur la partie arrière de la tête du mâle. Elles sont uniques dans le monde des oiseaux — les vexilles externes manquent totalement et le vexille interne est divisé en 30 à 40 plaquettes de couleur bleu cobalt clair dessus, brun émaillé dessous. Les jeunes filles autochtones et les chefs de tribus apprécient beaucoup ces plumes comme ornements. Elles sont passées à travers une ouverture pratiquée dans la cloison nasale, et sortent de chaque côté du visage.
Durant la parade, le mâle sautille devant la femelle sur une branche, déploie ses plumes ornementales et fait entendre son chant. La femelle a un plumage beaucoup plus discret et n'a, à la place des plumes ornementales, que deux courtes oreillettes. Pour la construction du nid, elle utilise de petites brindilles et des mousses et couve les 2 œufs pendant 15 jours. Elle élève seule les jeunes. Le paradisier du prince Albert se nourrit de petites baies juteuses, d'insectes et de leurs larves.

Paradisier superbe
Lophorina superba

Le paradisier superbe est répandu dans presque toute la Nouvelle-Guinée, en plusieurs sous-espèces. Il habite les forêts touffues des montagnes, à une altitude de 800 m, mais on le rencontre aussi dans les forêts vierges des plaines, surtout en dehors de la période de nidification. Il va et vient à travers la contrée à la recherche de diverses baies, de fruits, d'insectes et de leurs larves, et d'araignées. De temps à autre, il va dans les vergers et les jardins aux abords des villes.
A la saison des parades, le mâle nettoie tout d'abord une branche de ses feuilles et

Le séleucide à douze brins est un superbe paradisier. Il suce le nectar des fleurs grâce à sa langue terminée par de petits appendices fins. A la saison des amours, le mâle acquiert douze longues plumes caudales qui ressemblent à des fils de fer.

pousses et commence ensuite sa démonstration. Il déploie les plumes allongées de sa gorge en une sorte de bavoir brillant bleu métallique, vert et pourpre. En même temps il dresse ses plumes poussant au-dessus de ses ailes. Le bec largement ouvert laisse entrevoir un gosier jaune-vert brillant. La femelle regarde cette parade nuptiale. Elle a le dessus du corps marron-jaune, la tête noire et des plumes blanches au sommet de la tête et derrière ; le dessous du corps est blanchâtre, rayé de bandes transversales noires ondulées. Elle construit un nid dans les ramures touffues de la cime d'un arbre, à l'aide de petites brindilles et de feuilles, et couve sur un matelas de fine mousse, 2 œufs jaunâtres, tachetés de rouge-rouille, pendant 18 jours. Elle nourrit seule les petits avec des insectes et leurs larves, du nectar de fruits et des baies.

Séleucide à douze brins

Seleucides melanoleuca

Le séleucide à douze brins (environ 33 cm) est un paradisier des régions côtières du centre et du nord-ouest de la Nouvelle-Guinée et de l'île Salawati. Il se tient dans les arbres en fleurs et choisit de préférence des espèces des genres *Pandanus* et *Sago.* Il vit de nectar, et le lèche dans les fleurs à l'aide de sa longue langue, fine comme un filament à son extrémité. Il se nourrit aussi de fruits et pourchasse des insectes et leurs larves. C'est le plus souvent le matin et le soir qu'il va vers ses sources d'aliments. Il attrape très adroitement les insectes, presse ses proies contre son corps, puis les jette en l'air, et les saisit à nouveau afin de les avaler.

A l'époque des parades nuptiales, le mâle acquiert 6 longues plumes jaunes sur chaque flanc, ainsi que 12 longues plumes caudales, qui évoquent des fils de fer coudés. Pendant la parade nuptiale, il déploie comme un pavois les plumes de sa gorge, d'un vert foncé métallique brillant, qui se distinguent des belles plumes ventrales d'un jaune éclatant. En même temps, il ouvre largement son bec, laissant voir son gosier d'un jaune-vert brillant. Les séleucides mâles se rassemblent pour la parade en un lieu déterminé, et présentent sur des branches débarrassées de leurs feuilles leur merveilleux plumage aux femelles. Il n'y a jamais de lutte entre eux. Après les parades, la femelle construit un nid dans un arbre, à l'aide de petites brindilles, de feuilles et de mousse, couve pendant 18 jours la ponte composée de 2 œufs et s'occupe des petits au nid. Pendant la nidification, le mâle vit en solitaire, sans s'occuper de la couvée. Au cours de l'hiver, les séleucides mâles, tout comme d'autres paradisiers, se rassemblent en petites troupes.

On reconnaît le séleucide à douze brins à son cri sonore répété cinq à six fois de suite, et qu'on peut traduire par «zahzah». Sa position de repos vers midi est aussi très curieuse ; il se tient sur une branche et pointe le bec droit vers le haut.

Le séleucide à douze brins est volontiers chassé par les autochtones. Sur l'île Salawati, ils recherchent son lieu de repos, qu'ils reconnaissent aux tas de fientes sur le sol, et essaient de l'attraper pendant la nuit sur l'arbre. En d'autres endroits, on le tue avec des flèches à bout fourchu. En Nouvelle-Guinée, les autochtones utilisent des collets, qu'ils placent dans les arbres que le séleucide a l'habitude de fréquenter.

Diphyllode républicain

Diphyllodes respublica

Le diphyllode républicain, avec ses 20 cm de long, est l'un des plus petits paradisiers. Il habite les îles Waigeu et Batanta situées face à la Nouvelle-Guinée. Une grande partie de son corps est nu et sans plumes mais, au cours de la parade, le mâle acquiert deux longues plumes caudales centrales filiformes. Ces deux plumes pouvant atteindre 15 cm se croisent à la base et forment presque un cercle en se recourbant vers l'extérieur. Elles dépassent de beaucoup les autres rectrices qui mesurent 4 cm de long. La femelle est effacée, comme chez la plupart des paradisiers. Elle a la tête brun foncé, avec des espaces nus de couleur gris-bleu ; le dos et la queue sont marron olive, les ailes et le cou brun-roux ; le dessous du corps est jaune-brun, avec des raies transversales marron foncé.
Le mâle, pour sa parade, choisit une branche verticale ou très inclinée, puis montre aux femelles qui l'observent sa tête et son cou aux couleurs splendides. Ce sont surtout les grandes zones bleu-cobalt dépouillées de plumes de la tête qui le mettent particulièrement en valeur au cours de la parade. Les plumes caudales allongées sont aussi très spectaculaires sur une branche ensoleillée. Après l'accouplement, la femelle s'envole et aménage, le plus souvent à la cime éclaircie d'un arbre, un nid fait de petites brindilles et de mousse. Elle couve la ponte, composée le plus souvent de 2 œufs tachetés, pendant environ 17 jours et nourrit les jeunes avec des fruits tendres, des baies et des insectes.

Manucode royal

Cicinnurus regius

Le manucode royal est un habitant des forêts de montagne pluviales impénétrables en Nouvelle-Guinée et sur les îles avoisi-

Diphyllode républicain

Manucode royal

Astrapie splendide

nantes, Aru, Misol, Salawati, Batanta et Jobi. On l'observe jusqu'à 2 200 m d'altitude. Il vole adroitement à travers les cimes des arbres et mange des baies et des fruits tendres. Il attrape aussi, occasionnellement, des insectes. Les vieux mâles vivent en solitaire ; ce n'est qu'en dehors de la période de reproduction qu'ils s'assemblent de temps en temps en groupes constitués de 2 ou 3 oiseaux. Ce paradisier est, avec ses 18 cm de long seulement, la plus petite espèce de la famille. Pendant l'époque des parades, le mâle acquiert deux longues plumes caudales semblables à du fil avec des vexilles externes au bout seulement. Ces plumes sont recourbées, et s'enroulent à leur extrémité en une spirale colorée. Au cours de la parade, le mâle se dresse sur sa branche et montre les plumes vert velouté de sa poitrine. Sur les flancs, il déploie un éventail de larges plumes, avec une bande verte à l'extrémité. En même temps, il bat des ailes fréquemment et rentre la tête. La femelle, modestement vêtue, a le dessus du corps brun, les ailes brun-roux ; la tête et la gorge sont gris-brun et finement tachetées de blanc-crème. Le dessous du corps d'un jaune-brun clair a des bandes transversales foncées. Après l'accouplement, la femelle cherche un trou d'arbre pour y nicher. Le manucode royal est la seule espèce de la famille qui couve dans une cavité. C'est sur un tapis de feuilles et de mousse que reposent, le plus souvent, 2 œufs jaunâtres, tachetés et rayés de brun foncé. Les petits, éclos au bout de 17 jours d'incubation, seront nourris au nid par leur mère durant 18 jours et 2 semaines encore après leur envol.

Astrapie splendide

Astrapia splendidissima

Les forêts des hautes montagnes de l'ouest et du centre de la Nouvelle-Guinée sont le domaine de l'astrapie splendide, qui atteint 40 cm de long. Par rapport aux autres espèces du genre, le mâle a une queue courte. La femelle, de la même taille, est surtout brun foncé avec des rayures transversales sombres et une large bande blanche à la base de la queue noire. L'astrapie splendide est surtout présente dans les montagnes boisées entre 1 500 et 2 500 m d'altitude. Elle vit à la cime des arbres et se nourrit de petits fruits, mais aussi d'insectes, qu'elle recueille surtout dans les épiphytes.

La période de reproduction va d'octobre à mars. Le mâle, au cours de la parade, tient l'extrémité des ailes en équerre par rapport au corps. A l'aide de grandes feuilles et de petites brindilles, la femelle construit sur une branche d'arbre un nid cupuliforme et utilise des feuilles molles pour le rembourrer. Pendant que la femelle s'occupe de l'incubation des œufs (1 ou 2) brun clair, rayés de stries plus foncées fines comme des cheveux, et de l'élevage des petits, le mâle courtise une autre femelle.

Astrapie d'Arfak

Astrapia nigra

L'astrapie d'Arfak vit seulement dans les monts Arfak (ouest de la Nouvelle-Guinée). Le mâle atteint une longueur totale de 90 cm, dont 60 cm pour la queue. La femelle a une queue plus courte, d'environ 30 cm, et est surtout de couleur noire, les ailes brun foncé mises à part. Sur les flancs, elle a de fines bandes claires transversales. L'astrapie d'Arfak vit à la cime des forêts, à une altitude variant entre 1 600 et 2 300 m. Insectes, baies juteuses et fruits composent sa nourriture. Il est difficile de l'observer car son habitat est impénétrable. La femelle s'occupe seule de la construction du nid, de l'incubation et de l'élevage du petit. Dans le nid, fait de feuilles et de petites brindilles, rembourré

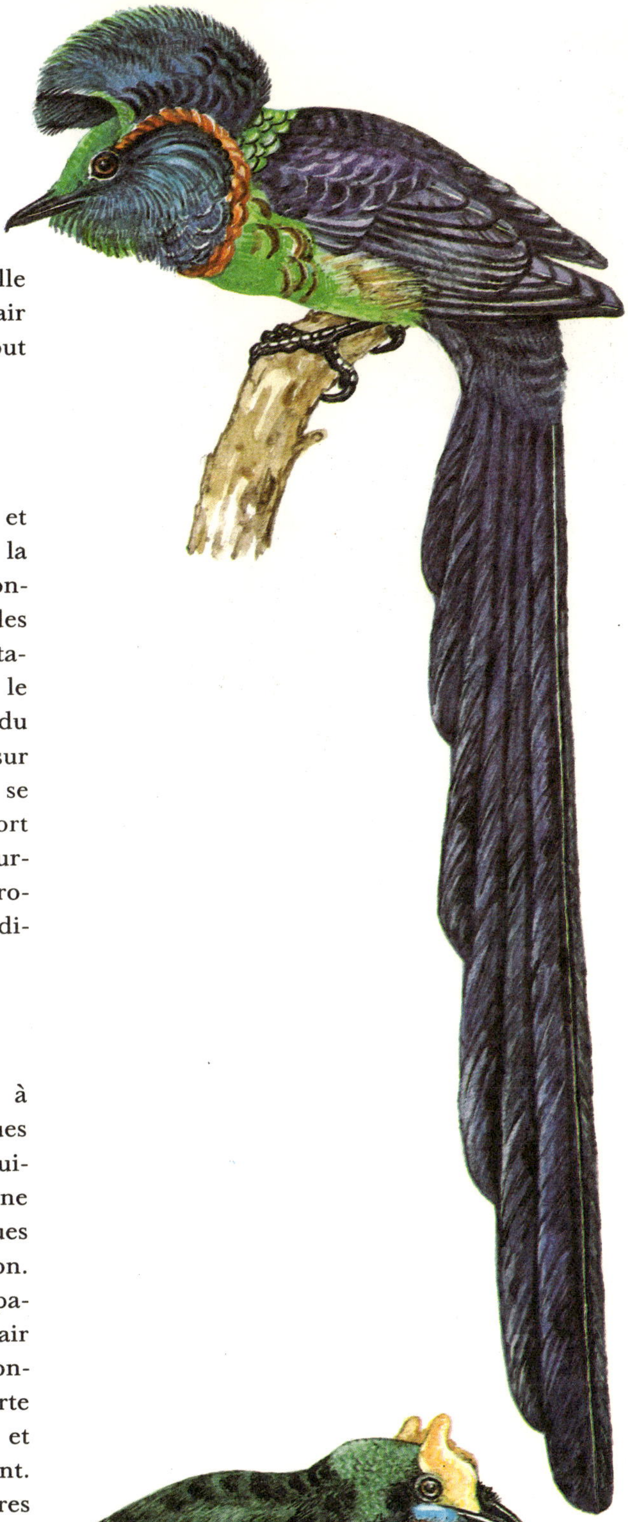

Astrapie d'Arfak

de morceaux de plantes et d'écorce, elle pond le plus souvent 1 seul œuf, brun clair mêlé de brun foncé. L'oisillon éclôt au bout de 17 jours.

Paradisier caronculé

Paradigalla carunculata

C'est dans la forêt vierge des monts Arfak et dans les massifs enneigés de l'ouest de la Nouvelle-Guinée que vit le paradisier caronculé, long d'environ 36 cm. La femelle a des plumes caudales plus courtes, de petites taches verdâtres sur le sommet de la tête et le cou, et de petites excroissances autour du bec. A une altitude de 1 600 m environ, sur les pentes boisées, le paradisier caronculé se tient volontiers au sommet d'un arbre mort ou sur une branche sans feuillage. Il vit surtout de fruits mous. La biologie de sa reproduction ressemble à celle des autres paradisiers.

Paradisier de la reine Caroline

Parotia carolae

Le paradisier de la reine Caroline vit à 2 000 m d'altitude, dans les jungles touffues de l'ouest et du centre de la Nouvelle-Guinée. Il atteint 26 cm de long, est doté d'une très courte queue et a sur la tête six longues plumes effilées terminées par un petit fanion. Le dessus du corps de la femelle est principalement brun foncé et le dessous brun clair rayé de larges bandes transversales plus foncées. Au cours de la parade, le mâle écarte les plumes situées au-dessus de ses ailes et penche ses plumes ornementales vers l'avant. La reproduction ressemble à celle des autres paradisiers.

(Illustration p. 246)

Paradisier caronculé

Paradisier
de la reine Caroline

Diamant de Kittlitz

Erythrura trichroa

Le diamant de Kittlitz (12,5 cm de long), dont on connaît plusieurs sous-espèces, est un joli passsereau largement répandu en Nouvelle-Guinée, sur la péninsule australienne d'York, aux Moluques, à Célèbes, sur les îles Salomon, Nouvelles-Hébrides et autres îles des mers du sud. Les deux sexes sont de la même couleur, moins intense cependant chez la femelle. Les forêts pluviales représentent l'habitat du diamant de Kittlitz ainsi que les mangroves des côtes. En dehors de la période de reproduction, il se rassemble en bandes de 20 à 30 oiseaux, qui cherchent des sources alimentaires. Il se nourrit principalement de graines de diverses sortes. Pendant la période de reproduction, le diamant de Kittlitz vit en couple. Le mâle apporte des brins d'herbe et de mousse pour la construction, et la femelle bâtit un nid en forme de poire dans un arbre ou un buisson élevé. La ponte, composée de 3 à 6 œufs d'un blanc pur sera couvée pendant 12 à 14 jours. Les deux parents prennent soin des petits au nid.

Diamant de Kittlitz

REPTILES

Tortue sans plaques

Carettochelys insculpta

Une curieuse tortue molle d'eau douce, la tortue sans plaques, dotée d'une carapace atteignant parfois 50 cm, habite le sud de la Nouvelle-Guinée et les régions du nord de l'Australie. Elle a un museau allongé comme une sorte de trompe, et de très longues pattes antérieures avec des orteils recouverts de larges palmures. Il n'y a que deux orteils libres sur les pattes de devant. Les pattes postérieures sont aussi élargies en pagaie. Pendant longtemps, les herpétologues présumèrent qu'il s'agissait d'une tortue très rare, car quelques musées seulement en possédaient un spécimen. Mais il fut établi en 1963 qu'elle était commune dans le réseau hydrographique du sud de la Nouvelle-Guinée ainsi que dans les eaux saumâtres. Elle fut également bientôt découverte dans les régions côtières du nord de l'Australie. Pourtant, on ignore s'il s'agit de spécimens indigènes ou d'exemplaires introduits.

La tortue sans plaques est une excellente nageuse et plonge jusqu'au fond des eaux, où elle cherche ses proies dans la vase. Elle peut rester assez longuement sous la surface (souvent une demi-heure) grâce à des organes respiratoires spéciaux — un dense réseau de fins vaisseaux sanguins, situés dans la cavité buccale ou dans le cloaque. Elle ne revient à la surface que pour respirer pendant quel-

ques secondes. Sa nourriture principale est constituée de mollusques aquatiques, dont elle broie la coquille à l'aide de ses mâchoires puissantes. Elle ne va sur la terre ferme que pour y pondre ses œufs. La femelle enterre la ponte sur le rivage, dans un trou peu profond.
Les autochtones appellent la tortue sans plaques «Mo» et la capturent pour sa chair, avec des filets.

Tortue sans plaques

Tortue à cou de serpent

Emydura albertisii

La tortue à cou de serpent est un habitant des fleuves, des mares et des lagunes saumâtres de la partie sud de la Nouvelle-Guinée. Cette petite espèce a une carapace de 16 cm de long seulement; elle se tient principalement dans l'eau et ne vient sur le rivage que pour profiter du soleil. Dès qu'elle est dérangée, elle disparaît aussitôt sous la surface. Elle se nourrit surtout de mollusques, dont elle broie la coquille avec ses puissantes mâchoires. Cependant elle chasse aussi des insectes aquatiques, des grenouilles et de petits poissons. Elle mord parfois dans des fruits tombés à terre. La femelle pond ses œufs dans le sol humide des rives. Bien que l'on rencontre souvent la tortue à cou de serpent, on connaît encore peu ses habitudes de vie.

Tortue à cou de serpent

Gecko calédonien géant

Rhacodactylus leachianus

Le gecko calédonien géant vit en Nouvelle-Calédonie. Dépassant 35 cm de long, c'est l'un des plus grands geckos du monde. Sa queue est relativement petite, avec à sa base un renflement plissé en forme d'anneau, et sous le bout interne deux rangs d'écailles élargies. A l'aide de ces écailles, le gecko peut s'accrocher fermement quand il grimpe sur les branches ou les troncs d'arbres. La nouvelle queue qui se reconstitue après la perte de la première ne possède plus cet organe adhérent. C'est surtout lors de luttes rivales que le gecko perd sa queue. Lorsqu'il est excité, sa couleur passe du gris olive clair au brun noir velouté. De petits vertébrés, des araignées et des insectes tout comme de jeunes oiseaux qu'il prend dans les nids, font partie de ses proies. Mais il aime aussi les fruits sucrés, surtout les bananes mûres. La femelle pond des œufs ovales de 2,5 cm de long, un par un, dans les fentes de l'écorce d'un arbre.

Gecko calédonien géant

Lézard fouisseur

Varan émeraude

Le soa-soa est le plus grand agame vivant sur notre planète. Contrairement aux autres agames, il vit le plus souvent dans l'eau.

Lézard fouisseur

Dibamus novaeguineae

Ce curieux lézard sans pattes réside en Nouvelle-Guinée mais aussi sur les îles de la Sonde. Il atteint 30 cm de long et seul le mâle a des traces de membres postérieurs, qu'il utilise au cours de l'accouplement comme une petite pince. Même les yeux de ce lézard sont atrophiés et les ouvertures des oreilles manquent totalement. La tête est relativement puissante et les mâchoires sont pourvues de petites dents dirigées vers l'arrière. Les écailles de la tête forment une carapace solide. Vermiforme, le lézard fouisseur est très répandu ; mais on ne peut que rarement l'observer. Il vit dans l'humus des forêts tropicales et s'y creuse des galeries. Sous les feuilles tombées ou les troncs d'arbres cassés, il recherche des vers de terre, des mollusques et des larves d'insectes.

La femelle pond ses œufs à coquille calcaire dans la terre. Ce type d'enveloppe est assez rare et reste une exception chez les lézards. En cas de danger, le lézard fouisseur peut se défaire de sa queue comme un gecko.

Varan émeraude

Varanus prasinus

C'est en Nouvelle-Guinée que vit l'un des varans les plus somptueusement colorés de la terre : le varan émeraude, qui atteint plus de 80 cm. Il habite les forêts tropicales pluviales et sa couleur vert émeraude brillant le camoufle parfaitement. Il grimpe agilement dans les arbres et il est doté d'une queue préhensile bien développée pour s'accrocher. Il

attrape de petits vertébrés et vide aussi les œufs d'oiseaux, qu'il trouve au cours de ses excursions. La femelle pond 10 à 20 œufs et les enterre entre des racines d'arbres dans le sol meuble de la forêt. Les petits éclosent environ 2 mois plus tard. Les jeunes varans émeraude se nourrissent d'insectes et de petits vertébrés.
Sur les îles entourant la Nouvelle-Guinée vit une sous-espèce de ce varan, mais elle est d'une couleur rouge prédominante.

Soa-soa

Hydrosaurus amboinensis

Le soa-soa est le plus grand agame de la terre. Il atteint jusqu'à 1,10 m de long et vit en Nouvelle-Guinée. Mais on rencontre aussi fréquemment ce lézard aquatique sur les Moluques et à Célèbes. Le mâle a une queue très puissante avec une crête dentée sur le dessus, renforcée par des excroissances osseuses des vertèbres caudales. Le soa-soa est surtout un animal aquatique. Il se tient cependant sur des buissons et des arbres sur les bords des fleuves dans les forêts pluviales tropicales. Sa nourriture se compose essentiellement de fruits et de baies, mais aussi de plantes aquatiques. En outre, il attrape des insectes, des araignées et d'autres invertébrés. En cas de danger, il saute immédiatement dans l'eau. C'est un nageur remarquable.
La femelle enfouit environ 10 œufs dans la terre meuble, sur les bords des cours d'eau. Les petits éclosent environ 8 semaines plus tard.
Les autochtones chassent intensivement ce lézard, car ils apprécient sa chair comme morceau de choix. Ils déterrent aussi volontiers ses œufs.

Scinque géant

Corucia zebrata

Le scinque géant est la plus grande espèce de scinque au monde. Il atteint 65 cm de long et vit sur l'île San Cristobal qui fait partie de l'archipel des îles Salomon, à l'est de la Nouvelle-Guinée. Son habitat comprend les forêts pluviales. Il se tient sur les arbres et de ce fait constitue une exception chez les scinques. A l'aide de sa longue queue préhensile et des puissantes griffes de ses doigts, il grimpe remarquablement bien aux arbres. Parmi les caractéristiques intéressantes de ce scinque, citons l'ouverture des oreilles qui a la même taille que les yeux. Bien que le scinque géant soit relativement répandu, on connaît très mal ses habitudes.

Scinque géant

Scinque casqué

Tribolonotus novaeguineae

En Nouvelle-Guinée et sur les îles Salomon vit un curieux lézard, le scinque casqué. Il doit son nom aux excroissances en forme de casque présentes sur sa tête triangulaire. Le scinque casqué atteint 16 à 18 cm de long et vit dans les forêts humides de plaine, mais aussi sur les rives des lacs de montagne. Il se

Scinque casqué

Python arboricole

tient sous les pierres, les troncs d'arbres tombés à terre ou les feuilles mortes. Sa nourriture se compose essentiellement de petits invertébrés. La femelle pond, plusieurs fois par an, 1 seul œuf, dans le sol meuble ou sous une couche de feuilles.

Python arboricole

Chondropython viridis

Le python arboricole habite les forêts vierges tropicales de la Nouvelle-Guinée et on le rencontre aussi sur les îles Aru et Salomon. On le trouve plus rarement dans le nord de l'Australie, sur la péninsule d'York. Il est d'une splendide couleur verte mais a souvent des taches jaunâtres ou blanchâtres, parfois aussi bleues. En raison de sa coloration, on ne peut presque pas le distinguer du vert de l'arbre dans lequel il se tient. Sa queue est structurée comme un organe préhensile. Ce python, le seul réellement arboricole, atteint 1,50 m à 1,80 m de long.

Sur une branche d'arbre élevée, la femelle s'enroule avec son corps autour de sa ponte composée de 20 œufs, reliés entre eux par un cordon membraneux, et les protège des intempéries et des ennemis. Elle maintient dans les anneaux de son corps une température de 32 °C. Afin d'augmenter cette dernière, la femelle contracte ses muscles 30 à 40 fois par minute, de telle sorte que son métabolisme augmente. Les jeunes pythons arboricoles éclosent 2 mois plus tard. En général, la mère quitte rarement et pour un court instant la ponte, afin d'aller boire. Les jeunes sont de couleur vert doré ou virant sur le rouge et ne revêtent leur peau verte qu'à l'âge de 3 ans environ.

Le python arboricole chasse de petits mamifères et des oiseaux et prend surtout de jeunes oisillons dans les nids. Il est actif durant la nuit et repère ses proies à sang chaud à l'aide d'organes sensoriels particuliers, localisés dans des fossettes des lèvres supérieure et inférieure, et qui lui permettent de déterminer la direction des proies qui se trouvent à proximité.

INVERTÉBRÉS

Troides paradisaea

Ce magnifique papillon fait partie des papillons diurnes habitant les montagnes boisées de la Nouvelle-Guinée. L'envergure de ses ailes est de 13 cm environ. Les ailes postérieures du mâle sont de couleur or resplendissant mêlé de vert, et sont bordées de noir velouté. En outre, elles se terminent en une longue queue effilée, caractéristique des *Papilio*, mais pas des *Troides.* Ce papillon vole en bordure des forêts vierges et dans la lumière, au-dessus de la cime des grands arbres, et se pose volontiers sur le sol afin d'y boire dans des mares et flaques d'eau. Il aime les fruits mûrs tombés à terre, d'où s'écoule un nectar sucré.

Troides paradisaea

Trogonoptera croesus

Ce papillon, habitant des forêts vierges de l'île Batjan située au large de la Nouvelle-Guinée, atteint une envergure de 15 cm, ailes déployées. Il fait partie des plus somptueux papillons diurnes, et par temps ensoleillé il volette dans la cime des arbres. Il boit le nectar sucré des fleurs et ne se pose que rarement sur le sol.

Danaus weiskei

Ce merveilleux papillon doté d'ailes atteignant jusqu'à 6 cm d'envergure, vit dans le sud et le sud-est de la Nouvelle-Guinée. Pendant la journée, il vole assez lentement en lisière des forêts. En Nouvelle-Guinée, vivent plusieurs autres espèces du genre *Danaus*.

Delias ornytion

On trouve en Nouvelle-Guinée, surtout dans les régions du sud de l'île, une grande quantité de jolies piérides vivement colorées et appartenant au genre *Delias*. *Delias ornytion* appartient aussi à cette famille de papillons diurnes, souvent noirs et rouges (le dessin représente une femelle). On le voit voler au-dessus des broussailles les jours ensoleillés.

Trogonoptera croesus

Danaus weiskei

Delias ornytion

Mars papou

Mars papou

Apaturina erminea

Le mars papou est un papillon diurne très répandu dans la partie est de la Nouvelle-Guinée. Il mesure environ 8 cm, ailes déployées. Dans la journée, il vole au-dessus de la cime des arbres des forêts claires et au bord de la jungle. Tôt dans la matinée, il se pose souvent sur le sol pour venir boire dans des flaques d'eau.
Beaucoup d'autres espèces merveilleusement colorées habitent en Nouvelle-Guinée.

Epepeotes togatus

Epepeotes togatus, qui fait partie de la famille des cérambycidés, vit dans les régions boisées de la Nouvelle-Guinée. Il atteint 3 à 4 cm de long et on le rencontre assez fréquemment par endroits. Le jour, il se cache derrière des écorces soulevées et ne devient actif qu'après la tombée de la nuit. La femelle pond ses œufs dans l'écorce d'arbres à feuilles caduques ; les larves s'enfoncent dans le bois et creusent des galeries en s'en nourrissant. Elles forment des cocons à l'aide de sciure et s'y transforment en nymphes.

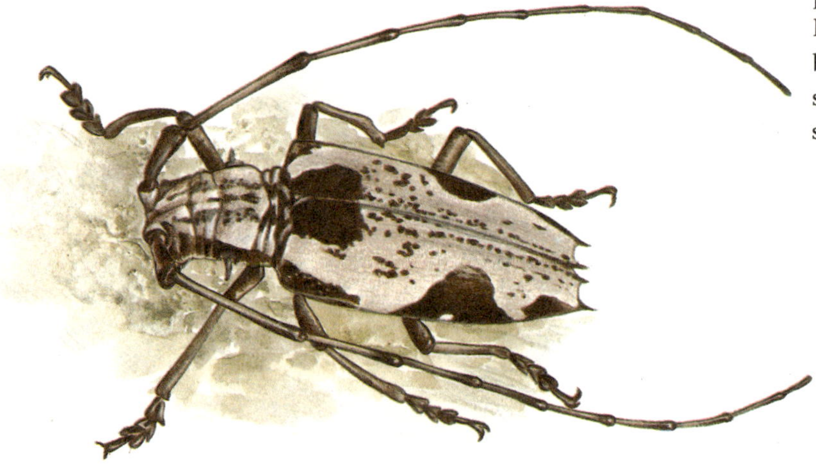

Epepeotes togatus

VI. NOUVELLE-ZÉLANDE

Depuis les origines, la Nouvelle-Zélande est une terre isolée, avec une flore et une faune uniques et de nombreues espèces archaïques endémiques. C'est là que vit un véritable fossile, l'hattéria ou tuatara *(Sphenodon punctatus),* reptile qui a survécu depuis la fin du trias et du jurassique jusqu'à nos jours, sans aucun bouleversement phylogénique. Il est apparenté aux dinosaures, bien que ces reptiles n'aient jamais vécu en Nouvelle-Zélande. Au cours du trias, un petit reptile, sans doute l'ancêtre du tuatara, parvint en Nouvelle-Zélande, probablement transporté du continent archaïque le plus proche par des troncs d'arbres charriés par les courants marins. Mais d'autres animaux que l'on ne rencontre nulle part ailleurs, se développèrent aussi en Nouvelle-Zélande. Des oiseaux incapables de voler sont caractéristiques de la faune de Nouvelle-Zélande, principalement les moas appartenant à l'ordre des *Dinornithiformes,* qui ont disparu au cours de notre ère.

Certains éléments de la faune néo-zélandaise montrent une parenté avec ceux des régions méridionales de l'Amérique du Sud et avec des fossiles de l'Antarctique. Pourtant, les relations se montrent bien plus étroites avec la Tasmanie et le sud de l'Australie. Des espèces animales provenant de la région indo-malaisienne sont venues plus tard en Nouvelle-Zélande, surtout du nord et du nord-est, et ont été à l'origine des espèces endémiques les plus récentes. Ceci s'applique aux perroquets, aux râles et à certains passereaux, tout comme à plusieurs chauves-souris. D'autre part, de nombreuses espèces d'oiseaux migrateurs venues d'autres pays se rendent régulièrement en Nouvelle-Zélande.

Les éco-systèmes primitifs subsistèrent très longtemps en Nouvelle-Zélande, si bien que végétaux et animaux endémiques survécurent. Les forêts humides sempervirentes (toujours vertes) de Nouvelle-Zélande, sont caractérisées par les arbres et arbrisseaux des genres *Metrosideros* et *Podocarpus,* par *Agathis australis,* et un seul palmier, *Rhopalostylis sapida,* ainsi que par de nombreuses fougères arborescentes du genre *Cyathea.*

Dans les montagnes, au-dessus de 800 m, ce sont les hêtres à feuilles persistantes, du genre *Nothofagus* qui prédominent, principalement *N. fusca* et *N. menziesii*, qui forment d'importants peuplements, particulièrement dans l'île du Sud. Au-dessus de la limite des arbres, c'est-à-dire au-delà de 1 800—2 000 m, les hêtraies font place aux pâturages alpestres.

La faune des hautes montagnes est principalement endémique. Les glaciations du pleistocène ont eu une influence décisive sur son développement, surtout dans la partie ouest de l'île du Sud. Ceci concerne de nombreuses espèces d'insectes, et parmi les oiseaux le kéa par exemple.

L'homme a profondément altéré la nature en Nouvelle-Zélande. Environ 70 % des forêts primitives ont été défrichées à basse altitude ; autrefois, elles couvraient plus des deux tiers de la superficie totale. En de nombreux endroits, l'homme a introduit des plantes, oiseaux et mammifères étrangers, provenant d'Amérique du Nord et d'Europe. De plus, il s'est spécialisé dans l'élevage et des millions de moutons ont dévasté les versants recouverts d'herbe en favorisant l'érosion du sol ; en outre, les colons ont repoussé la faune et la flore primitives et transformé leurs conditions d'existence. Heureusement, dix vastes parcs nationaux et une série de réserves plus réduites ont été aménagés de sorte que la nature intacte y est préservée. Mais là aussi malheureusement, de nombreuses espèces animales étrangères furent introduites d'Australie et d'ailleurs, comme par exemple le cerf rouge et le daim, si bien que l'on est obligé aujourd'hui de les poursuivre et de les exterminer dans les réserves, si l'on veut éviter de plus grands dommages dans la faune indigène déjà fortement décimée et conserver le caractère primitif des éco-systèmes.

Les parcs nationaux de Nouvelle-Zélande occupent 2,02 millions d'hectares, soit environ trois dixièmes de la superficie totale du pays. Une grande partie de ces sites protégés est aussi utilisée comme lieu de détente ; les inverventions humaines, c'est-à-dire coupe de bois, utilisation agricole du sol et récolte des produits de la nature, sont cependant strictement interdites. En outre, on trouve sur le territoire néo-zélandais 100 réserves et plusieurs centaines de sites protégés réservés aux loisirs. Presque tous les îlots et îles subantarctiques font partie des réserves zoologiques et botaniques, pour protéger les oiseaux de mer et les mammifères qui y vivent et s'y reproduisent ; les îles Auckland et Antipodes, tout comme les îles Campbell, sont les plus connues à cet égard.

Le plus grand parc national de l'île du Nord est le parc Urewere, situé dans l'est. Il occupe une superficie d'approximativement 200 000 ha et est étroitement lié à l'histoire des premiers aborigènes de Nouvelle-Zélande, les Maoris. Il est presque entièrement occupé par des forêts vierges et des broussailles. Les sommets montagneux atteignent 1 400 m d'altitude. Des douzaines de magnifiques cascades se précipitent dans des gorges profondes, du haut de parois rocheuses abruptes de plus de 1 000 m de haut parfois.

Les lacs sont clairs comme du cristal. Le plus grand de ces lacs de montagne est le Waikaremoana, à 600 m d'altitude. Il occupe une surface de 8 km² et atteint une profondeur de 250 m. Sur ses rives et dans ses parages, vivent encore aujourd'hui les Awara, une lignée de Maoris, dont les ancêtres vinrent de Polynésie il y a plus de 600 ans sur leurs embarcations appelées «Awara», aptes à affronter la haute mer, et qui occupèrent l'île du Nord. Mais ce n'est pas l'unique tribu maorie en Nouvelle-Zélande.

Le long des versants entourant les lacs s'étendent des forêts profondes avec de nombreuses espèces ligneuses. Des conifères tels *Podocarpus ferrugineus* et *P. totara,* des myrtacées comme *Metrosideros robusta,* les bambous *Arundo conspicua* et beaucoup d'autres espèces sont fréquentes dans la flore de ces forêts. Dans les endroits plus élevés poussent des forêts peuplées de hêtres du Sud appartenant aux espèces *Nothofagus fusca,* et *Nothofagus menziesii* que l'on rencontre jusqu'à plus de 1 000 m d'altitude. Ravins et pentes escarpées des basses terres ont été colonisés par des plantes provenant d'Amérique et d'Asie. De nombreuses espèces d'animaux ont également été introduites et leur réduction numérique nécessite aujourd'hui de grands efforts. Ceci s'applique au cerf rouge européen et au sanglier, tout comme aux chèvres et aux chiens domestiques, redevenus sauvages. Tous ces animaux ont provoqué des dégâts considérables parmi la flore et la faune originelles et il n'est pas facile de les combattre.

Sur la partie ouest du parc national Urewere s'étend une chaîne de volcans actifs. Cette région est riche en sources thermales, jaillissant en puissants geysers.

Bien qu'il soit le plus petit site protégé de l'île du Sud avec une superficie de 18 265 ha seulement, le parc national Abel Tasman est l'une des réserves naturelles les plus connues, avec ses côtes rocheuses escarpées, ses écueils et ses îlots. C'est là, sur la partie nord la plus extrême de l'île du Sud, qu'aborda en l'an 1642 celui qui découvrit la Nouvelle-Zélande, le célèbre navigateur hollandais Abel Tasman. Cependant, bien avant lui, les premiers Maoris arrivèrent dans ce pays et le colonisèrent.

Tasman mouilla l'ancre avec ses deux navires dans la baie Dorée. Mais la rencontre avec les habitants de l'île se déroula de façon tragique pour les Hollandais : 4 marins furent tués par les Maoris. Tasman quitta l'île amèrement déçu, et ne revint jamais en Nouvelle-Zélande. Plus tard, le capitaine Cook aborda à cet endroit en 1770. Mais ce fut le capitaine français Dumont d'Urville qui le premier réussit au cours de sa première escale en 1827 à explorer de plus près cette région et à en dresser la carte. Dans son journal de bord, on trouve des renseignements sur la faune et la flore, mais aussi sur le mode de vie des Maoris. Au même endroit, en l'an 1841, les premiers colons commencèrent à peupler l'île du Sud. La totalité de la surface du parc national actuel était autrefois recouverte de luxuriantes forêts pluviales, dont il ne reste qu'un dixième. Les essences ligneuses les plus répandues sont les hêtres du Sud *Nothofagus fusca, N. solandri* et *N. truncata.* Parmi d'autres espèces, citons une myrtacée, *Leptospermum ericoides* atteignant jusqu'à 20 m de haut, *Neopanax simplex, Coprosoma rhamnoides* et beaucoup d'autres sortes d'arbres. Dans les vallons traversés de rivières et de ruisseaux, s'étendent des forêts de *Podocarpus, Dacrydium* et *Metrosideros.* Leur tronc et leurs branches sont recouverts d'une épaisse couche de mousse, de lichens et de fougères. Parmi les quelque 70 espèces de fougères originaires de Nouvelle-Zélande, un bon tiers pousse dans ce parc national. *Cyathea modularis, C. dealbata* et *C. smithi* font par exemple partie des fougères arborescentes. On rencontre la dernière espèce citée jusqu'à une altitude de 1 100 m. Les fougères arborescentes atteignent une hauteur de 4 a 6 m.

Des oiseaux de mer nichent le long des côtes : de nombreuses espèces de pigeons vivent dans les forêts et le kiwi est aussi chez lui en ces lieux.

Le plus grand parc national de Nouvelle-Zélande, et l'un des plus vastes du monde, est celui du Fjordland. Il s'étend dans le sud-ouest de l'île du Sud, sur une superficie de 1 223 654 ha et comprend des plages, tout comme des montagnes avec leurs lacs, torrents, cascades et glaciers. Des forêts touffues peuplées d'immenses hêtres du genre *Nothofagus* au feuillage persistant, poussent jusqu'à une altitude de 1 000 m. Beaucoup d'espèces animales protégées y vivent, par exemple le takahé qui est l'une des plus menacées et que l'on ne rencontre qu'en certains endroits, ainsi que le rare kakapo et les trois espèces de kiwis, etc. Malheureusement, d'autres mammifères et oiseaux étrangers à l'île peuplent la contrée, comme par exemple les cerfs wapiti, rouge et axis, l'élan, le chamois, le bouquetin, le sanglier, la belette et des rats ; parmi les oiseaux, il s'agit de merles noirs, verdiers, pinsons des arbres, colin de Californie et d'autres encore.

En dehors des nombreux animaux introduits sur les îles et dont certains se sont propagés d'une façon inouïe, altérant la faune et la flore originelles, beaucoup d'essences ligneuses ont aussi été implantées sur les deux îles principales, où elles ont rencontré des conditions optimales de développement et ont prospéré mieux que dans leur pays d'origine. Le pin de Monterey d'Amérique du Nord *(Pinus radiata)* en fait partie ainsi que des peupliers et d'autres essences.

Les moas furent les oiseaux typiques de la Nouvelle-Zélande ; ils ne nous sont connus, il est vrai, que sous forme de squelettes conservés dans des musées mais ils méritent cependant notre attention. Il y eut dans leur famille (dinornithidés) de petites mais aussi de puissantes espèces. La plus grande fut *Dinornis maximus,* qui avec ses 3,60 m de haut, était un véritable géant parmi les oiseaux. Les œufs de cet oiseau coureur mesuraient en moyenne 25 × 17cm. Par comparaison, le plus grand oiseau vivant aujourd'hui, l'autruche africaine, pond des œufs mesurant 15 × 12 cm seulement. Les dinornithidés vivaient en Nouvelle-Zélande et comptaient plusieurs espèces. Leur évolution ne fut jamais entravée à cause de l'absence totale d'animaux carnivores en Nouvelle-Zélande ; incapables de voler, ils vivaient à terre. Mais lorsque l'homme colonisa l'île et apporta ses animaux domestiques, surtout des chiens, le sort des moas se joua très rapidement. Les premiers habitants qui colonisèrent la Nouvelle-Zélande, vers l'an 1100, les chasseurs de moas, contribuèrent largement à leur extermination. Nul ne sait d'où ils vinrent et où ils disparurent. Ce n'est que 200 ans plus tard que les Maoris de Polynésie achevèrent leur œuvre. Les derniers moas géants vivaient encore en l'an 1350 et de plus petits représentants du groupe disparurent bien plus tard, sur l'île du Sud, il n'y a que 300 ans. Parmi les 27 espèces vivant sur les deux îles, beaucoup avaient cependant déjà été exterminées, avant la colonisation des Maoris aux environs de 1350. Des recherches récentes ont révélé que le refroidissement du climat et la pénurie de nourriture qui s'ensuivit ont peut-être contribué à la disparition des moas, avant même que les premiers hommes n'arrivent sur l'île. Les moas se nourrissaient probablement de fruits divers, de feuilles et d'herbes, peut-être également de mollusques et de poissons d'eau douce.

La Nouvelle-Zélande est un État insulaire de 1 600 km de long et d'environ 270 000 km², composé de deux îles principales — l'île du Sud et l'île du Nord — ainsi que d'une suite de petites îles situées à proximité ou à distance. L'île Stewart, située à environ 24 km au sud de l'île du Sud en fait également partie, ainsi que plusicurs douzaines d'îles plus éloignées, de taille plus restreinte ou plus importante, comme par exemple les îles Auckland, Chatham, Antipodes, Kermadec, Campbell, etc.

Sur toute la longueur de la partie ouest de l'île du Sud, s'étendent les Alpes néo-zélandaises qui dépassent 3 000 m. Le plus haut sommet est le mont Cook (3 764 m). Les sommets sont recouverts de glaciers. L'île du Sud est abondamment pourvue en lacs ; il n'y en a pas autant que sur l'île du Nord, où par contre, s'étend le plus grand lac néo-zélandais, le Taupo (626 km²) qui atteint une profondeur de 162 m.

On trouve fréquemment dans les fleuves de l'île du Sud un superbe minéral vert translucide, la néphrite. Les Maoris connaissaient déjà cette roche et à cause d'elle, appelèrent l'île «Te Wai Pounamu» c'est-à-dire la «terre de l'eau de néphrite».

La Nouvelle-Zélande a un climat en partie tempéré, en partie subtropical. Au nord et au nord-est s'étendent les archipels polynésiens et mélanésiens, formations importantes comptant d'innombrables îles, îlots et atolls. C'est de là que vinrent les Maoris il y a des centaines d'annés, sur de grandes embarcations, pour se rendre dans leur patrie actuelle. Tahiti est l'île la plus connue de Polynésie et en Mélanésie les îles Fidji sont les plus réputées.

Zalabský '84

Mystacina tuberculata

En dehors des mammifères marins, deux chauves-souris sont les seules espèces indigènes encore présentes en Nouvelle-Zélande. La plus remarquable, *Mystacina tuberculata,* est l'unique représentant de la famille des *Mystacinidae.* Ce petit animal volant chasse surtout ses proies en se déplaçant et en grimpant, et il est remarquablement adapté à cette fin. Ses pattes sont courtes, disposées vers l'avant et munies de longues griffes acérées et recourbées qui lui permettent de s'agripper à l'écorce des arbres. Pour grimper, il replie ses ailes d'étrange manière vers le haut, de telle façon qu'elles ne puissent pas le gêner dans ses mouvements. La nuit, cette chauve-souris grimpe sur les branches et capture des insectes et leurs larves. Pendant le jour, elle dort dans un trou d'arbre, ou une infractuosité de rocher.

La femelle donne naissance à un unique petit, qu'elle transporte avec elle en vol. Devenu plus grand il demeure au nid, jusqu'à ce qu'il devienne indépendant.

Mystacina tuberculata

OISEAUX

Grand aptéryx

Apteryx australis

La présence du grand aptéryx est limitée à la Nouvelle-Zélande. La sous-espèce *Apteryx australis mantelli* vit sur l'île du Nord, *Apteryx australis australis* étant celle de l'île du Sud. Une autre sous-espèce *A. australis lawryi,* habitait autrefois l'île Stewart ; aujourd'hui elle est malheureusement éteinte.

Les kiwis sont caractérisés par leurs narines disposées le long du bec de 11 à 20 cm et de leurs petites ailes réduites à l'état de moignons de 5 cm de long seulement. La sous-espèce du Sud atteint 55 cm de long et pèse 3 kg ; celle du Nord 50 cm pour un poids de 2,5 kg. Les mâles sont d'un tiers plus petits que les femelles. Le grand aptéryx habite les forêts étendues et vit dans les montagnes jusqu'à une altitude de 800 m. Actif pendant la nuit, il se cache durant le jour dans un trou d'arbre, proche du sol, ou se creuse lui-même à l'aide de ses pattes puissantes, un abri dans le sol meuble, entre les racines d'arbres géants.

A la tombée de la nuit, il quitte son refuge, et pendant ses raids nocturnes sur son territoire, fouille le sol meuble, le feuillage, les fissu-

Grand aptéryx

res et les trous à l'aide de son long bec, à la recherche de vers de terre, de mollusques, d'insectes et de leurs larves. Il récolte parfois des fruits forestiers mûrs et arrache des pousses de plantes vertes juteuses. Le kiwi ne boit pas. Ce n'est que dans des cas exceptionnels qu'il puise de l'eau à l'aide de son bec, penche la tête en arrière et laisse le liquide s'écouler dans sa gorge.

Les kiwis passent toute leur vie avec le même partenaire. Le plus souvent de juillet à février, le couple creuse une cavité et recherche dans ce but un emplacement situé entre les racines d'un arbre. La plus grande partie du travail incombe au mâle. La ponte de la sous-espèce du Nord se compose de 2 ou 3 œufs, celle de la sous-espèce méridionale n'en comprend qu'un seul. Chaque œuf pèse environ un sixième du poids de la femelle. L'incubation (75 à 80 jours) est confiée exclusivement au mâle, qui ne quitte la ponte que pour de courts moments. Il jeûne le plus souvent et, au cours de cette période, perd un poids considérable. Durant les 5 premiers jours de leur vie, les petits tirent leur nourriture de leur sac vitellin ; ils suivent ensuite leur père à la recherche de nourriture. Les petits deviennent très tôt indépendants ; la femelle peut donc effectuer une deuxième portée éventuellement. Dans ce cas, le mâle doit assumer pour la deuxième fois le rôle de nourrice.

A l'âge de 5 ou 6 ans, les jeunes kiwis sont adultes. Ils ont d'incroyables besoins en nourriture. Un kiwi de 1 mois pesant environ 480 g comsomme quotidiennement à peu près 800 g de vers de terre, soit le double de son propre poids.

Les Maoris attrapent le kiwi dans les cavités où il dort, ou l'attirent en imitant son sifflement léger et perçant. La chair du kiwi est très délicate et ses plumes servent d'ornement. Le kiwi doit son nom au cri strident du mâle «ki-wi» que l'on n'entend que rarement. Les Maoris le nomment «oiseau mystérieux» et il existe des tribus qui croient que le kiwi est placé sous la protection du dieu des forêts et ne le chassent donc pas ; c'est la raison pour laquelle on le rencontre encore assez souvent aujourd'hui.

Aptéryx d'Owen

Apteryx oweni

L'aptéryx d'Owen vit sur l'île du Sud de la Nouvelle-Zélande, mais seulement par endroits, dans les paysages forestiers. Comme tous les kiwis, il recherche la semi-obscurité des sous-bois. Actif la nuit, il utilise son remarquable sens de l'odorat lorsqu'il recherche sa nourriture ; en effet, comme les autres kiwis, il a de petits yeux presque incapables de voir. La femelle atteint 40 cm de long, et pèse environ 2 kg, le mâle est plus petit.

Au XIXe siècle, on rencontrait fréquemment l'aptéryx d'Owen, et il fut chassé par les Maoris pour sa chair délicieuse. Mais lorsque les Européens introduisirent des chiens et des chats, redevenus sauvages avec le temps, la population d'aptéryx d'Owen régressa fortement. En outre, les colons commencèrent à le chasser pour ses plumes. Il n'est donc pas étonnant qu'il fasse aujourd'hui partie des oiseaux rares, même s'il est protégé.

Les kiwis adultes vivent en couples permanents. Le couple creuse un trou dans la terre pour nicher, et le mâle couve seul 1 œuf pendant environ 75 jours. C'est aussi lui qui, après l'éclosion, s'occupe du poussin, très remuant dès l'éclosion et qui picore tout de suite lui-même sa nourriture.

L'aptéryx d'Owen se nourrit surtout de vers de terre, de mollusques et d'insectes ; il prend parfois aussi des baies.

L'aptéryx d'Owen est malheureusement en voie de disparition. Il vit sur l'île du Sud de la Nouvelle-Zélande ; la plupart des endroits où on le trouve sont aujourd'hui protégés.

D'immenses colonies de gorfous royaux viennent nicher sur les petites îles se trouvant au sud de la Nouvelle-Zélande.

Gorfou royal

Eudyptes schlegeli

Le gorfou royal, qui mesure environ 70 cm, habite les mers situées au sud de la Nouvelle-Zélande ; il apparaît parfois en Tasmanie. C'est au sud de la Nouvelle-Zélande, sur l'île Macquarie, que se trouvent ses lieux de nidification. Des centaines de milliers de gorfous se rendent fin avril sur cette île et y couvent en d'immenses colonies. En septembre, les manchots rejoignent la mer. Les couples construisent leurs nids, très rapprochés les uns des autres, à l'aide de pierres et d'ossements de congénères. La femelle pond 1 seul œuf teinté de bleu et couve en alternance avec le mâle.

Les parents nourrissent ensemble le jeune manchot avec des poissons, jusqu'à ce qu'il devienne indépendant à l'âge de 3 mois et puisse rejoindre la mer. Lorsque la colonie de gorfous composée de millions d'oiseaux se déplace afin de quitter l'île, l'observateur peut assister à un spectacle grandiose. Le plus terrible ennemi du gorfou est le grand labbe. Il niche sur la même île, et nourrit ses jeunes avec de petits gorfous. Il s'empare avec prédilection des œufs pour les consommer. Autrefois, surtout à la fin du XIXe siècle, le gorfou royal fut aussi pourchassé par les hommes et tué en masse. Au cours d'une seule saison, 150 000 de ces oiseaux furent massacrés. En dehors de la période de nidification, les gorfous restent en haute mer et entreprennent des déplacements lointains.

Manchot des Antipodes

Manchot des Antipodes

Megadyptes antipodes

Le manchot des Antipodes (environ 70 cm de long) est un habitant des mers entourant la Nouvelle-Zélande, mais vient toutefois jusqu'aux côtes sud-africaines, vers la ville du Cap, en dehors de la période de reproduction. Ses lieux de nidification sont situés sur la côte sud de l'île du Sud néo-zélandaise, sur l'île Stewart, les îles Auckland, et Campbell. C'est là qu'il se tient pendant presque toute l'année. Le manchot des Antipodes recherche des endroits rocheux et des versants escarpés pour nicher, mais se satisfait aussi de sols sableux. Il place son modeste nid formé de brins d'herbe secs, de petits morceaux de bois ou de feuilles, entre des buissons et des arbres au bord des forêts, mais toujours à proximité de la côte. On le trouve souvent entre des fragments de rochers, sous une grande branche, un tronc d'arbre cassé et en des lieux similaires. La femelle pond 2 œufs blanchâtres à un intervalle de 4 jours, et les couve en alternance avec son partenaire. Généralement, c'est elle qui couve le plus fréquemment. Les jeunes éclos 40 à 50 jours plus tard sont recouverts d'un fin duvet serré. Les jeunes manchots quittent le nid relativement tard. La plupart du temps, ce n'est qu'à l'âge de 100 à 115 jours qu'ils sont capables de mener une vie indépendante. La période de nidification se situe en général du mois de septembre au mois de décembre. Comme de nombreuses autres espèces de manchots, le manchot des Antipodes a une voix semblable au son d'une trompette que l'on peut entendre de loin.

Prion de Forster

Pachyptila vittata

Le prion de Forster (30 cm de long), est un habitant des océans du sud. Les deux sexes ont le même plumage. Ses lieux de nidification se situent sur l'île Chatham, face à la Nouvelle-Zélande, sur la côte méridionale de l'île du Sud, sur l'île Stewart et d'autres petites îles environnantes. Il est sociable et forme des colonies importantes.

De septembre à novembre, les couples creusent leur nid dans le sol meuble des versants herbeux inclinés vers la mer, et en bordure des forêts qui vont jusqu'à l'eau. La femelle pond 1 seul œuf blanc et le couve pendant 56 jours, alternativement avec le mâle. Les deux parents nourrissent le petit au nid. Au cours des premiers jours, l'un des deux adultes reste cependant toujours près de lui dans le terrier. Le prion de Forster se nourrit de poissons et de petites seiches, qu'il attrape à la surface de l'eau. A l'âge d'environ 7 semaines, les petits quittent le nid.

Cormoran moucheté

Phalacrocorax punctatus

C'est sur les côtes de la Nouvelle-Zélande et sur les îles environnantes que vit le cormoran moucheté, long d'environ 75 cm. Mâles et femelles ont une couleur semblable. Les couples font leur nid à l'aide de branches sèches, de morceaux de plantes terrestres et d'algues et le placent sur des écueils ou dans des cavités de roches situées sur des versants abrupts tombant dans la mer. Durant 35 jours, la femelle couve alternativement avec son partenaire 3 œufs de couleur verdâtre. Les deux parents nourrissent le jeune pendant environ 8 semaines au nid, avec de petits poissons, mollusques et crustacés. Le cormoran moucheté attrape ses proies en haute mer, sous l'eau.

Prion de Forster

Cormoran moucheté

Tadorne de Paradis

Sarcelle brune

Tadorne de paradis

Tadorna variegata

Ce tadorne est un habitant des lacs intérieurs et des fleuves néo-zélandais. Mais on le rencontre aussi sur les eaux stagnantes, à proximité de la mer. La femelle de cette espèce se différencie notablement du mâle. Elle a une tête d'une blancheur de neige, tandis que celle du mâle est brun foncé. Aujourd'hui encore, ce tadorne est localement assez abondant. Toutefois il fait partie des oiseaux rarissimes en de nombreux endroits. Il est beaucoup chassé, et il est facile de le tuer, surtout pendant la période de la mue. Là où il n'est que peu chassé, il vit sur les étangs et les champs inondés des régions cultivées. La condition essentielle de sa présence est l'existence de vieux arbres, dans les cavités desquels il peut construire son nid. La plupart du temps, il choisit pour nicher des endroits placés 3 à 8 m au-dessus du sol mais niche aussi à une hauteur supérieure à 10 m ou bien, au contraire, directement sur le sol. Lorsque les cavités recherchées font défaut, il place son nid entre des pierres ou bien dans des massifs de plantes touffues. La femelle couve sur le nid en forme de cuvette, rembourré abondamment de duvets, pendant 30 jours. La ponte est composée de 6 à 11 œufs de couleur crème. Le mâle reste à proximité du nid, veille attentivement à la sécurité de sa compagne et la prévient en cas de danger menaçant. Dès que les petits sont secs, ils sautent hors du nid sur le sol. Cela se produit sans dommage, car l'épais duvet atténue leur chute. En cas de danger, les jeunes se dissimulent dans les fourrés des rives, mais peuvent cependant déjà plonger et nager sous l'eau. Après l'envol des jeunes et la mue, les familles mènent une vie nomade et cherchent leur nourriture dans les environs. Les jeunes tadornes se nourrissent au début d'insectes et de leurs larves, puis plus tard de mollusques, de petits crustacés et de morceaux de plantes vertes. Les tadornes adultes paissent l'herbe, mangent des pousses vertes et des graines, et consomment au cours des mois d'été de grandes quantités d'invertébrés. La population vivant près des côtes préfère une nourriture animale. La période de reproduction, en Nouvelle-Zélande, a lieu d'octobre à décembre.

Sarcelle brune

Anas aucklandica

On connaît 3 sous-espèces de sarcelle brune. Malheureusement, la première sous-espèce de l'île d'Auckland a été pratiquement exterminée par les chats et les chiens, et on ne la rencontre plus que sur quelques îles inhabitées. La deuxième sous-espèce habitant l'île Campbell est également très rare. La troisième paraît relativement plus importante ; il s'agit de la sous-espèce néo-zélandaise. Les mangroves côtières forment son habitat. Les deux sexes de ce canard de 34 cm de long sont de couleur presque semblable, mais le mâle a parfois un anneau blanc autour du cou. La sarcelle brune est particulièrement vulnérable, car elle est incapable de voler à cause de ses ailes rudimentaires qui lui servent uniquement à s'agripper lorsqu'elle grimpe sur des rochers et des versants abrupts. Ce canard est actif pendant la nuit et trouve sa nourriture principalement sur les plages et les cours d'eau. Il recueille divers mollusques et crustacés, ainsi que des insectes ; les adultes se nourrissent à 70 % de morceaux de plantes. Les jeunes sarcelles quant à elles prennent une nourriture exclusivement animale, composée d'insectes et de leurs larves.

La sarcelle brune niche d'octobre à décembre. Elle place son nid dans d'épais buissons sur le sol et le remplit d'herbe. Parfois, plusieurs nids sont placés les uns à côté des autres, comme dans une colonie. La femelle couve seule 5 à 8 œufs de couleur crème foncée. Elle s'occupe également seule des poussins éclos 23 à 28 jours plus tard.

Après l'élevage des jeunes, les adultes vivent habituellement en solitaire ou bien, mais assez rarement, en bandes pouvant atteindre 70 têtes.

Faucon de Nouvelle-Zélande

Falco novaeseelandiae

Les paysages montagneux et les falaises rocheuses de Nouvelle-Zélande sont l'habitat de ce faucon, un rapace atteignant 34 cm de long. Les deux sexes se ressemblent par leur couleur, mais la femelle est sensiblement plus grande que le mâle. Le faucon de Nouvelle-Zélande niche d'octobre à décembre. Il pond sur des promontoires rocheux ou sur des écueils, et utilise parfois les nids abandonnés par d'autres oiseaux dans les arbres. Les deux partenaires exécutent une parade aérienne au-dessus de leur territoire ; décrivant lentement des cercles, ils se laissent tomber soudainement et remontent aussi vite en flèche dans les airs.

Tous deux s'occupent de la couvaison et de l'élevage des jeunes. Pendant 30 jours, le couple couve à tour de rôle 2 à 4 œufs vert-brun recouverts de taches brun chocolat. Durant les premiers jours, la mère reste en permanence auprès des oisillons et reçoit les proies — de petits oiseaux et des insectes — apportées par le mâle à proximité du nid. Plus tard, le père nourrit les petits directement. Les jeunes faucons de Nouvelle-Zélande quittent le nid à l'âge de 1 mois. En automne, cet oiseau rapace vient dans les parcs et les jardins proches des villes.

Le faucon de Nouvelle-Zélande est un petit rapace très répandu en Nouvelle-Zélande. Il niche sur des promontoires rocheux et se rencontre souvent dans les jardins et les parcs.

Takahé

Notornis mantelli

Le takahé fait partie des espèces d'oiseaux les plus rares au monde. Cette poule d'eau (50 cm) se distingue par son bec, extrêmement haut. La femelle et le mâle ne se différencient pas par leur plumage. Le takahé est incapable de voler. Autrefois, 2 sous-espèces de takahé étaient répandues sur l'île du Sud de la Nouvelle-Zélande. Les indigènes, les Maoris, ont beaucoup poursuivi ce râle, mais la responsabilité de sa disparition incombe surtout aux renards et aux chats introduits

Le takahé a presque complètement disparu en Nouvelle-Zélande. Les derniers représentants de cette espèce sont très sévèrement protégés.

par des colons. En 1849 et 1851, deux takahés furent capturés et envoyés au musée des sciences naturelles de Berlin. Le musée de Dresde reçut un autre exemplaire en 1879. Un quatrième takahé alla en 1898 au musée d'Otago. C'étaient les seuls animaux que l'on avait vus depuis la fin du XIXe siècle. Les ornithologues étaient même persuadés que le takahé faisait partie du passé. Toutefois en 1948, le docteur Orwell fit sensation dans les milieux ornithologiques car il découvrit pour la première fois un takahé dans une vallée, située à une altitude de 1 074 m, à l'ouest du lac Te Anau. Le territoire de 2 ha dans lequel le takahé se trouvait fut déclaré réserve strictement protégée. Depuis lors, le takahé a pris beaucoup d'importance en Nouvelle-Zélande. Malgré tous ces efforts, on n'est pas arrivé à maintenir ni à faire progresser la population des takahés. Au contraire, elle diminue peu à peu.

Les zoologistes néo-zélandais font tout pour sauver les derniers spécimens. Il est sans doute malheureusement trop tard pour sauver ces oiseaux. Le takahé habite les paysages montagneux et forestiers, situés entre 650 et 1 200 m d'altitude. En hiver, il descend vers des régions plus basses. Il vit en couple. Il place son nid dans une touffe d'herbe du genre *Danthonia.*

La femelle couve seule, durant 27 jours, les 2 œufs de couleur crème foncée, tachetés de marron. Durant les premiers jours qui suivent l'éclosion, les parents apportent la nourriture aux jeunes dans leur bec. Le takahé se nourrit de graines et de fragments de plantes vertes. Les petites feuilles de *Danthonia flavescens* constituent sa nourriture principale. Il arrache aussi des mousses et des lichens et capture des insectes, des araignées et des vers de terre.

Râle wéka

Gallirallus australis

Le râle wéka fait partie des espèces d'oiseaux les plus connues en Nouvelle-Zélande. L'une des quatre sous-espèces de ce râle vit sur l'île du Nord, deux autres habitent l'île du Sud et la quatrième ne se rencontre que sur l'île Stewart. Mâle et femelle ont la même couleur. Comme d'autres oiseaux de Nouvelle-Zélande, ce râle, d'une taille de 53 cm, est incapable de voler. Grâce à ses pattes longues et puissantes, il court très bien, ce qui explique sans doute qu'il ait échappé à l'extermination. Le râle wéka préfère les fourrés et la lisière des forêts. Durant la journée, il se cache dans les taillis denses et devient actif au crépuscule. Omnivore, il recueille des graines, cueille des baies et des feuilles vertes, chasse des insectes et d'autres invertébrés. Il s'empare même de petits vertébrés atteignant la taille d'un rat. Il se rend parfois sur les plages pour manger des petits animaux marins, amenés par les flots. La nuit, et en particulier durant la période de reproduction, il laisse entendre son sifflement strident. Dès qu'un

Râle wéka

râle wéka commence à chanter, ceux des environs l'accompagnent. La nidification a lieu entre septembre et avril. Il n'est pas rare qu'un couple couve deux pontes. Les oiseaux déposent 3 à 6 œufs sous un buisson, dans une dépression creusée dans la terre, rembourrée d'herbes et de feuilles. Les œufs sont blanc-crème, tachetés de marron-rose et de violet clair. Seule la femelle couve.
Les jeunes poussins, sortis de l'œuf après 27 jours, sont nourris durant les premiers jours par les parents qui leur apportent la nourriture dans le bec. Ces râles n'ont que 2 ou 3 jeunes mais élèvent le plus souvent deux nichées.

Échasse d'Australie

Cladorhynchus leucocephalus

L'échasse d'Australie vit dans les petites îles qui bordent la Nouvelle-Zélande, près des lacs salés et saumâtres de l'Australie du Sud et du Sud-Est. Cet oiseau aquatique, haut sur pattes, mesure environ 40 cm. Il a un bec long et étroit de 7 cm, dont la pointe est légèrement recourbée vers le haut. Il est très sociable et forme des colonies durant la période de reproduction, entre juin et février. Chaque couple fait son nid sur le sable des petites îles, des lagunes, entre des pierres ou dans des endroits élevés du marais. Le nid, en forme de cuvette, est rembourré de quelques feuilles, de brins d'herbes ou de petits morceaux de coquillages. La ponte complète se compose la plupart du temps de 4 œufs jaune-vert ou olive, tachetés et mouchetés de noir et de marron foncé. Les poussins sortent de l'œuf 23 à 27 jours plus tard. Les deux partenaires s'occupent de l'incubation et de l'élevage des jeunes. Les jeunes volent de leurs propres ailes 27 à 37 jours plus tard. L'échasse d'Australie attrape sa nourriture dans l'eau profonde. Elle se nourrit d'insectes aquatiques, de petits mollusques, de crustacés et parfois de petits morceaux de plantes.

Mouette australienne

Larus novaehollandiae

La mouette australienne niche en Nouvelle-Zélande et dans les petites îles environnantes. Son habitat s'étend jusqu'en Nouvelle-Calédonie, en Australie, en Tasmanie et même en Afrique du Sud. Mâle et femelle de cette mouette, de 42,5 cm, ont le même plumage. Le bec du mâle est un peu plus fort. Lorsque la mouette australienne ne niche pas, elle s'établit en groupes le long des côtes et va très loin en mer. Elle se rend dans les ports et se fait souvent nourrir dans les parcs. Elle se rassemble pour nicher en colonies nombreuses sur les rochers et pentes cô-

Échasse d'Australie

Mouette australienne

La sterne tara niche en Nouvelle-Zélande et sur les îles situées au sud. Pendant les mois d'hiver, les sternes tara volent en groupes jusqu'aux côtes australiennes.

tières couvertes d'herbe, ou dans les petites îles sableuses et rocheuses. Les couples construisent généralement leur nid dans les cavités des rochers, mais ils nichent aussi entre les pierres et dans des touffes d'herbe. Le nid est rembourré d'herbes fines, de graminées sèches et de varech. La ponte est constituée de 2 œufs, dont la coloration est très variée. Le plus souvent, les œufs de couleur marron clair sont tachetés et marqués de noir. Les deux oiseaux couvent à tour de rôle durant 21 à 27 jours. Quelques jours à peine après leur sortie de l'œuf, les oisillons quittent le nid et se cachent à proximité. Les parents leur apportent la nourriture, composée de crustacés, de mollusques et de petits poissons, mais aussi de déchets rejetés par les bateaux de pêche.

Pigeon de Nouvelle-Zélande

Le lori solitaire *(Phigys solitarius)* a besoin, en captivité, d'une nourriture spéciale composée de lait condensé et de jus de fruits. ▶

Sterne tara

Sterna striata

L'habitat de la sterne tara s'étend de la Nouvelle-Zélande aux îles Chatham et Auckland. Elle atteint, avec sa queue de 15 cm, une longueur de 42 cm. Mâle et femelle ont presque le même plumage. Durant les mois d'hiver, les sternes tara volent en groupes jusqu'aux côtes d'Australie et de Tasmanie. Elles nichent aussi en colonies de plusieurs centaines de couples. Les nids se trouvent sur le sol du rivage entre des touffes d'herbes, ou dans des petites îles. Souvent, un intervalle de 50 cm sépare les nids les uns des autres. La coupe est rembourrée du matériel fourni par les plantes environnantes. La femelle pond 2 œufs brunâtres, tachetés de marron foncé et de gris. Durant 25 jours, les parents couvent à tour de rôle. Cinq jours après leur sortie de l'œuf, les jeunes quittent le nid et se cachent entre les pierres ou dans les végétaux alentour. Les parents leur apportent la nourriture. A l'âge de 35 jours, les petites sternes tara sont capables de voler. Cette hirondelle de mer se nourrit principalement de petits poissons, qu'elle capture en volant à la surface de l'eau. Toutefois, elle se nourrit aussi de mollusques, de crustacés et d'autres invertébrés.

Lori solitaire
Is. Fidji
Is. Tonga
Is. Samoa

◀ **Pigeon de Nouvelle-Zélande**

◀ **Lori solitaire**

On rencontre, au nord et au nord-est de la Nouvelle-Zélande, sur les îles Fidji, Samoa et Cook, tout comme sur beaucoup d'autres petites îles des mers du sud, de petites espèces de perroquets vivement colorés, les loris. A ce genre appartiennent:

Le lori à crête bleue ▶

Le lori bleu des Marquises ▶ ▶

Le lori de Tahiti ▶ ▶ ▶

Pigeon de Nouvelle-Zélande

Hemiphaga novaeseelandiae

Ce pigeon (50 cm) fait partie des espèces d'oiseaux typiques de la Nouvelle-Zélande. En raison de sa voix, les indigènes Maoris l'appellent «Kuku» ou «Kukupa». Ils le poursuivent pour ses plumes, d'un brillant métallique magnifique. Les colons le tuaient aussi pour son plumage ; c'est pourquoi ce pigeon jouit, depuis 1921, d'une protection légale et sévère. Le pigeon de Nouvelle-Zélande vit dans les forêts étendues de la Nouvelle-Zélande et des îles environnantes. Il cherche sa nourriture — des baies et fruits, des fleurs, des feuilles jeunes et des pousses — dans la cime des grands arbres. Le nid, fait de brindilles, se trouve à une hauteur de 3 à 10 m dans un arbre très élevé. Sur les îles, où la végétation est basse, il se trouve seulement à une hauteur de 1 à 2 m. Les parents couvent à tour de rôle, durant 28 jours, l'unique œuf blanc. Ils nourrissent ensemble le jeune, qui vole de ses propres ailes lorsqu'il atteint 6 ou 7 semaines.

Lori solitaire

Phigys solitarius

Le lori solitaire (20 cm de long) habite les îles Fidji. Le plumage du front et de la tête du mâle est violet, alors que celui de la femelle est bleu. Ce perroquet se nourrit de pollen, de nectar, du jus des fruits et de petites pousses. Il cherche sa nourriture dans les arbres. Il visite de préférence les buissons corail *(Erythrina indica).* Durant la floraison, il reste presque tout le temps sur les rameaux. Le lori solitaire erre en petits groupes et vit en couple durant la période de reproduction. Il niche dans des cavités. La femelle couve seule les 2 œufs. Après environ 28 jours, les petits sortent de l'œuf. Les parents s'en chargent jusqu'à leur neuvième semaine, où ils abandonnent le nid.

Lori à crête bleue

Vini australis

Le lori à crête bleue vit sur les îles Samoa et Tonga, sur l'archipel Lau (îles Fidji), ainsi que sur beaucoup de petites îles du Pacifique en Polynésie centrale. Mâle et femelle chez ce petit perroquet coloré (19 cm de long) ont un plumage identique. Le lori à crête bleue vit de préférence dans des cocotiers, dans les arbres corail du genre *Erythrina* et dans des buissons *Hibiscus.*
En dehors de la période de reproduction, il vagabonde en groupes de 6 à 12 pour lécher le nectar et le jus des fruits. De temps en temps, il capture de petits insectes. Il niche par couples séparés. La femelle couve seule dans une cavité, durant 24 jours, les 2 œufs. Les parents nourrissent les jeunes durant 7 semaines, jusqu'au moment où ils volent de leurs propres ailes.

Lori bleu des Marquises

Vini ultramarina

Le lori bleu des Marquises (18 cm de long) est un des plus beaux perroquets au monde. Il vit sur des îles du Pacifique, Nukuhiva et Huapa, dans l'archipel des Marquises au nord-est de la Nouvelle-Zélande. Il vit en couple. Les deux sexes ont la même coloration. Ce lori cherche des cavités dans les arbres pour y nicher, mais se contente d'une noix de coco éclatée sur un palmier. La femelle pond 2 œufs et quelquefois 1 seul. Elle les couve à tour de rôle avec le mâle durant 24 jours. Les deux parents nourrissent également ensemble leurs jeunes. Le lori bleu des Marquises se nourrit de nectar et du jus de fruits sucrés.

Lori de Tahiti

Vini peruviana

Le lori de Tahiti (18 cm) habite les îles Cook et Tuamotu au nord-est de la Nouvelle-Zélande. Ce perroquet vit en couple et en groupe après la nidification. Mâle et femelle ont le même plumage. Le lori de Tahiti visite les arbres fleurissants, dont il lèche le nectar sucré. Il aime également le jus des fruits mûrs. Il fait son nid dans les trous des arbres. La femelle couve seule, environ 24 jours, les 2 œufs. Mais on a aussi observé que le mâle la remplace de temps à autre. Tous les deux nourrissent ensemble les petits jusqu'à ce qu'ils quittent le nid, 8 semaines plus tard.

Lori à crête bleue
Is. Fidji
Is. Lau ou Groupe Oriental
Is. Tonga
Savaii
Upolu
Is. Manua
Is. Samoa

Lori bleu des Marquises
Fiao
Motu iti
Ua Huka
Nuku Hiva
Fatu Huku
ILES MARQUISES
Ua pu
Motu oa
Hiva oa
Tahuata
10°
Motané
Thomasset
Fatu Hiva

Lori de Tahiti
Bora Bora
Is. de la Société
Tahiti
Tuamotu
Aitutaki
Is. Cook
Is. Tubuaï

Le kéa, perroquet de grande taille, se reconnaît à son long bec et à sa très longue mandibule supérieure. Il vit dans les Alpes du sud de la Nouvelle-Zélande et est très protégé. Après avoir été presque complètement exterminée, cette espèce commence à réapparaître dans certains endroits.

Kéa

Nestor notabilis

Le kéa, perroquet de belle taille (50 cm), vit dans les Alpes de l'île du Sud de la Nouvelle-Zélande. Les deux sexes sont de couleur identique. Toutefois, le bec du mâle est plus long et plus fort. La longueur de sa mandibule supérieure est caractéristique. Des chercheurs découvrirent le kéa pour la première fois en 1856 dans la province de Murihiku, et plus tard dans les Alpes du Sud. Le kéa séjourne au-dessus de la zone forestière, sur les pentes rocheuses couvertes de buissons et d'herbes, à une altitude d'environ 2 000 m. En hiver, il descend dans les vallées, à la lisière des forêts. Le kéa est un robuste perroquet. Durant l'hiver, son habitat est enneigé et il y fait très froid. Les vieux kéas vivent en couple. Lorsque le kéa ne niche pas, il se réunit en petits groupes. La reproduction a lieu entre juillet et janvier. Les kéas creusent dans le sol une galerie atteignant 3 m au bout de laquelle se trouve le nid. Mais ils ont également leur nid dans les crevasses de rochers ou parfois dans les cavités des arbres situés près du sol. Ils rembourrent leur nid d'herbes, de petites racines et de laine de mouton. La ponte comprend 2 à 4 œufs blancs. Les partenaires couvent à tour de rôle, mais la plus grande partie de l'incubation revient à la femelle, qui se baigne chaque jour abondamment dans un ruisseau voisin de façon à maintenir une humidité suffisante dans le nid et empêcher le dessèchement des œufs. Les oisillons sortent de l'œuf 21 jours plus tard, et les deux parents s'occupent de leur nourriture. Au bout de 3 semaines, les jeunes kéas quittent pour la première fois le nid, mais y reviennent la nuit. Dès qu'ils sont indépendants, les jeunes kéas se réunissent en groupes pour vagabonder dans le pays. C'est seulement à l'âge de 2 ans que les mâles vont à la recherche d'une compagne. Le kéa se nourrit principalement de grains, de baies, de petites racines, de fragments de plantes vertes et de nectar de fleurs. Mais il aime aussi se nourrir de substances d'origine animale. Il consomme des vers de terre, des escargots et des larves d'insectes. Il mange souvent aussi la chair des animaux crevés ou des épluchures et des restes en tout genre. Il arrive même que des groupes de kéas pénètrent par la fenêtre, en volant, dans des maisons pour y manger tout ce qu'ils peuvent saisir : des fruits, du pain, du saucisson et, assez souvent même, du savon. Parfois les kéas déchirent des matelas avec leur bec. Les colons commencèrent au milieu du XIXe siècle à mettre en valeur des pentes des Alpes du Sud néo-zélandaises, dont ils firent des pâturages pour les moutons. Ainsi la carte du kéa s'enrichit. Il becquetait les restes de chair et de graisse se trouvant sur les peaux de moutons pendues pour sécher, mais avant tout des insectes et leurs larves qui s'y trouvaient en masse. En 1867, des éleveurs de moutons observèrent plusieurs kéas en train d'arracher des bouts de viande d'un mouton crevé. Un jour, un groupe de kéas arriva sur un pâturage et soudainement un des perroquets se posa sur le dos d'un agneau et commença à arracher, avec son bec, la chair de son dos. L'agneau prit la fuite, tomba du rocher et le groupe se précipita sur lui. Les éleveurs de moutons s'inquiétèrent de ce comportement. Une station d'élevage au mont Cook annonça 500 de ces incidents en un an. Aujourd'hui, on ne peut plus vérifier à quel point ces chiffres étaient exagérés. Les conséquences pour le kéa furent de toute manière catastrophiques. On commença à le poursuivre partout, même en dehors des zones d'élevage. On donna des récompenses pour le détruire et l'on obtint, en peu d'années, son extermination totale dans quelques régions. Il survécut uniquement dans des endroits abandonnés et difficiles d'accès. Alors qu'il n'en restait plus qu'une dizaine, on interdit de chasser le kéa, cet intéressant perroquet. En Nouvelle-Zélande, le kéa se trouve aujourd'hui dans des réserves et des parcs nationaux protégés où il se reproduit. Les Maoris lui ont donné ce nom à cause de son cri de corneille «Kee — e — ah».

Kaka

Nestor meridionalis

Le kaka est un perroquet mesurant 45 cm. Aujourd'hui on ne le trouve plus que sur deux îles de la Nouvelle-Zélande ainsi que sur l'île Stewart, mais il a disparu de l'île Chatham. Le bec du mâle est plus courbé que celui de la femelle. On connaît deux sous-espèces. Le kaka habite les forêts mais aussi les endroits couverts de buissons. Il choisit toujours des arbres pour y séjourner. Parfois, il s'installe dans un jardin ou un parc. En dehors de la période de reproduction, il erre en groupe d'une dizaine d'individus. Cet oiseau crépusculaire est aussi assez souvent actif durant les nuits claires. Sa nourriture est composée de différentes baies et de fruits, mais aussi de pousses et de temps en temps de nectar, d'insectes et de leurs larves. Le kaka occupe durant des années le même trou d'arbre qu'il a choisi pour nicher. La ponte contient 4 ou 5 œufs. L'incubation dure 21 jours. C'est principalement la femelle qui couve les œufs ; de temps en temps, elle est remplacée par le mâle. Le kaka élève souvent 2 jeunes seulement, qui quittent la cavité après environ 10 semaines. A cause de sa chair, ce perroquet est le gibier préféré des Maoris. Ils confectionnent avec les plumes rouges du kaka des manteaux qu'ils portent pendant leurs cérémonies.

Le kaka est un gros perroquet qui vit en Nouvelle-Zélande sur l'île du Nord et sur l'île du Sud. Avec ses plumes rouges, les Maoris confectionnent de superbes manteaux qu'ils portent pendant les fêtes.

Perruche masquée

Perruche masquée

Prosopeia personata

Aujourd'hui, la perruche masquée se trouve seulement sur la petite île de Viti Levu, qui appartient aux îles Fidji. Sur les autres îles de la région, elle a été exterminée. Les deux sexes sont d'une même couleur. Cependant, la femelle est plus petite et son bec est moins fort. La perruche masquée se nourrit de graines, de baies et de fruits, en particulier de figues sauvages et mûres. Elle fait son nid dans la cavité d'un arbre. Sa biologie de reproduction nous est encore très peu connue.

Perruche à bandeau rouge

Perruche à bandeau rouge

Cyanoramphus novaezelandiae

L'habitat de la perruche à bandeau rouge s'étend de la Nouvelle-Zélande jusqu'aux îles côtières. Les îles Auckland, Chatham, Stewart, Norfolk et la Nouvelle-Calédonie en font partie. Le «kakariki» néo-zélandais atteint une longueur d'environ 27 cm. Le mâle est un peu plus grand que la femelle. Tous deux ont un plumage identique. Cette perruche vit dans des forêts denses et étendues. En dehors de la période de reproduction, elle erre en petits groupes. Elle se nourrit de graines, de pousses et de fruits ; les graines de laîches, surtout celles de *Carex apressa*, qu'elle cherche au sol, constituent environ 60 % de sa nourriture. La reproduction a lieu entre octobre et avril. Pour nicher, le couple choisit une cavité dans un arbre. Dans les îles plus petites, il se contente des crevasses rocheuses. Mais on a trouvé des nids dans des creux du sol et dans des touffes d'herbes. La ponte de 5 à 9 œufs est couvée pendant 18 à 20 jours par la femelle. Les premiers jours, la mère nourrit seule les jeunes avec ce que le père apporte. Assez souvent le père nourrit seul les oisillons plus âgés. Les petits «kakarikis» quittent le nid à 6 semaines.

Perruche à tête d'or

Cyanoramphus auriceps

Cette espèce fait partie des perruches de la Nouvelle-Zélande. Elle vit également sur les îles Stewart, Auckland, Chatham et dans beaucoup d'autres îles environnantes. Elle peut atteindre une longueur de 25 cm. Femelle et mâle ont la même coloration. Lorsqu'elle ne niche pas, elle erre en petits groupes. La perruche à tête d'or niche avant tout dans la cavité d'un arbre et dans des crevasses rocheuses. La ponte de 4 à 8 œufs est couvée uniquement par la femelle durant 19 jours. Les deux parents nourrissent essentiellement leurs jeunes avec différentes graines, des baies et des fruits. A 5 ou 6 semaines, les petites perruches volent de leurs propres ailes.

Perruche à tête d'or

Kakapo ou Perroquet-hibou

Strigops habroptilus

Le kakapo (60 cm) vit en Nouvelle-Zélande. Les deux sexes de cet étrange perroquet sont de la même couleur. Le kakapo a des pattes très puissantes avec de longs tarses et de longs doigts, car il se déplace presque toujours sur le sol. Il court vite, en levant un peu ses ailes pour rester en équilibre. Ses ailes courtes, larges, ont l'extrémité arrondie et sont inaptes au vol. Elles lui permettent tout au plus de glisser de l'arbre au sol. En

Le kakapo est l'un des oiseaux les plus connus en Nouvelle-Zélande. Dans certaines régions, cette espèce, autrefois très répandue, a été décimée par des chats redevenus sauvages et par des carnivores venus d'Europe.

Coucou à longue queue

cas de danger, il peut planer sur 60 m. Il grimpe aux arbres et aux buissons. Des plumes hérissées disposées en éventail se dressent entre le bec et les yeux et tout autour de ces derniers, le rendant ainsi très semblable à un hibou. Comme lui, c'est un oiseau principalement nocturne, même si on le voit de temps en temps le jour. Durant la journée, il se cache souvent dans une cavité ou sous les racines d'un arbre. Au crépuscule il est plus actif. A ce moment là, il cherche en courant sur le sol des baies, des petites racines et différentes pousses. Exceptionnellement, il mange de petits vertébrés, des petits serpents par exemple. Il fréquente les plaines proches des cours d'eau, même si la forêt dense est son véritable habitat. Naguère, on trouvait aussi le perroquet-hibou dans les forêts claires des plaines et des montagnes, dont l'altitude atteint 1 600 m. Il préfère la proximité des petites rivières et des ruisseaux. Sur les deux îles de la Nouvelle-Zélande et sur Chatham, le kakapo faisait partie des espèces d'oiseaux les plus fréquentes. Aujourd'hui, il y est très rare et on le rencontre seulement dans la partie méridionale de l'île du Sud. Sa chair était considérée comme une friandise par les Maoris, qui l'ont beaucoup pourchassé. Toutefois, les chats, chiens et porcs amenés par les colons européens ont décimé une grande partie de ces populations qui étaient un butin facile pour ces animaux. Récemment, on a tenté de l'implanter sur des petites îles non habitées par ces mammifères et il y est sévèrement protégé. Solitaire, le kakapo ne vit en couple que pour sa reproduction. Il fait son nid dans des trous atteignant environ 3 m, situés entre les racines des vieux arbres, dans la cavité d'un arbre près du sol ou dans des endroits semblables. Le perroquet-hibou creuse rarement lui-même une cavité dans le sol, entre des racines. Pour la rembourrer, il utilise des plumes ou des copeaux. La reproduction a lieu de décembre à février et se prolonge rarement jusqu'à mai. La femelle couve seule sa ponte de 2 ou 3 œufs blancs durant 24 jours et s'occupe seule aussi de l'élevage des jeunes. D'après certaines observations, le perroquet-hibou ne niche que tous les deux ans. Le cri du kakapo rappelle la voix sourde du butor, un croassement ou d'autres voix d'oiseaux. Chez les Maoris, «kakapo» signifie «perroquet vert».

Martin-chasseur sacré

Coucou à longue queue

Eudynamis taitensis

Ce coucou qui possède une queue extrêmement longue habite la Nouvelle-Zélande, les îles côtières du Sud et l'île Stewart. Le coucou à longue queue atteint une longueur de 40 cm. La couleur rousse de la femelle est plus accentuée que celle du mâle, et elle est un peu plus petite que son partenaire. Le coucou à longue queue vit dans toute espèce de forêts des îles où il se reproduit. Pour l'hivernage, il part vers la Nouvelle-Guinée, les îles environnantes et les côtes boisées du nord-est de l'Australie. Dès que le coucou à longue queue revient dans sa patrie en octobre, la femelle survole son territoire pour chercher les nids de petites espèces d'oiseaux comme par exemple *Mohoua albicilla* et *Finschia novaeseelandiae.* Elle pond ses œufs dans le nid de ces passereaux. La couleur de ses œufs est très variable et correspond à celle des œufs de l'espèce parasitée. Le plus souvent, ils sont d'une coloration crème, avec des taches très variées de rose-rouge-marron, violet-marron et gris. Le coucou à longue queue se nourrit d'insectes et de leurs larves, d'araignées, mais souvent aussi de baies et de fruits, ce qui est l'alimentation typique des coucous du genre *Eudynamis.*

Martin-chasseur sacré

Halcyon sancta

L'habitat du martin-chasseur sacré s'étend de la Nouvelle-Zélande à l'île Stewart dans le Sud, sur l'Australie, la Nouvelle-Calédonie, les îles Salomon et d'autres îles du Pacifique. Ce martin-chasseur atteint une longueur de 23 cm et se caractérise par son gros bec. La couleur de la femelle ressemble à celle du mâle. Cependant, le dessus de la tête, son dos, ses ailes et sa queue sont un peu plus foncés et colorés de gris. Le martin-chasseur sacré vit dans les forêts claires, au bord des cours d'eau et des lacs mais aussi dans les forêts côtières. Il n'est pas timide et se perche souvent sur les fils et les pylônes au bord des routes. En hiver, il vient même dans les jardins. Dans les montagnes, on le trouve jusqu'à 850 m d'altitude. Dans la cime des arbres, il chasse des lézards, des insectes et leurs larves, dans l'eau, des poissons et des petits crustacés. De temps en temps, il pêche aussi dans des lagunes basses ou dans des baies. En Nouvelle-Zélande, la période de reproduction va d'octobre à janvier. Le couple niche dans des termitières ou sur les berges de terre et de sable. Le tunnel de 15 à 20 cm aboutit à une chambre d'un diamètre de 16 cm. Le couple de martins-chasseurs se sert de ce nid durant plusieurs années. Les parents couvent les 4 ou 5 œufs blancs durant 18 jours. Les jeunes quittent le nid après 24 jours et sont également nourris par les deux parents.

Corneille caronculée

Callaeas cinerea

On trouve la corneille caronculée sur les deux îles de la Nouvelle-Zélande et sur l'île

Philestourne caronculée

Stewart. C'est un oiseau typique de cette région. Cette corneille fait partie des oiseaux endémiques de Nouvelle-Zélande où on l'appelle «Kokako» et de la famille des calléidés. Elle atteint 38 cm. Mâle et femelle sont de la même couleur. Les couples restent unis toute l'année. Ils séjournent principalement à la cime des arbres à l'intérieur de la forêt pour y chercher leur nourriture. Dans les branches, cet oiseau avance par sauts. Il se nourrit de fruits, de baies et de fleurs, de jeunes feuilles et, pour une moindre part, d'insectes et de leurs larves. Le couple construit, de novembre à mars, un nid très solide, derrière une écorce soulevée, 3 à 10 m au-dessus du sol, entre deux branches. La corneille caronculée commence d'abord son nid avec de petites branches d'environ 60 cm et y place le véritable nid en bois pourri et en raphia, puis elle rembourre la coupe avec de la mousse et des éclats d'écorce et d'autres matières végétales souples. La ponte, souvent composée de 3 œufs marron, tachetés de marron foncé et violet-marron, est couvée durant 25 jours par la femelle seule. Les oisillons volent de leurs propres ailes à 28 jours et sont nourris jusque là par les deux parents.

Méliphage à bandeau

Philestourne caronculée

Creadion carunculatus

La philestourne caronculée fait partie de la famille endémique des calléidés. Cet oiseau de 25 cm, répandu en Nouvelle-Zélande et dans les îles côtières jusqu'à l'île Stewart, était jadis commun dans la forêt. Mais depuis que les colons ont introduit des carnivores, comme le renard, la martre et le chat en Nouvelle-Zélande, ses effectifs ont considérablement diminué. En beaucoup d'endroits, il fut même complètement exterminé. Les ornithologues, soucieux de sa sauvegarde, s'efforcent d'introduire de jeunes oiseaux sur des petites îles boisées dépourvues de mammifères carnivores. La philestourne caronculée peut y être protégée sévèrement. Le mâle et la femelle, qui ont le même plumage, ne se séparent pas. D'octobre à janvier, le couple cherche un trou dans un arbre, souvent à 2 m de haut ou dans un tronc coupé. Le nid se trouve parfois près du sol. Le couple bâtit un nid énorme, en branches, qu'il rembourre d'herbes, de fibres végétales et de bouts d'écorce. La femelle s'occupe seule durant 21 jours de couver les 2 œufs gris tachetés de points rouge-marron et violet clair. Pendant ce temps, elle est nourrie par son partenaire. A leur sortie de l'œuf, les oisillons reçoivent de leur mère la nourriture que le père a ramenée. La philestourne caronculée ramasse au sol des insectes, des araignées, des mollusques et d'autres invertébrés. Elle y ajoute des baies, des fruits juteux et de temps en temps du nectar de fleurs.

Méliphage à bandeau

Notiomystis cincta

Le méliphage à bandeau habite tous les types de forêts en Nouvelle-Zélande, mais il cherche avant tout les arbres fleurissants, car il se nourrit principalement de nectar et de temps en temps de fruits juteux et de petits insectes. Le mâle atteint une longueur de 18 cm. La femelle est plus petite de 1 cm environ et elle a un plumage en grande partie marron avec les ailes rayées de blanc. La reproduction se déroule entre novembre et décembre. Dans une cavité d'un arbre ou d'une branche, située entre 2 et 20 m au-dessus du sol, le couple fait un nid à l'aide de brindilles et de petites racines. La femelle pond 3 à 5 œufs blancs dans la coupe rembourrée de racines, de fougères fines et de plumes. L'incubation dure 14 jours. Il n'est pas certain que le mâle couve aussi. Toutefois, les deux parents nourrissent ensemble les jeunes, avec du nectar et des petits insectes jusqu'à leur envol à 2 semaines.

Tui

Tui

Prosthemadera novaeseelandiae

Le tui appartient aussi au monde des oiseaux de Nouvelle-Zélande. Son habitat s'étend sur les îles Stewart et Chatham et sur plusieurs petites îles côtières de la Nouvelle-Zélande. Le mâle atteint 32 cm, la femelle 28 cm. La femelle est d'une couleur plus claire et a des touffes de plumes frisées moins grandes. Cet oiseau amateur de nectar habite les forêts à une altitude de 1 200 m. Mais on le trouve aussi dans les plantations d'arbres fruitiers car, outre les baies mûres, le nectar et les insectes, il aime lés fruits juteux. Le couple de tuis fait son nid entre novembre et janvier sur la fourche d'un arbre à une hauteur de 3 à 18 m du sol. Le nid est fait de branchettes et rembourré de morceaux de fougères, d'herbes, de mousses, de lichens et parfois aussi de quelques plumes. La ponte comprend 2 à 4 œufs blancs ou roses, tachetés de brun-noir. Pendant que la femelle couve durant 14 jours, le mâle se trouve dans un arbre voisin et chante à pleine voix. Les 4 premiers jours qui suivent l'éclosion, la mère nourrit seule les oisillons au nid avec du nectar et de petits insectes. Puis le père s'en occupe aussi. En dehors des insectes, les jeunes oiseaux absorbent des baies ; ils quittent le nid à l'âge de 3 semaines.

Tête jaune

Mohoua ochrocephala

Le tête jaune mesure 15 cm de long. Il habite l'île du Sud de la Nouvelle-Zélande et l'île Stewart. Mâle et femelle se ressemblent par la coloration. Cet oiseau vit dans les forêts, surtout à la cime des arbres. Il y cherche des insectes et leurs larves. Le couple construit son nid en novembre ou en décembre dans un arbre mort. Le nid, qui se trouve entre 2 et 20 m, a la forme d'une coupe et est fait de mousses, de petites racines et de toiles d'araignées. L'oiseau le rembourre avec des herbes

Tête jaune

Rhipidure de Nouvelle-Zélande

fines. La ponte de 3 à 4 œufs, teintés de rose et tachetés de marron-rouge, est couvée durant 21 jours par la femelle seule. Durant les 5 ou 6 premiers jours de leur vie, les petits reçoivent de la nourriture prédigérée dans le jabot parental. Plus tard, les parents leur donnent la becquée avec des insectes, des larves et des araignées. Les jeunes quittent le nid à 18 jours.

Rhipidure de Nouvelle-Zélande

Rhipidura fuliginosa

Trois sous-espèces de rhipidure de Nouvelle-Zélande habitent la Nouvelle-Zélande, les îles côtières et l'île Chatham. Avec sa queue de 8 cm il atteint une longueur totale de 18 cm. Il vit dans toutes sortes de forêts, dans les buissons épais, dans les jardins et les parcs des villes ainsi que dans les plantations d'arbres fruitiers. Il se nourrit des insectes qu'il attrape en volant. Le mâle parade devant la femelle en déployant sa queue en un large éventail. Durant la période de reproduction, qui a lieu entre août et janvier, le couple couve jusqu'à 3 fois. Les deux partenaires participent à la construction du nid. Celui-ci est solidement bâti avec des herbes, des mousses, des lichens, des écorces et des toiles d'araignées à une hauteur de 2 à 7 m dans un arbre ou un buison. Ils se servent d'herbes fines, de poils d'animaux et de bouts de fleurs pour le rembourrer. Les 3 ou 4 œufs blanchâtres ont des petites taches brun clair. Après 15 jours de couvaison, assurée par la femelle et le mâle, le couple nourrit les jeunes.

Le tuatara est l'un des plus anciens reptiles de notre planète. Il est apparu au trias. Aujourd'hui, il a complètement disparu des côtes de Nouvelle-Zélande où il était jadis très répandu. Il ne se rencontre plus que sur quelques petites îles où il est très protégé.

Gecko vert

Tuatara

Sphenodon punctatus

Aujourd'hui le tuatara ne se trouve plus que sur quelques petites îles proches de la côte néo-zélandaise. Autrefois, il vivait aussi en Nouvelle-Zélande avant qu'il ne soit exterminé par ses ennemis les plus féroces : les chats, les chiens et les porcs introduits. Pour assurer la survie de cette espèce, on l'a capturée comme beaucoup d'autres animaux endémiques, afin de l'implanter sur de petites îles. Le tuatara s'apparente aux lacertiens primitifs du trias et du jurassique (disparus depuis environ 170 millions d'années), époques où les reptiles primitifs vivaient une ère de prospérité. Ce «fossile vivant» a des côtes munies d'une apophyse (prolongement) et l'os pariétal percé d'un trou. Ce lacertien primitif, qui a survécu jusqu'à nos jours, atteint une longueur de 75 cm. La vie que les tuataras et les pétrels, qui peuplent en grand nombre les îles, mènent ensemble, est très intéressante. Les pétrels nichent en colonies dans des terriers qu'ils partagent parfois avec le tuatara. Toutefois, celui-ci ne choisit pas seulement comme logement des terriers creusés par des oiseaux, mais prépare souvent lui-même une cavité. Le matin et vers le soir, on peut l'observer en sortir pour s'exposer un petit moment au soleil et y retourner en rampant, pour se reposer. C'est durant la nuit que le tuatara est le plus actif. Il quitte son abri et va à la recherche de ses aliments. Il cherche surtout des insectes, et en particulier des coléoptères. Il avale aussi des mollusques et des vers de terre. Quelques ornithologues pensent qu'il mange des œufs et des poussins de pétrels. Contrairement à la plupart des reptiles, qui ne peuvent plus bouger lorsque la température est inférieure à 12 °C, le tuatara reste très actif. C'est un ovipare. La femelle dépose ses œufs dans un creux à proximité de la cavité où elle vit. Elle pond entre septembre et octobre, donc au printemps néo-zélandais. C'est seulement au printemps suivant que les jeunes sortent des œufs. Leur développement demande donc une année entière. Les tuataras peuvent vivre 50 ans.

Hoplodactylus pacificus

◄ Gecko vert

Gecko vert

Naultinus elegans

Le gecko vert habite les deux îles de la Nouvelle-Zélande et atteint une longueur d'environ 20 cm. Il est d'un très beau vert brillant et il a sur les flancs des taches jaunâtres. Mais il existe aussi une sous-espèce qui est complètement jaune. L'intérieur de sa bouche est bleu et sa langue est teintée de pourpre ou de rouge orangé. Le gecko vert est capable d'adapter l'intensité de sa coloration au milieu dans lequel il vit. Il séjourne principalement à la cime des arbres et il est relativement bien équipé pour grimper sur les branches. Bien adapté à son environnement, il passe inaperçu et sa queue préhensile lui permet de grimper facilement. Il est actif le jour. Dans les arbres, il cherche des insectes et leurs larves, attrape des araignées et avale d'autres petits invertébrés. Le gecko vert est ovovivipare, comme les autres geckos primitifs de la Nouvelle-Zélande. Les jeunes sortent de l'œuf immédiatement après la ponte des œufs. Les Maoris le craignent. Ils sont persuadés que son cri, semblable à un rire, porte malheur. Ils lui prêtent un pouvoir surnaturel, et ils croient qu'il peut influencer les destinées humaines.

Hoplodactylus pacificus

Ce gecko est répandu dans toute la Nouvelle-Zélande, dont il fréquente particulièrement les côtes. De nombreuses îles de la région du Pacifique font partie de son habitat. Il atteint une longueur de 15 cm et présente une coloration très variable. Durant la journée, il se cache sous des pierres ou des troncs tombés. Au crépuscule, il quitte son abri et grimpe sur les arbres et les rochers pour attraper des insectes et leurs larves, des araignées et d'autres invertébrés. Les jeunes quittent les œufs à coquille molle immédiatement après la ponte. La reproduction a lieu la plupart du temps entre les mois de mai et juin. En Nouvelle-Zélande vivent 3 autres espèces de geckos du genre *Hoplodactylus.* La plus grande est le gecko de Duvaucel *(Hoplodactylus duvaucelii).* Avec ses 23 cm, c'est en même temps la plus grande espèce de gecko vivant en Nouvelle-Zélande. On trouve en outre un autre genre, *Heteropholis,* avec 6 espèces.

VII. ANTARCTIQUE

L'Antarctique, le plus froid des continents, est, avec ses 14 millions de km^2, plus grand que l'Europe toute entière. Ce continent est couvert durant toute l'année, dans sa majeure partie, d'énormes couches de glace et de neige. A l'intérieur, la glace atteint en moyenne une épaisseur de 2 240 m, au maximum 4 600 m. La terre ferme au-dessous de cette cuirasse occupe seulement une surface d'environ 7 millions de km^2, le reste se composant de banquises.

La couche de glace de l'Antarctique a un volume d'environ 30 millions de m^3 et constitue ainsi 87 % des glaces mondiales. Cette masse de glace est formée d'eau douce gelée. 80 % des réserves mondiales d'eau potable se concentrent donc autour du pôle Sud. Cette immense quantité suffirait pour approvisionner toute la population mondiale, et pour irriguer les terres desséchées. Environ 500 icebergs géants, d'une masse totale de 1,4 million de tonnes, se détachent tous les ans du continent Antarctique. Ces icebergs flottent vers le nord où ils fondent lentement dans les océans. Si on transportait la quantité d'eau fournie par ces icebergs, chaque habitant de notre planète en aurait une provision de 350 t. Actuellement, l'insuffisance des ressources en eau potable suscite l'intérêt d'un grand nombre de scientifiques, qui s'intéressent à l'utilisation des masses de glace qui se détachent annuellement de l'Antarctique. Le problème le plus aigu serait le transport de ces icebergs géants, s'enfonçant de 200 m sous l'eau, à travers les mers du sud, vers les ports des continents «assoiffés». Jusqu'à présent, les différentes propositions des chercheurs se sont avérées irréalisables. Mais on peut espérer que ces difficultés trouveront une solution dans un futur proche.

Les côtes du continent antarctique sont profondément découpées par des baies et des presqu'îles. Avec ses 1 200 km, la plus grande péninsule antarctique, l'ancienne «Terre de Graham», s'étire vers la Terre de Feu à la pointe de l'Amérique du Sud. Cette péninsule est parcourue de massifs montagneux, dont les sommets dépassent sporadiquement les masses de glace. Les deux mers touchant à cette péninsule entament profondément le continent antarctique. La mer de Weddell à l'est de la péninsule et la mer de Ross divisent l'Antarctique en deux grandes parties : la plus grande est tournée vers l'océan Atlantique et l'océan Indien, et la plus petite vers l'océan Pacifique. La seconde a une étendue de 2,7 millions de km^2. Des massifs montagneux atteignant une altitude de plus de 4 000 m y prédominent. Sur le premier s'étend un plateau modérément élevé. Le massif du Vinson, avec ses 5 140 m, est le plus haut sommet du continent. Dans le nord, la région de la Terre Victoria qui s'étend sur une surface de 2 500 km^2, est la plus grande zone continentale sans glacier.

De nombreuses îles et îlots, souvent éloignés de quelques centaines de kilomètres du continent, font partie de l'Antarctique. Les plus connues sont les Shetland du Sud, les Orcades du Sud, la Géorgie du Sud, les Kerguelen, les îles Heard, Adelaïde et beaucoup d'autres. La Géorgie du Sud et les Sandwich du Sud furent les premières à être découvertes par le célèbre navigateur James Cook, en 1773, durant son voyage dans les mers du sud. Presque 50 ans plus tard, en 1820, l'expédition russe au pôle Sud, dirigée par F. F. Bellinghausen et M. P. Lazarew, mit pour la pemière fois le pied sur la véritable banquise du continent. Elle accosta avec ses bateaux sur celle de la Terre de la reine Maud. La même année, durant un voyage à la recherche de phoques dans l'océan Pacifique, le capitaine américain N. Palmer descendit sur les côtes de l'Antarctique. En 1821, un an après, un autre chasseur d'animaux à fourrure, John Davis, atteignit les barrières de glaces côtières du continent. Le baleinier norvégien Carsten Borchgrevink fut le premier qui hiverna sur le continent le plus froid de notre monde, en 1900.

L'ère de l'exploration systématique du continent couvert de glace commença au début du XXe siècle. En 1901, on équipa trois expéditions : une suédoise, une britannique et une allemande. L'expédition britannique, dirigée par Robert Scott, entreprit le premier grand voyage à l'intérieur de l'Antarctique avec des traîneaux et des chiens et atteignit 88° 17′ de latitude sud. En 1908, le chercheur irlandais Ernest Shackleton s'approcha avec son équipe à presque 175 km du pôle Sud. Ce fut le célèbre explorateur polaire norvégien Roald Amundsen qui fut le premier à atteindre le pôle Sud. Le 14 décembre 1911, il débarquait sur cet endroit ardemment convoité. Un deuxième releva le défi et, à la fin de la même année, une expédition britannique conduite de nouveau par Robert Scott se mit en route pour le pôle Sud. Scott et ses compagnons l'atteignirent le 18 janvier 1912. Cependant, le groupe britannique connut une fin tragique. Sur le chemin du retour, à une distance de seulement 15 km de la station de ravitaillement, tous moururent de faim et de soif. La dernière inscription dans le journal de bord de Scott portait la date du 29 mars 1912. L'héroïsme du capitaine Scott et de ses compagnons d'infortune resta un exemple pour tous les autres explorateurs polaires.

Dès 1928, on utilisa des avions pour explorer l'Antarctique. A partir de 1947, de nombreux États ont établi dans l'Antarctique des stations scientifiques, auxquelles nous sommes déjà redevables de nombreuses découvertes, surtout en ce qui concerne les richesses naturelles enfouies dans le sol. On trouve par exemple, sur la Terre Victoria, d'importantes couches de charbon. Des géologues ont découvert dans l'Est de riches gisements de fer et d'uranium, d'or et même de diamants. Dans les régions de l'Ouest, on rencontre des gisements d'or, de plomb, d'étain et de manganèse.

Le climat de ce continent est sec, froid et turbulent. A l'intérieur, dans les régions les plus froides, les températures baissent en moyenne en hiver, donc en août, jusqu'à – 68,4° C. La température la plus basse, – 88,3° C, a été enregistrée le 24 août 1960, au «pôle du froid», au centre du continent. Les températures d'été atteignent en décembre, à l'intérieur du pays, – 32,7° C en moyenne. L'existence d'êtres vivants est dans ces conditions impossible ; l'homme n'y survit que grâce à ses moyens techniques. Il a pénétré en ces lieux et y passe de longs mois dans des stations de recherche. Toutefois, à 300 km du pôle Sud, des organismes vivants apparaissent, même si la colonne de mercure baisse jusqu'à – 40° C et – 60° C durant l'hiver. Durant l'été, il y fait plus chaud et les rochers sans neige sont couverts de mousses et de lichens.

Trois espèces d'herbes y poussent. La roche, mais aussi les végétaux, absorbent les rayons du soleil et ils arrivent à fleurir en été. A une distance d'environ 600 km du pôle Sud, on trouve les premiers insectes, qui passent l'hiver dans la mousse, sous la neige, à une température de 5° C. Dans les régions côtières, en particulier sur la péninsule Antarctique, et également sur les îles côtières, le climat est beaucoup plus doux que celui de l'intérieur du continent. En été, les côtes sont sans neige et la température atteint 15 à 20° C. Pour ce continent du froid, il s'agit de températures très élevées. Toutefois, durant les mois d'hiver, et particulièrement en juillet et août, il neige beaucoup et les bords de mer sont couverts jusqu'à 100 km au large par la banquise. L'hiver polaire dure 6 mois. C'est une période de crépuscule déprimante, sans aucun rayon de soleil. Sur les plaines d'un blanc éblouissant s'abattent d'effroyables tempêtes de neige.

Malgré le froid impitoyable, l'Antarctique n'est pas sans vie. Sur les côtes, des colonies de manchots se reproduisent. Une fois l'hiver passé, les côtes antarctiques et celles des îles environnantes se peuplent de milliers d'oiseaux, qui arrivent en nageant ou en volant pour couver, car cette région leur offre des conditions favorables pour l'élevage de leurs jeunes. Les mers antarctiques sont en effet très riches en crustacés, mollusques, poissons et autres êtres marins qui servent de nourriture à ces oiseaux. Des léopards de mer, des phoques, des éléphants de mer et des otaries viennent également sur les côtes antarctiques et les îles subantarctiques pour mettre au monde leurs jeunes entre falaises et rochers. Les mers antarctiques attirent aussi les plus grands mammifères du monde, les baleines. D'année en année, durant leurs migrations régulières, des baleines bleues, des rorquals et des cachalots viennent en bandes pour engraisser. Des requins suivent leur sillage. L'homme fréquente aussi ces parages. Autrefois, les baleiniers et des trappeurs équipés de harpons et de fusils faisaient d'abondantes prises. Aujourd'hui, ils arrivent en bateaux équipés de façon moderne. Le résultat est effroyable : certaines espèces de baleines ont été presque exterminées dans les eaux antarctiques où elles étaient jadis fréquentes. L'homme devrait réparer les fautes de ses ancêtres, au lieu de les perpétuer. Le monde animal du continent le plus froid du monde mérite, lui aussi, d'être sauvegardé pour les générations futures.

Le léopard de mer est la terreur de tous les petits animaux vivant dans les eaux antarctiques. Il chasse les manchots ainsi que les jeunes phoques.

Léopard de mer
Hydrurga leptonyx

Le léopard de mer, qui fait partie des phoques, est un puissant animal qui vit dans les eaux antarctiques. Il peut atteindre une longueur de 3,50 m et peser jusqu'à 400 kg. Il habite principalement la mer de Ross. On le trouve souvent aussi autour de la péninsule Antarctique. Il préfère la proximité des côtes, car il se nourrit principalement de manchots, mais chasse aussi des poissons. Il est plein de vie et parcourt à la nage son territoire jour et nuit, sans se fatiguer. Dès qu'un manchot passe, il le saisit comme un éclair avec ses dents. Ses mâchoires sont adaptées à son régime et, à la différence des phoques qui mangent des poissons, il a des dents pointues. Il maintient la tête du manchot sous l'eau tandis que les pattes émergent. De cette manière, le léopard de mer noie sans difficulté et en quelques minutes le manchot empereur, le plus grand de tous. Mais il préfère généralement les espèces plus petites. Le léopard de mer fait parfois un trou dans la glace et guette sa proie. Aussitôt qu'un manchot s'approche, il le saisit et le tire sous la glace. La victime n'arrive que rarement à lui échapper pour s'enfuir sur la glace ou pour arriver au rivage. Le léopard de mer attrape aussi des céphalopodes, avant tout des seiches, et des poissons. De temps en temps, il s'empare de jeunes phoques. Il peut même devenir dangereux pour l'homme. On cite le cas d'un léopard de mer surgissant de l'eau pour happer un homme qui se trouvait au bord d'un glacier, et celui d'un léopard de mer qui sauta sur la glace afin d'y poursuivre un chercheur sur 30 m. En dehors de la période d'accouplement, les léopards de mer vivent souvent en solitaire. De juin à septembre, les animaux nagent autour des petites îles. Entre novembre et janvier, les femelles mettent au monde leur petit sur les côtes insulaires rocheuses. Chaque femelle n'a qu'un seul jeune de 70 cm. A l'âge de 3 ou 4 ans, les femelles deviennent adultes. Chez les mâles, cela demande 4 ans et quelquefois même

Phoque de Weddell

10 ans. Aujourd'hui, on estime la population des léopards à 250 000 animaux.

Phoque de Weddell

Leptonychotes weddelli

Le phoque de Weddell est un pinnipède typiquement antarctique. Il habite essentiellement la glace et les côtes du continent. Durant l'hiver antarctique, il migre dans le Nord, où il reste en juillet et août jusqu'aux Orcades du Sud. Ce phoque atteint une longueur de 3 m et peut peser entre 340 et 450 kg. La glace ou la côte littorale rocheuse est son lieu de repos préféré. Il se tient au-dessous des grandes surfaces de glace, dans lesquelles il fait des trous pour respirer. En été, donc entre septembre et octobre, après une gestation de 310 jours, la femelle met au monde 1 et parfois 2 jeunes qui pèsent à la naissance entre 30 et 35 kg et mesurent environ 1 m. Une semaine avant la mise bas, la femelle reste immobile sur la glace et ne prend plus de nourriture. Elle jeûne même durant l'allaitement, ce qui diminue ses réserves de graisse. Pendant l'élevage du jeune, elle perd à peu près 140 kg. Durant 2 semaines, le petit reste allongé près de sa mère et c'est seulement en sa compagnie qu'il va dans les eaux peu profondes. Durant 8 semaines, il boit le lait maternel et prend rapidement du poids, car le lait des phoques est très gras et très nourrissant. Après le sevrage, il pèse déjà 150 kg. Bien qu'il attrape déjà seul sa nourriture, il reste à proximité de sa mère qui, pendant l'hiver, retrouve son poids normal. Les phoques de Weddell se nourrissent principalement de poissons mais aussi de céphalopodes, comme par exemple les seiches. Dans les régions antarctiques peu fréquentées par les êtres humains, en particulier par les chasseurs, les phoques de Weddell sont très confiants et se laissent même toucher. La population totale de ce phoque méridional est évaluée à un demi-million d'animaux.

Phoque crabier

Lobodon carcinophagus

Le phoque crabier fait partie des phoques méridionaux les plus communs. Ses effectifs devraient s'élever à approximativement 5 millions. Il atteint une longueur de 2,30 m à 2,60 m et pèse entre 200 et 220 kg. Durant l'été, le phoque crabier reste près des côtes de la péninsule Antarctique et dans le sud de la mer de Ross. En hiver, par contre, il va près des côtes sud-américaines et australiennes. En général, il forme des petits troupeaux de 10 à 12 animaux. Après la gestation de 9 mois, la femelle vit avec le mâle. Elle met au monde son jeune le plus souvent directement sur la glace, dans la deuxième quinzaine d'octobre. A sa naissance, le jeune phoque pèse environ 25 kg et reste allongé durant 2 semaines à côté de sa mère ; il se nourrit du lait maternel. Il va ensuite avec elle dans l'eau pour apprendre à chasser. Sa nourriture principale est constituée de petits crustacés, les «krill», qu'il attrape dans les eaux superficielles. Le phoque crabier est extrêmement bien équipé pour attraper ces petits invertébrés. Il a des molaires aux tubercules compliqués et de longs poils tactiles qui lui permettent de détecter ses proies. Les femelles deviennent aptes à la reproduction

Le phoque crabier se nourrit essentiellement de petits crustacés. Il est très répandu dans les eaux antarctiques.

dès l'âge de 2 ans, les mâles à l'âge de 4 ans seulement. Les phoques crabiers deviennent souvent la proie des orques et les jeunes sont chassés par le léopard de mer.

Éléphant de mer
Mirounga leonina

Les éléphants de mer sont les plus grands phoques. L'adulte mâle atteint une longueur de 6 m et pèse 3 à 4 t. La femelle, beaucoup moins grande que le mâle, n'atteint qu'une longueur de 3 à 3,50 m et elle ne pèse pas plus de 900 kg. Le nez de la femelle n'est pas en forme de trompe. L'éléphant de mer vit dans les régions chaudes de tout l'Antarctique. Il est très répandu sur les îles Kerguelen, la Géorgie du Sud et les îles environnantes. Sa population totale est évaluée à environ 750 000 individus. Durant l'hiver, il reste en pleine mer. A partir de septembre, les éléphants de mer viennent en grands troupeaux sur les îles. Les mâles choisissent un territoire pour eux et pour leur harem, comprenant 10 à 30 femelles. Ils le défendent, ainsi que le harem, contre leurs rivaux. Tout au long de la période de reproduction, les mâles jeûnent et ne vont pas dans l'eau. Ils sont constamment prêts à tenir les intrus à l'écart de leur territoire. Parfois, il y a des luttes acharnées entre eux. Seuls les mâles adultes de plus de 7 ans peuvent défendre leur harem. Les femelles en gestation arrivent plus tard que les mâles à la colonie. A la fin du mois de septembre, environ une semaine après leur arrivée, elles mettent au monde en général 1 seul petit. A la naissance, celui-ci mesure environ 1,20 m et pèse 40 à 50 kg. Nourri durant 3 semaines avec le lait maternel, l'éléphanteau pèsera souvent le triple ou plus de son poids de naissance. La mère ne prend pas de nourriture durant son séjour sur la côte, et perd à peu près 300 kg de graisse. Une fois ces 3 semaines passées, les femelles regagnent l'eau. Les petits restent sur le rivage et, durant les 3 semaines suivantes, vivent de leurs réserves de graisse. C'est durant ce temps qu'ils changent de pelage. Dès que les jeunes sont sevrés, la période d'accouplement commence, et après 350 jours de gestation le cycle entier se répète. Les mâles adultes reviennent sur les îles à la fin de l'été. Ils y restent 3 à 4 semaines pour muer. La nourriture principale de l'éléphant de mer est constituée de céphalopodes et en partie de poissons. Il peut plonger à des centaines de mètres de profondeur. Les mâles peuvent vivre 20 ans et les femelles 12 ans seulement. L'éléphant de mer adulte n'a guère d'ennemis, mais son petit est souvent poursuivi par les orques. L'homme tue l'éléphant de mer avant tout pour sa graisse. Il choisit de préférence des animaux adultes mesurant plus de 3,50 m car ce sont les plus gras.

Éléphant de mer

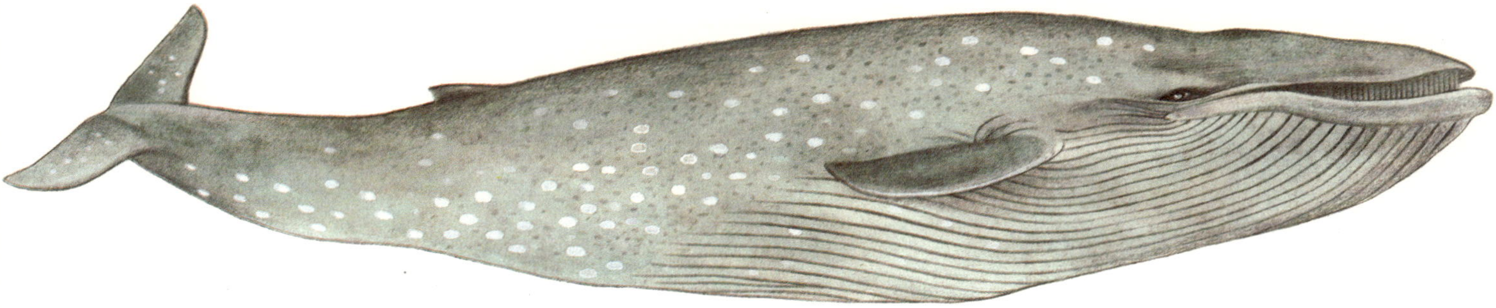

La baleine bleue est la plus grande espèce animale vivant sur notre planète. Elle se nourrit uniquement de petits animaux marins, essentiellement de krill. Au printemps et en été, elle reste dans les eaux arctiques.

Baleine bleue
Sibbaldus musculus (= *Balaenoptera musculus*)

La baleine bleue ou rorqual bleu est la plus grande espèce animale qui ait jamais vécu sur notre planète. Elle atteint en général une longueur de 25 m, mais la plus longue qu'on ait jamais tuée mesurait 33,27 m. Des experts sont persuadés qu'une baleine bleue peut atteindre une longueur de 38 m. Son poids est d'environ 135 t, ce qui correspond à peu près à celui de 25 éléphants adultes, 150 vaches ou 4 reptiles primitifs du type brontosaure. Cet animal géant ne se nourrit que des petits êtres vivants du plancton, constitué essentiellement de krill de 6 cm de longueur. Il s'agit de crustacés *(Euphausia superba).* Ces petites crevettes se trouvent en quantités énormes dans les eaux antarctiques. Leur coloration rouge orangé indique une très grande teneur en vitamine A. Cet animal géant ne pourrait pas attraper de si petits êtres vivants s'il ne disposait d'un «engin» de pêche original. Les baleines bleues possèdent des fanons qui leur permettent de retenir d'immenses quantités de krill. Les fanons sont des lames cornées, atteignant 1 m de long, effilochées sur leur bord interne et fixées à la mâchoire supérieure de la baleine, qui en possède 300 à 400. Lorsqu'une baleine bleue mange, elle avale une très grande quantité d'eau avec du krill qui flotte dans sa gueule. En la fermant, elle rejette l'eau qui sort latéralement. Avec ses fanons, elle filtre le plancton qui passe dans son gosier, relativement petit, puis dans son estomac, où l'on trouve jusqu'à 1 200 l de purée de krill. Dans l'estomac d'une baleine bleue mesurant 26 m, on a trouvé 2 t de nourriture, ce qui correspond à environ 5 millions de crevettes. En plus du plancton, d'autres animaux restent accrochés aux fanons, par exemple des poissons et des seiches. La baleine bleue vit seule durant la plus grande partie de l'année. Mais de temps en temps, des couples et parfois même des petits groupes se constituent et restent solidaires. Durant la période hivernale, elle gagne des eaux plus chaudes. Cependant, dès que le printemps antarctique commence, elle revient dans les mers froides du sud, où elle trouve beaucoup de nourriture. Les baleines bleues entreprennent annuellement ces migrations. On a constaté que cet animal géant avait parcouru 3 400 km en 47 jours. Les baleines bleues sont plus rapides que les autres baleines. Cela explique que les chasseurs ne commencèrent à les tuer que tardivement par rapport aux baleines franches ou aux cachalots. Une baleine bleue poursuivie peut atteindre une vitesse de 37 km/h. La baleine bleue trouve sa nourriture à faible profondeur, entre 10 et 15 m. Toutefois, elle est capable de plonger à 350 m de profondeur. Sous l'eau, elle ne peut rester que 5 à 15 minutes. Pour respirer, elle est contrainte de remonter à la surface. Là, elle expire de l'air saturé de vapeur d'eau en une colonne qui peut atteindre 6 m de hauteur. Un animal poursuivi ou blessé peut toutefois rester 40 minutes sous l'eau. Durant l'accouplement, les partenaires pressent leurs ventres l'un contre l'autre et jaillissent à la

Rorqual commun

verticale hors de l'eau. Après une gestation de 11 à 12 mois, la femelle met au monde, dans l'eau, un jeune de 7 m de long et d'un poids de 2 t. Les naissances de jumeaux sont très rares. Elles ne représentent qu'un cas sur cent. Quelquefois, il naît des triplés. La mère soulève le nouveau-né à la surface de l'eau. D'autres femelles, appelées «tantes», l'aident. La mère allaite son petit durant 5 à 7 mois et il grandit très vite. A 7 mois en effet, il atteint déjà 9 m et pèse 23 t. Sa croissance quotidienne est en moyenne de 4,5 cm en longueur et 100 kg en poids. Aucun autre animal ne grandit pareillement. Lorsque le petit tète, le repli de peau qui entoure la tétine s'ouvre et maintient sa bouche. En contractant les muscles orbiculaires qui entourent la tétine, la mère fait gicler le lait. L'exceptionnelle croissance du baleineau n'est possible que parce que le lait maternel contient des substances très riches, notamment 40 à 50 % de matières grasses. En comparaison, le lait des mammifères terrestres ne comprend que 2 à 7 % de matières grasses. En outre, le lait de la baleine contient beaucoup de calcaire et de phosphore. La quantité de sucre, 1 à 2 %, est faible. Dans le lait des mammifères terrestres, la proportion de sucre est plus importante (3 à 8 %).

C'est à 5 ou 6 ans que les mâles deviennent adultes. Ils atteignent alors 22,50 à 23,50 m. Les femelles sont aptes à la reproduction à 4 ans. Durant leur vie, elles mettent au monde, en moyenne, 10 à 12 petits. Les baleines bleues peuvent vivre 30 à 40 ans. Il est intéressant de constater que leur température corporelle n'atteint que 35,5 °C et que la couche de graisse sous-cutanée n'a qu'une épaisseur de 8 à 14 cm. D'autres espèces de baleines ont une couche de graisse beaucoup plus épaisse. Il y a quelques décennies, les baleines bleues faisaient partie des baleines les plus chassées. Aujourd'hui, elles sont devenues rares. De 1930 à 1934, on en tuait annuellement 18 000, mais entre 1960 et 1964, seulement 800. Après 1965, on en a capturé encore quelques douzaines annuellement et pratiquement plus une seule après 1968. La baleine bleue mérite la protection la plus sévère. Sa population mondiale reste mal connue. Une baleine bleue de 27 m donna 56,5 t de viande, 25,5 t de graisse et 22,5 t d'os. A eux seuls, la langue et le cœur pesaient respectivement 3 t et 530 kg.

Rorqual commun

Balaenoptera physalus

Le rorqual commun, qui mesure en général 18 à 20 m, peut atteindre 25 m et peser environ 50 t. Il est sociable et vit en groupes de plusieurs dizaines d'individus. La femelle met ses jeunes au monde après une gestation de 10 à 12 mois. A la naissance, ils ont 6 à 6,50 m de longueur. Ils sont allaités par la mère et, après 6 semaines, ont doublé de longueur. Après les naissances, les rorquals migrent vers le sud dans les eaux antarctiques, où ils trouvent beaucoup de nourriture. Ils vivent principalement de petits crustacés. Un rorqual parcourt entre 18 et 22 km en une heure. Lorsqu'on le poursuit, sa vitesse peut dépasser 33 km/h. Les baleiniers ne commencèrent à le pêcher que lorsqu'ils possédèrent des bateaux rapides et des harpons modernes. Un rorqual peut rester en immersion 4 à 15 minutes, puis il émerge de l'eau pour 2 minutes afin de respirer. Il expire l'air saturé de vapeur d'eau en une colonne de 4 à 6 m de haut. Le rorqual commun mange aussi des petits poissons qui nagent près de la surface de l'eau. Pour les capturer, il se met sur le flanc et essaie de les attraper. Cette

Baleine franche australe

manière de pêcher n'est maîtrisée que par les animaux adultes et expérimentés, et les jeunes doivent l'apprendre. Bien que le nombre de rorquals communs ait considérablement diminué, l'espèce fait toujours partie des baleines les plus chassées. On tua, entre 1955 et 1959, environ 30 000 animaux et 25 000 entre 1965 et 1969. Les années suivantes, ces nombres continuèrent à décroître.

Baleine franche australe

Eubalaena australis

La baleine franche australe atteint une longueur de 23 m. La principale caractéristique de cette espèce est son énorme tête qui représente à elle seule le tiers de la longueur du corps. Les mâchoires sont très grandes et les fanons atteignent une longueur de 4,50 m. Cet excellent appareil de filtration lui permet de capturer les petits crustacés dont elle se nourrit. Aujourd'hui, cette baleine est devenue rare. On ne la trouve pratiquement que dans les régions côtières de l'Antarctique, bien qu'elle ait jadis appartenu aux espèces les plus fréquentes. C'est une prise facile pour les baleiniers, car elle ne nage qu'à une vitesse de 8 km/h. Aujourd'hui, on estime le nombre de baleines franches australes vivant dans le Pacifique à 200. Après 12 mois de gestation, la femelle met au monde un baleineau d'environ 1,50 m de long, qui se nourrit durant une année du lait maternel avant de devenir indépendant. Les baleines franches australes sont capables de rester sous l'eau durant 20 minutes. Mais avant de plonger vraiment, elles font 5 à 6 essais à faible profondeur. Après une immersion, elles ont besoin de plusieurs minutes pour reprendre de l'air et sont alors très vulnérables. Les baleiniers en profitent pour s'approcher rapidement avec leurs canots. Comme armes de chasse, des harpons et même des lances primitives suffisent. Les jeunes baleines franches australes sont la proie des orques.

Baleine à bosse

Megaptera novaeangliae

La baleine à bosse est un animal d'apparence singulière. Elle a un corps balourd, difforme, et des nageoires pectorales inhabituellement longues. Elle peut atteindre une longueur de 18 m, mais normalement ne dépasse pas 11 à 16 m. Son poids est d'environ 33 t. La baleine à bosse est un nageur très lent et sa vitesse normale est de 7 à 9 km/h. C'est pour cette raison que les baleiniers la tuaient facilement avec des harpons primitifs. Beaucoup

Baleine à bosse

Le cachalot est une énorme baleine à dents qui est décrite dans de nombreux romans d'aventures. Le cachalot plonge à de grandes profondeurs pour attraper des céphalopodes géants. Seuls les mâles séjournent en été dans les eaux antarctiques.

de parasites s'établissent sur son corps, par exemple des crustacés cirripèdes du genre *Balanus*.

En nageant, la baleine à bosse fait souvent des bonds dans l'eau et exécute des tournants rapides grâce à ses longs membres, ce qui lui permet parfois d'échapper à ses poursuivants. La baleine à bosse couvre chaque année de longues distances entre les eaux tropicales et polaires. En hiver, elle arrive même à proximité de l'équateur. Au printemps, elle retourne vers les côtes antarctiques. Sa nourriture principale est constituée de krill, mais également de petits poissons. Après une période de gestation de 12 mois, la femelle met au monde un jeune d'une longueur de 4 m et d'un poids de 1 350 kg, qu'elle allaite durant presque 11 mois. D'une baleine à bosse de 12 m, on peut tirer 8 t d'huile. Ces dernières années, la baleine à bosse est devenue de plus en plus rare.

Cachalot

Physeter catodon

Le cachalot, énorme baleine à dents, est entouré de nombreuses légendes et histoires. «Moby Dick» et «Timor Tom» en font partie. Ces cachalots effroyables écrasaient avec leur tête les bateaux, comme des boîtes d'allumettes, et avalaient tout l'équipage, y compris le capitaine. On a signalé les cas de vieux cachalots qui firent chavirer une baleinière en bois ou renversèrent un canot et tuèrent les chasseurs, mais il s'agit de faits rarissimes. Le cachalot n'est pas agressif et il est relativement lent. Il fut une prise facile pour les baleiniers qui ont presque pu «se mettre à l'ancre» pour lancer de très près des lances et des harpons manuels primitifs. Le nombre de cachalots tués annuellement a augmenté progressivement : avec une technique de pêche de plus en plus élaborée, il est passé de 4 000 animaux en 1938 à 18 000 en 1950 et à plus de 27 000 en 1965. Depuis, il ne cesse de diminuer d'année en année. Et si on n'arrête pas définitivement sa chasse, le légendaire géant des mers disparaîtra définitivement sous peu. Le cachalot est cosmopolite : il habite toutes les mers du monde. Dans les eaux antarctiques, on le trouve essentiellement en été. Il est intéressant de remarquer que seuls les mâles viennent dans les mers du sud. On suppose que ce sont des non reproducteurs, car les mâles adultes ne quittent pas en général leur harem de 10 à 12 femelles. Le cachalot atteint une longueur de 18 m et pèse jusqu'à 50 t. Les femelles sont plus petites de moitié et sé-

Orque

journent toute leur vie dans des eaux chaudes. Après une gestation de 16 mois, la femelle met au monde un jeune de 4 m de long, qui pèse 1300 kg. Les naissances de jumeaux sont très rares. Durant 6 mois, le jeune animal se nourrit du lait maternel. Après le sevrage, il atteint une longueur de 6 m.
Le cachalot se nourrit presque exclusivement de seiches mesurant 90 à 120 cm. Les grands cachalots attrapent des céphalopodes géants du genre *Architeuthis,* qui atteignent, avec leur tentacules, une longueur de plus de 10 m et un poids de 180 kg. Ces calmars géants disposent d'un bec tranchant, avec lequel ils blessent le cachalot. Le cachalot est particulièrement équipé pour chasser les calmars. Sa mâchoire inférieure comporte 18 à 30 paires de dents, de 20 cm environ. La mâchoire supérieure en est dépourvue, car elle ne sert qu'à saisir la proie et non à la mâcher. Ce n'est qu'à 3 ans, donc quand il devient adulte, que les dents poussent. Les jeunes doivent donc se débrouiller pour pêcher. Le cachalot va chercher ses proies à une profondeur de 500 m et plus. Un cachalot embrouillé dans un cable sous-marin, qu'il avait peut-être pris pour des tentacules de céphalopodes, montre que l'espèce peut atteindre une profondeur de 988 m, où il règne une pression hydraulique de 100 atmosphères (il semble incroyable qu'un cachalot ait pu supporter une telle pression). En général, il reste sous l'eau entre 15 et 20 minutes. Mais durant une poursuite, il est arrivé qu'il soit resté 90 minutes en plongée. Il nage à une vitesse de 16 à 20 km/h et plus s'il est poursuivi.
La biologie du cachalot est encore mal connue. Un bon nombre de secrets attendent encore leur solution. Un cachalot de 17 m de longueur a, par exemple, un intestin de 160 m, ce qui est assez inhabituel chez un carnivore (les carnivores ont un intestin plus court que celui des herbivores). Les spécialistes estiment qu'il s'agit là d'une adaptation à son régime alimentaire. Une autre énigme ancienne est l'ambre gris produit par ce mammifère marin, que les Arabes découvrirent. Durant les premiers siècles, on lui a attribué un pouvoir magique. On croyait que l'ambre donnait la jeunesse éternelle à l'homme. Il trouva et trouve toujours son application dans la production de parfum. Aujourd'hui encore, l'ambre est très cher, car on ne le trouve que rarement dans l'intestin des cachalots. Comment et pourquoi se forme-t-il sont des questions qui demeurent toujours obscures. Quelques experts croient qu'il n'est produit que par des animaux malades. Les morceaux d'ambre solide, gris et noirs, pèsent souvent plusieurs kilogrammes, et on a même trouvé des masses de 500 kg.

Orque ou Épaulard

Orcinus orca

L'orque, ou épaulard, est une baleine à dents et l'un des plus grands carnivores du monde. Les mâles atteignent une longueur de 9 à 10 m, les femelles seulement 4,50 à 6 m. Il porte, sur le dos, une nageoire de 1 ou 2 m de long qui, au cours de la nage, se dresse comme une voile triangulaire dans l'eau. La nageoire du mâle est plus grande que celle de la femelle. Les épaulards se tiennent souvent en groupes de 30 à 40 animaux, parfois moins, parfois plus. C'est aussi en groupe qu'ils partent chasser.
L'apparition d'un groupe d'épaulards suscite la panique parmi les autres habitants de la mer. L'orque ose même s'approcher des grandes baleines à fanons, et leur arrache des bouts de chair. Souvent, et de façon surprenante, il surgit à côté des baleines tuées, comme s'il contestait leur butin aux chasseurs. Les mâchoires supérieure et inférieure portent chacune 20 à 28 très grandes dents, qui sont seulement utilisées pour mordre et arracher les bouts de chair. Les épaulards se nourrissent de poissons, mais aussi et avant tout d'oiseaux et de mammifères marins. Ils attaquent de jeunes rorquals et des baleines franches, des phoques, des manchots, des céphalopodes et d'autres animaux. Souvent on peut voir les épaulards surgir entre des «glaçons» et faire un bond pour chasser vers l'eau les phoques qui s'y reposent et qui deviennent une proie facile pour eux. Les épaulards nagent souvent à la vitesse d'environ 12 km/h. Quand ils poursuivent leurs proies,

Dauphin pilote

ils peuvent atteindre plus de 37 km/h. Après une gestation de 12 mois, la femelle met au monde 1 jeune, d'une longueur d'environ 2 m. Captif, l'orque se laisse facilement apprivoiser.

Dauphin pilote

Globicephala melaena

Le dauphin pilote est une baleine à dents, cosmopolite, qui fréquente les mers des hémisphères Nord et Sud. Les mâles peuvent atteindre une longueur de 5 m et les femelles seulement 3,50 m. Le dauphin pilote a une grande tête avec un front très bombé et une nageoire dorsale en forme de crochet. Il vit en groupes, conduits par des mâles adultes, que les autres individus suivent aveuglément partout. Ceci leur est souvent fatal, car quand le meneur, dans le cas d'une poursuite ou par peur, se précipite vers la côte, les autres le suivent et nagent à une telle vitesse qu'ils s'échouent, n'arrivent plus à revenir dans l'eau et succombent. Les chasseurs profitent de cette erreur de guidage dans les eaux peu profondes. Ils blessent le meneur, le repoussent dans l'eau, pour pouvoir tuer sans difficulté ses compagnons. Les dauphins pilotes ont souvent un harem avec lequel ils traversent les océans. En été, les groupes de dauphins pilotes migrent vers les eaux antarctiques. Leur nourriture principale se compose de seiches, mais ils attrapent aussi des poissons plus petits. En hiver, après environ 16 mois de gestation, la mère met au monde 1 jeune dans les mers tropicales. Il mesure alors 2,50 m, soit plus de la moitié de la longueur de la mère. Il se nourrit jusqu'à 16 mois du lait maternel. Les dauphins pilotes peuvent vivre jusqu'à l'âge de 25 ans. On a constaté que la femelle devient stérile à l'âge de 18 ans.

Manchot empereur

Aptenodytes forsteri

Le manchot empereur est un oiseau caractéristique du continent le plus froid au monde, l'Antarctique. Il s'agit d'un oiseau incapable de voler, qui se reproduit dans les conditions météorologiques les plus sévères. Il niche durant l'hiver antarctique quand les températures tombent à —40° C—60° C, et que les tempêtes de neige sifflent à 140 km/h sur la glace. Aucune autre espèce d'oiseau n'est capable de supporter ces gelées et ces conditions atmosphériques impitoyables. Le manchot empereur est très sociable et forme des colonies importantes. Actuellement on en connaît une vingtaine. La plus grande colonie, comptant environ 100 000 oiseaux, soit un cinquième des manchots vivants sur le continent, se trouve sur l'île Coulman dans la mer de Ross. En 1842, Sir J. C. Ross découvrit le manchot empereur, mais ce n'est qu'en 1902 que des chercheurs trouvèrent la première colonie. Le manchot empereur, avec ses 1,22 m de hauteur et son poids moyen de 30 kg, est le plus grand manchot du monde. On a même attrapé des oiseaux qui pesaient 46 kg. En s'accouplant dans la deuxième quinzaine d'avril, il fait entendre sa voix puissante, un son de trompette qui résonne au loin. De mai jusqu'au début de juillet, les couples restent debout dans la neige ou sur la glace à la lisière du continent antarctique. C'est l'hiver et la couche de glace s'avance jusqu'à 100 km dans la mer, loin des colonies. La femelle pond 1 seul grand œuf, qu'elle confie quelques heures après au mâle, qui le roule doucement avec son bec sur le dessus de ses pattes et le couvre avec un pli de peau abdominale. Puis, la femelle quitte la colonie et part pour un long voyage vers la mer. C'est le mâle qui couve l'œuf. Les mâles restent immobiles et serrés les uns contre les autres durant 64 jours et se déplacent alternativement de la périphérie vers le centre de leur groupe. Dès que le jeune sort de l'œuf, la femelle revient. Si elle arrive en retard, c'est le père qui nourrit le petit avec une sécrétion de son jabot, durant les premiers jours. La mère rapporte dans son jabot 5 kg de poissons et de mollusques destinés au jeune oiseau couvert de duvet gris. A son tour, le mâle gagne la mer, afin de se nourrir pour la première fois après la longue période d'incubation. Dès qu'il a mangé à sa faim, il revient avec de la nourriture pour le petit. Le chemin jusqu'à la mer est souvent très difficile pour lui, car durant le jeûne, il a perdu plus de la moitié de son poids. Il est affaibli et n'avance que lentement. Les manchots marchent ou glissent sur le ventre, comme des traîneaux. Ils atteignent alors une vitesse de 15 km/h, très supérieure à celle de la marche. Au début, le jeune grandit très lentement. Mais à partir de 7 ou 8 semaines, il est capable de se tenir debout sur ses propres pattes, sur la glace ou dans la neige. Dès lors, les parents se relaient plus souvent et n'ont plus besoin que de 2 à 3 jours pour revenir avec de la nourriture. Entre-temps, l'été antarctique a commencé, la glace fond et le chemin pour aller dans la mer devient beaucoup plus court. A la fin de la période de reproduction, les jeunes, plus âgés, forment des crèches de plusieurs centaines de membres, mais les parents leur apportent toujours de la nourriture. Ils ne nourrissent jamais d'autres petits et reconnaissent sûrement le leur à sa voix. Il y a toujours plusieurs adultes dans le groupe des jeunes. Naguère, on pensait que ceux-ci avaient la tâche de les surveiller. Toutefois, les recherches récentes ont montré que ces manchots adultes ne participent ni à la protection ni à l'élevage des jeunes. Il s'agit de non reproducteurs qui cherchent de la compagnie. A l'âge de 5 mois, les jeunes manchots empereurs prennent leur plumage d'adultes. Ils quittent le rivage et partent en mer où ils trouvent assez de nourriture. Ils font la chasse aux poissons, aux petits crustacés et aux mollusques céphalopodes. Le manchot empereur est capable de plonger à une profondeur de 200 m et de rester 18 minutes sous l'eau. Les adultes muent juste après les jeunes. Ils restent sur le continent, sans se nourrir, durant 3 semaines, le temps de revêtir le nouveau plumage. Puis ils repartent de nouveau pour 2 mois en mer, où ils reprennent leur poids et se reposent. Ils se préparent ensuite à la nouvelle période de reproduction. Beaucoup d'oiseaux, en particulier les plus faibles, font une longue pause et nichent seulement l'année d'après. Quelques ornithologues pensent que le manchot empereur n'élève une nichée que deux années sur trois.

Le manchot empereur est un oiseau caractéristique de l'Antarctique. C'est le seul oiseau capable de nicher sur ce continent malgré les températures excessivement basses.

Manchot royal

Aptenodytes patagonica

Le manchot royal vit dans les eaux chaudes de l'Antarctique. D'importantes colonies existent en Géorgie du Sud, aux Kerguelen et sur d'autres îles situées autour de la pointe sud de l'Amérique du Sud. Ce grand oiseau atteint 85 à 95 cm et un poids de 15 à 21 kg. Il peuple les plages côtières et part chercher sa nourriture en mer. Il pêche sous l'eau des poissons, des céphalopodes et des crustacés. Chaque couple occupe un petit territoire

Manchot royal

pour nicher, et le défend contre les autres. La ponte a lieu en novembre et décembre, pendant l'été antarctique. La femelle remet 1 seul œuf blanchâtre à son partenaire, qu'il place sur ses pattes, en le recouvrant à l'aide d'un repli de sa peau, et qu'il couve durant 11 jours. La femelle reprend ensuite l'œuf, pour 4 à 5 jours. Ce rythme régulier est maintenu pendant 54 jours en alternance, de sorte que les oiseaux ne sont pas obligés de jeûner longtemps, comme le manchot empereur. Le jeune, recouvert d'un épais duvet, est nourri par les deux parents et est encore longtemps abrité par eux, car il a surtout besoin d'être protégé contre les labbes, mais aussi contre toutes les intempéries. Les parents se confient le jeune réciproquement lorsqu'ils quittent leur place fixe. Les jeunes manchots se réunissent ensuite en troupes, où ils reçoivent la nourriture apportée par les parents. En avril, les jeunes manchots royaux pèsent déjà 10 à 12 kg. Au cours de l'hiver antarctique, c'est-à-dire pendant les mois de juillet à septembre, ils restent encore dans la colonie. Les gelées, dans la zone subantarctique et sous ces latitudes modérément froides, ne sont peut-être pas aussi rudes que sur le continent où niche le manchot empereur, mais de fortes tourmentes et tempêtes de neige sont aussi très fréquentes. Les jeunes manchots royaux muent en octobre ou au début du mois de novembre, puis quittent les parents et se tiennent en haute mer.
Le manchot royal ne niche que deux fois en trois ans. Il atteint un âge relativement avancé, en moyenne 35 ans. Parmi ses ennemis les plus importants, citons l'orque et le léopard de mer ; les jeunes sont surtout menacés par les labbes et les pétrels géants.

Manchot Adélie

Pygoscelis adeliae

Le manchot Adélie fait partie des oiseaux les plus répandus en Antarctique. Il habite surtout les côtes ouest de la péninsule Antarctique, et de nombreuses îles situées face à ce continent. Il forme de grandes colonies, comptant souvent des centaines de milliers d'oiseaux. La population totale de ce manchot a été évaluée à plus d'un million d'individus. Le manchot Adélie ne pèse que 5 à 6 kg et fait partie, de ce fait, des petites espèces.
A la mi-octobre, c'est-à-dire au début de l'été antarctique, les mâles quittent la mer pour la terre, et cherchent, sur les rochers et les falaises des endroits sans neige. La plupart du temps, ils occupent le même territoire que l'année précédente. La femelle arrive seulement quelques jours plus tard. Le manchot Adélie place son nid le plus souvent entre des pierres dans des creux plats et le revêt de petits cailloux et de restes osseux d'animaux morts. A la mi-novembre, en général, la femelle pond, à l'intervalle de 2 à 3 jours, 2 œufs, et repart quelques heures plus tard en mer. Le mâle, qui depuis son arrivée à la colonie, donc depuis environ 2 semaines, n'a pris aucune nourriture, prend la ponte en charge. Il couve les œufs pendant 7 à 10 jours, jusqu'à ce que sa partenaire revienne. Cela dure parfois plus longtemps, lorsque les

conditions météorologiques ne permettent pas à la femelle de quitter la mer. La femelle prend ensuite le relais afin qu'à son tour le mâle puisse aller en mer durant 7 à 9 jours, pour pouvoir reprendre des forces à la suite de ces 4 semaines de jeûne. Les partenaires se relaient ensuite à un intervalle de 2 à 3 jours, jusqu'à ce que les petits soient éclos. Ils restent 3 à 4 semaines au nid, et sont nourris et surveillés à tour de rôle par les deux adultes. Les jeunes grandissent vite et pèsent déjà environ 1 kg 10 jours plus tard. Après avoir quitté le nid, ils se regroupent ensemble en crèches et se laissent nourrir par leurs parents. La façon dont les adultes reconnaissent avec certitude leurs petits parmi des milliers de jeunes manchots est vraiment admirable. Lorsque le temps se dégrade et que des tempêtes violentes se déclenchent, de nombreux jeunes sont décimés et fournissent alors une nourriture bienvenue aux labbes et aux pétrels géants. Fin janvier, les jeunes manchots Adélie atteignent déjà 3/4 du poids des oiseaux adultes. Ils quittent la colonie fin février et vont au large. C'est ensuite au tour des oiseaux adultes de muer, et ils n'absorbent aucune nourriture pendant 12 jours. Ils quittent aussi la terre après la mue. Le manchot Adélie se déplace dans l'eau à la vitesse de 18 km/h. Poissons et céphalopodes constituent sa nourriture principale.

Manchot Adélie

Manchot papou

Pygoscelis papua

Le manchot papou niche sur la péninsule Antarctique, les îles Kerguelen et d'autres îles environnantes, et va jusqu'aux Orcades du Sud. En dehors de la période de reproduction, il se déplace à travers les océans et on peut l'observer sur les côtes de la Nouvelle-Zélande et de la Tasmanie. C'est un oiseau sédentaire dans le nord de son aire de répartition, et il reste toute l'année à proximité de son territoire de nidificaiton. Le manchot papou atteint un poids d'environ 5,5 kg. Les populations de la Géorgie du Sud atteignent même 8 kg. De septembre à octobre, les manchots papous regagnent leur lieu de nidification, et ils ne prennent aucune nourriture pendant les 3 semaines de préparation du nid. Ils contruisent un nid sur un sol rocheux et le rembourrent de brins d'herbes, de morceaux d'os et de petites pierres. Dans les endroits humides, le nid peut atteindre 50 cm de haut. Les couples nichent serrés les uns contre les autres, en compagnie par endroits de manchots Adélie, dont la ponte n'a lieu que début novembre. Dans les régions du Nord, vers les îles Kerguelen, ou en Géorgie du Sud, la période de nidification commence 1 mois plus tôt. La femelle pond 1 œuf vert blanchâtre et quitte ensuite son partenaire pour aller vers la mer. Le mâle couve les œufs pendant 2 ou 3 semaines sans interruption et sans manger. Cela veut dire qu'il jeûne pendant 6 semaines complètes. Lorsque la femelle revient au nid, le mâle amaigri peut aller se rétablir en mer, et reprendre son poids. Peu avant la fin des 35 jours d'incubation, il revient vers sa compagne afin de la relayer, après l'éclosion des

Manchot papou

jeunes, pour nourrir et protéger les petits. Les plus grands ennemis des petits sont les labbes ou skuas. Quand les jeunes quittent le nid 4 semaines plus tard, ils se rassemblent en groupes. Mais ils se laissent encore nourrir par les parents. A l'âge de 9 mois, ils vont en mer, pour nager et chasser poissons et petits céphalopodes.
Le léopard de mer fait partie des plus grands ennemis du manchot papou ; il guette les oiseaux partis en mer rechercher leur nourriture. Le manchot papou a une voix perceptible de loin, qui résonne comme le braiment d'un âne.

Gorfou macaroni

Eudyptes chrysolophus

Le gorfou macaroni habite surtout les îles Kerguelen, la Géorgie du Sud, les Orcades du Sud, c'est-à-dire des terres relativement chaudes. D'un poids de 4 kg seulement, il fait partie des petites espèces. Il installe son nid sur des pentes abruptes couvertes d'herbes, à plus de 200 m au-dessus du niveau de la mer. N'étant pas capable de voler, il doit surmonter cette différence de niveau à pied. Il est capable de grimper remarquablement bien les pentes abruptes, et saute souvent d'un rocher à l'autre. Quand on songe qu'il parcourt 2 à 3 fois par jour aller et retour le chemin vers la mer et que pour ces 200 m il n'a besoin que de 20 mn, on peut considérer qu'il s'agit d'un exploit.
Fin octobre ou début novembre, les gorfous macaronis arrivent en troupes sur leur lieu de nidification. Quatorze jours plus tard, ils commencent à rassembler l'herbe pour le nid, placé entre des pierres et des touffes d'herbes. Les deux partenaires se relaient pour couver les 2 œufs durant 35 à 37 jours. Les petits restent environ 3 à 4 semaines au nid, et se rassemblent fin janvier en crèches. Pendant tout ce temps, les deux parents prennent part à leur alimentation. Habituellement, les jeunes muent fin février et revêtent leur plumage d'adulte ; ils quittent la colonie à la mi-mars, pour se rendre au large. Les oiseaux adultes muent 1 mois plus tard. De menus poissons constituent la nourriture principale du gorfou macaroni.

Cormoran impérial

Phalacrocorax atriceps

La péninsule Antarctique, la Géorgie du Sud, les Orcades du Sud, les îles Shetland, les côtes sud du continent sud-américain et les îles Falkland, forment l'aire de répartition du cormoran impérial. Il vit en petites sociétés et niche en colonies. Pour nicher, il recherche des parois rocheuses tombant de façon abrupte dans la mer. Le couple construit son aire sur une saillie rocheuse et la rembourre à l'aide de plumes et de divers débris qu'il pêche dans l'eau. Le mâle apporte les matériaux et la femelle les dispose. La nidification a lieu en novembre et décembre. Chez les populations de la péninsule Antarctique, la ponte se compose de 2 ou 3 œufs, chez les oiseaux nichant au nord, de 5 ou 6 œufs. Les deux partenaires se relaient régulièrement pendant l'incubation durant 32 jours environ. Ils nourrissent également ensemble les jeunes, toujours affamés. Les petits commencent déjà à réclamer leur nourriture quelques heures après l'éclosion, et reçoivent à manger 3 ou 4 fois par jour. Au cours des premiers jours de leur vie, les jeunes introduisent leur bec dans le gosier des adultes, et vont y chercher leur nourriture. Elle est composée de petits poissons, de petits crustacés et de céphalopodes, surtout de seiches. Les cormorans attrapent leurs proies en plongeant dans l'eau. Ils peuvent descendre à 20 m sous l'eau et y rester 20 à 60 secondes, tout au plus 3 minutes. Au cours du mois de mars, les jeunes cormorans, nus jusqu'alors, se recouvrent de plumes, et pourront ensuite eux aussi aller dans l'eau.

Gorfou macaroni

Albatros à sourcils noirs

Diomedea melanophris

L'albatros à sourcils noirs fréquente les eaux antarctiques. Lorsqu'il ne niche pas, il se déplace jusqu'en Nouvelle-Zélande et même parfois jusqu'à l'Atlantique Nord. C'est un magnifique spectacle de voir ce grand oiseau de mer, d'une envergure de plus de 2,30 m et pesant plus de 8 kg, planer dans les airs pendant un long temps sans donner un seul coup d'aile. Cet albatros fait partie des voiliers les meilleurs et les plus résistants.

L'albatros à sourcils noirs niche en colonies denses, surtout sur les îles Kerguelen, en Géorgie du Sud et sur l'île Heard. Il n'est pas rare que les colonies atteignent plusieurs milliers de couples. Cet albatros niche sur des falaises rocheuses et les pentes tombant dans la mer. Généralement, ces oiseaux rejoignent leur lieu de nidification en octobre ou début novembre. Avant que la femelle ne commence la construction du nid, le couple exécute son rituel de fiançailles. Les deux partenaires sont l'un en face de l'autre, et exécutent une sorte de danse ; ils étendent les ailes, étirent le cou avant de s'envoler au-dessus de l'eau. Une saillie de roche sera le plus souvent choisie comme place de nidification. Les oiseaux mélangent terre et brins d'herbes et assemblent ces matériaux avec leur bec, en une construction en forme de demi-cercle d'un demi-mètre de haut, dans laquelle ils laissent une cavité pour les œufs. Ils transportent les matériaux de construction dans leur bec, souvent de loin. La femelle pond 1 seul œuf, pesant presque 500 g,

Cormoran impérial

et les deux albatros se relaient pour couver durant plus de 70 jours. Pendant cette période, la construction du nid se poursuit. Le jeune éclôt le plus souvent dans la première partie du mois de décembre. Il est recouvert d'un épais duvet et est nourri au nid par les deux oiseaux adultes, pendant 4 mois. Au cours du premier mois, l'un des parents reste toujours au nid, afin de le protéger contre les labbes. Les jeunes oiseaux quittent la colonie fin avril-début mai et partent vers la haute mer. L'année suivante, ils reviennent de leurs lointains voyages vers les lieux de nidification. Les albatros à sourcils noirs vivent de poissons, de céphalopodes, surtout de seiches, mais aussi de crustacés.

Damier du Cap

Damier du Cap

Daption capensis

Le damier du Cap est connu depuis des temps immémoriaux de tous les marins qui parcourent sur leurs bateaux les mers du sud. Il est leur fidèle accompagnateur et attend les restes de nourriture qui sont jetés par-dessus bord. Ce sont surtout les baleiniers qui sont encerclés pendant des heures par des centaines d'oiseaux. Les marins lui ont donné le nom de «pigeon du Cap». Mais ce ne fut qu'en 1903 que l'on découvrit la première colonie de cet oiseau répandu. On trouva des damiers du Cap nichant sur les Orcades du Sud. Plus tard, des ornithologues découvrirent de nombreux autres sites de nidification, par exemple au bord du continent antarctique et sur la péninsule Antarctique même, mais aussi près de la Nouvelle-Zélande. Le damier du Cap édifie son nid sur des falaises rocheuses dominant la mer. Là où il existe suffisamment de saillies rocheuses, on voit un nid par mètre carré. Les colonies du damier du Cap peuvent réunir jusqu'à 500 couples. La femelle pond dans le nid rembourré avec parcimonie de plantes aquatiques, d'os et de plumes, 1 seul œuf blanchâtre et le couve pendant 45 jours à tour de rôle avec son partenaire. Le jeune sera nourri au nid pendant environ 7 semaines par les parents. Lorsque le petit a quitté le nid, les damiers du Cap se préparent à entreprendre leurs voyages dans les mers du sud. Le damier du Cap attrape des crustacés, des seiches et des poissons à la surface de l'eau. Il mange également tous les débris d'origine animale.

Albatros à sourcils noirs

Pétrel des neiges

Pagodroma nivea

Le pétrel des neiges a un plumage d'un blanc neigeux ; seuls les pattes, les yeux et le bec sont noirs. Il est ainsi remarquablement bien camouflé, sur les paysages antarctiques peu lumineux, recouverts de glaces et de neiges éternelles qui constituent son habitat. Mis à part le manchot empereur, aucune autre espèce d'oiseau n'est préparée pour vivre sous ces climats. Le pétrel des neiges est un petit oiseau de mer pesant seulement 200 à 300 g qui vole remarquablement bien. Il parcourt rapidement les distances séparant son site de nidification des lieux où il se nourrit en mer. Ses places de nidification sont souvent situées à plus de 300 km des côtes à l'intérieur du continent antarctique. Le pétrel des neiges niche en petites sociétés sur des falaises. La ponte se compose souvent d'un seul œuf, très rarement de 2. Les deux partenaires couvent à tour de rôle, et 45 jours plus tard le jeune, revêtu d'un épais duvet noir, éclôt. Il est parfaitement bien adapté à ses conditions de vie, car la couleur noire est celle qui absorbe le mieux les rayons du soleil dans ces froides contrées. Le pétrel des neiges se nourrit de crustacés, de petits mollusques et de poissons, qu'il recueille le plus souvent près des côtes ou au bord des glaciers.

Labbe de Mac Cormick

Stercorarius maccormicki

Le labbe de Mac Cormick niche sur la péninsule Antarctique, en quelques endroits des côtes du continent et sur les Shetland du Sud et les Balleny. Sur le continent la période de nidification commence en novembre ou décembre ; sur les îles, 1 mois plus tôt. Le labbe de Mac Cormick aime nicher à proximité de manchots, de pétrels et de mouettes. Le territoire de nidification est relativement grand et est défendu contre les congénères. Le couple place son nid sur le sol, entre des petites pierres, et rembourre la cavité à l'aide d'os, de restes de plantes et de plumes. La femelle couve pendant 28 à 30 jours, 2 œufs vert-gris tachetés ; le mâle la relaie. La plupart du temps, un seul jeune sera élevé. Il

Pétrel des neiges

reste cependant 6-7 semaines au nid, et les deux parents prennent soin de lui. Le couple de labbes de Mac Cormick quitte son territoire de nidification après l'élevage du jeune et migre au loin, allant parfois dans l'hémisphère Nord. Les jeunes oiseaux demeurent dans les mers du sud et ne reviennent qu'à l'âge de 2 ou 3 ans sur les lieux de nidification. Ce n'est qu'à partir de 5 ans qu'ils commencent généralement à nicher, parfois même plus tard. Les labbes de Mac Cormick plus âgés vivent en couples et occupent toujours le même secteur de nidification, qu'ils défendent âprement contre les intrus. Le labbe de Mac Cormick est extrêmement agressif. Il se tient souvent à l'affût à proximité du nid d'autres oiseaux et dérobe le petit laissé sans surveillance, qu'il tue à l'aide de son bec puissant. Lorsque plusieurs labbes chassent ensemble, ils tuent les jeunes manchots Adélie et d'autres oiseaux, même

Labbe de Mac Cormick

Goéland dominicain

adultes. En dehors de cela, il se nourrit de crustacés, de céphalopodes et de poissons qu'il prend à d'autres oiseaux, de cadavres et d'ordures.

Goéland dominicain

Larus dominicanus

Le goéland dominicain est une espèce dont l'aire de répartition se situe dans l'Antarctique. Ses nids sont isolés ou bien groupés en petites colonies, sur la péninsule Antarctique, les îles Kerguelen, l'île Heard et d'autres encore (Shetland, Orcades, Macquarie, Auckland, Campbell, Antipodes, etc.). Il niche aussi en Amérique du Sud, Afrique du Sud, Australie et Nouvelle-Zélande, de préférence entre des rochers côtiers, ou sur des pentes abruptes recouvertes d'herbes. Ce biotope lui offre de nombreux abris et, à partir des endroits les plus élevés, une vue étendue. Il n'est pas rare de rencontrer les nids des goélands dominicains à plus de 1 000 m au-dessus du niveau de la mer. Il bâtit son nid à l'aide de fragments d'os, d'herbes, de mousse et parfois avec de petites pierres. Sur des falaises dénudées et abruptes, il dépose les matériaux du nid, provenant d'endroits souvent éloignés de centaines de mètres ; il vole même jusqu'à une distance de 7 km vers l'intérieur des terres ou vers des îles. C'est en novembre la plupart du temps que les deux partenaires commencent à se relayer pour couver 2 ou 3 œufs gris, verdâtres ou jaunâtres, tachetés de brun. Les jeunes, éclos 27 ou 28 jours plus tard, quittent généralement le nid au bout de 2 ou 3 jours et se dissimulent dans des touffes d'herbes ou entre des pierres. En cas de danger, ils sautent dans l'eau et nagent à la surface. Six ou sept semaines plus tard, ils sont capables de voler et apprennent eux-mêmes à chasser. Il n'est pas rare que, jusqu'à l'âge de 3 mois, ils soient accompagnés des parents, qui se chargent de les nourrir. Le goéland dominicain cherche sa nourriture — petits crustacés et mollusques, mais également restes de divers organismes vivants — sur la plage, lorsque le reflux les dépose au milieu du varech et d'autres épaves. Quelquefois, il arrache des morceaux de viande des cadavres de baleines et de dauphins. De temps en temps, il pêche lui-même des poissons, attaque les petits d'autres espèces ou bien va prendre les œufs dans le nid d'oiseaux appartenant à la famille des pétrels. Une fois l'élevage des petits terminé, il reste sur place. On reconnaît les jeunes oiseaux à leur plumage teinté de gris. Ce n'est qu'à l'âge de 4 ans qu'ils prennent leur couleur définitive, et à l'âge de 5 ans qu'ils commencent à nicher.

Sterne subantarctique

Sterna vittata

On connaît des colonies de sternes subantarctiques sur les îles Orcades du Sud, Gough, Bouvet, Marion, Kerguelen, Macquarie et sur la péninsule Antarctique. Une colonie se compose généralement de 10 couples environ. La femelle pond 1 œuf tacheté dans un creux de graviers secs du rivage. Les adultes couvent à tour de rôle pendant 3 semaines et élèvent le petit. Un mois plus tard, les petites sternes sont autonomes. Dans la colonie, les adultes sont très solidaires les uns des autres. Ils s'allient par exemple pour chasser un pétrel ou d'autres goélands de leurs territoires de nidification. Mais, lorsque les pétrels les assaillent en groupe, ils sont sans défense et ne trouvent alors plus que des nids pillés. Les jeunes sternes subantarctiques capables de voler ont un plumage rayé de brun et noir. Après le départ des jeunes, ces sternes migrent en troupes vers le nord. La nourriture de cette sterne se compose de petits poissons, de mollusques et de crustacés, qu'elle pêche en volant au-dessus de la surface et en plongeant le bec dans l'eau. Elle ne se pose que rarement sur l'eau. Pendant la nidification, elle recherche des proies sur les côtes proches du nid ou dans les baies tranquilles. Elle choisit de préférence des flaques d'eau subsistant après les marées, car les petits animaux aquatiques qui y sont demeurés deviennent alors pour elle des proies faciles.

Petit chionis

Chionis minor

Le petit chionis fait partie des représentants les plus typiques des oiseaux du monde antarctique. Il niche sur les îles Kerguelen, l'île Heard et quelques îles situées au nord, dans l'océan Indien. On connaît une deuxième espèce très similaire, le chionis américain, que l'on rencontre sur les côtes de la péninsule Antarctique. Le petit chionis (40 cm de long et 75 cm d'envergure) est un oiseau capable de voler très vite et a beaucoup d'endurance. Bien qu'excellent nageur, il évite l'eau et ne se pose généralement qu'en cas de nécessité à sa surface. Les petits chionis arrivent, la plupart du temps, fin novembre sur le lieu de nidification. Pour placer leur nid, les couples choisissent des endroits surélevés et ca-

Sterne subantarctique

Petit chionis

chent le nid dans des fissures de rochers ou dans des terriers de pétrels abandonnés. Les nids sont distants les uns des autres ; ce chionis ne fait donc pas partie des oiseaux nichant en colonie. L'entrée de la cavité se trouve la plupart du temps tournée vers le rivage. La femelle pond, en décembre ou janvier, 2 ou 3 œufs tachetés de gris-brun. Après 28 jours d'incubation, les jeunes éclosent, revêtus d'un épais duvet. Ils commencent à voler en mars-avril et ont alors la même couleur que les adultes. Les familles se rassemblent en troupes et migrent vers le nord. Les populations du nord sont fidèles à leur habitat et restent à proximité de leur lieu de nidification. Le petit chionis n'est pas difficile. Il mange de tout, et consomme tous les restes qu'il peut trouver, indifférent à leur provenance, qu'elle soit animale ou végétale. Il va et vient le long du rivage, à la recherche de sa nourriture, s'immobilise de temps en temps pour picorer quelque chose et poursuit son chemin en petites enjambées. Il aime bien rester à proximité des colonies de manchots. Il attend patiemment que l'un d'entre eux quitte le nid et s'empare de l'œuf resté sans surveillance, afin de le consommer immédiatement avec appétit. De temps à autre, il tue aussi des petits récemment éclos, ou se joint à de jeunes manchots lors de leur repas. La plupart du temps, deux petits chionis voltigent autour des manchots adultes qui apportent la nourriture à leur petit. Des restes de nourriture tombent du bec du manchot et sont immédiatement enlevés par les chionis. Ils s'enfuient avec leur butin et l'avalent ensuite tranquillement. Les petits chionis arrachent des morceaux de viande des cadavres de phoques et recueillent aussi des invertébrés morts rejetés par la mer sur le rivage.

Le petit chionis est familier sur les îles qui ne sont que rarement visitées par les hommes et il s'approche d'eux avec curiosité.

Index des noms français

Index des noms latins